国家社会科学基金重大项目（12&ZD064）子报告三

开放经济下的
物价水平决定及中国检验

毛泽盛　卞志村　等◎　著

KAIFANG JINGJI XIA DE
WUJIA SHUIPING JUEDING JI
ZHONGGUO JIANYAN

中国金融出版社

责任编辑：张菊香
责任校对：张志文
责任印制：陈晓川

图书在版编目（CIP）数据

开放经济下的物价水平决定及中国检验（Kaifang Jingji xia de Wujia Shuiping
Jueding ji Zhongguo Jianyan）/毛泽盛，卞志村等著 . —北京：中国金融出版
社，2018. 10
    ISBN 978 - 7 - 5049 - 9367 - 0

  Ⅰ. ①开…   Ⅱ. ①毛…②卞…   Ⅲ. ①物价水平—研究—中国
Ⅳ. ①F726

中国版本图书馆 CIP 数据核字（2017）第 315966 号

出版
发行　中国金融出版社

社址　北京市丰台区益泽路 2 号
市场开发部　（010）63266347，63805472，63439533（传真）
网 上 书 店　http：//www. chinafph. com
　　　　　　　（010）63286832，63365686（传真）
读者服务部　（010）66070833，62568380
邮编　100071
经销　新华书店
印刷　北京市松源印刷有限公司
尺寸　169 毫米 ×239 毫米
印张　13. 25
字数　210 千
版次　2018 年 10 月第 1 版
印次　2018 年 10 月第 1 次印刷
定价　43. 00 元
ISBN 978 - 7 - 5049 - 9367 - 0
如出现印装错误本社负责调换　联系电话(010)63263947
编辑部邮箱：jiaocaiyibu@126. com

对外开放是我国的基本国策。当前，世界多极化、经济全球化进一步发展，国际政治环境深刻变化，宏观经济形势错综复杂。国内改革开放正站在新的起点上，经济结构深度调整，各项改革全面推进，经济发展进入新常态。

物价问题关系国计民生。改革开放以来，经济高速发展的同时也伴随着剧烈的物价波动。在此期间，2007 年是一个比较特殊的年份。因为这一年爆发的新一轮通货膨胀尽管在表相上与以往相似，但发生的时代背景和深层次原因已与昔日迥异。这次发生的通货膨胀不仅植根于市场经济的大背景，更为重要的是，国际生产资料和生活资料价格水平持续上升使这次通货膨胀显然带有强烈的国际输入特征。这意味着，为有效控制物价，今后我们不仅需要充分理解封闭条件下物价波动的形成机理，还需要以新的视角审视和分析物价波动的国际源泉，特别是要展开对价格国际传导机制和应对措施的深入研究。

作为由南京财经大学金融学院卞志村教授担任首席专家的国家社科基金重大项目"基于物价调控的我国最优财政货币政策体制研究"（批准号：12&ZD064）的子课题三，本人与团队成员一起对开放经济下中国物价水平决定及调控等问题展开了深入研究。历经四年多的系统研究，课题研究任务顺利完成，重大项目免鉴定结项。课题组将毛泽盛、卞志村、罗良红、徐玲慧、王丽、从菡芝、孙俊等人的学术成果整合梳理，最终凝练而成这部研究报告。本书的具体撰写任务分工如下：第一章导论部分由毛泽盛撰写；第二章人民币汇率传递效应的实证检验由毛泽盛、罗良红撰写；第三章通货膨胀环境与人民币汇率传递效应由卞志村、徐玲慧撰写；第四章国际大宗商品价格波动对我国物价水平的影响由毛泽盛、王丽撰写；第五章中美货币政策博弈的物价溢出效应由毛泽盛、从菡芝撰写；第六章开放经济下中国货币财政政策的非对称效应由卞志村、孙俊撰写；第七章开放经济下中国货币政策目标制选择由卞志村、孙俊撰写；第八章结束语由毛泽盛撰写。袁庭庭、季菁平、王春艳、周舒舒等参与了本书的后期编排审校工作。本书终稿由毛泽盛审定。

本书全面回顾了1984年以来我国的物价波动和人民币汇率制度改革的历程，系统梳理了开放经济下物价水平决定的相关理论与作用机制，检验了各种传导机制在中国的存在性及其作用大小，并联系实际提出了相关政策建议。具体内容安排如下：

第一章为导论。本章首先分析了本书的研究背景，在此基础上阐述了研究开放经济下物价水平决定问题的理论与现实意义；随后，简要交代本书的研究思路和技术路线图，并介绍了所采用的研究方法；最后，对本书的可能创新与不足进行了概括与分析。

第二章为人民币汇率传递效应的实证检验。本章首先界定了汇率传递的内涵，梳理了国内外有关汇率传递问题的研究文献，阐述了有关汇率变动对国内物价水平传递的理论基础和汇率变动对国内物价水平的直接与间接传播途径；然后回顾了人民币汇率制度变革历程与我国国内物价水平波动情况，并从数据上简单探讨了二者之间的相关关系。在此基础上，借鉴McCarthy的结构向量自回归模型对汇率变化如何影响国内物价水平进行了实证研究，并进一步分析了在金融危机背景下，人民币汇率波动对国内物价水平的影响；最后，提出研究结论与针对性的政策建议。

第三章为通货膨胀环境与人民币汇率传递效应。本章首先对国内外相关研究文献进行梳理，指出对我国汇率传递效应的实证研究应考虑国内的货币政策环境。然后借鉴Shintani等的理论框架，根据交错定价理论，构建理论模型，为汇率传递效应寻找微观基础。再通过平滑转换自回归方法对不同通货膨胀环境下人民币汇率的物价传递效应进行实证检验，并结合现实解释实证结果。最后对研究结果进行总结并提出相关政策建议。

第四章为国际大宗商品价格波动对我国物价水平的影响。本章在前人研究的基础上，首先定性分析了国际大宗商品价格波动通过贸易途径、货币途径和制度政策途径对国内物价水平的影响机制和原理。然后运用协整和状态空间模型就国际大宗商品价格波动对国内物价水平的影响进行研究，并进行静态和动态结果的比较分析，以反映时变因素对实证结果的影响。最后在理论分析和实证研究的基础上，进行系统的政策分析并提出政策建议。

第五章为中美货币政策博弈的物价溢出效应。本章首先对研究范畴进行界定，并从研究目的出发，明确整体研究思路和框架，以及试图解释的问题。其次对国内外文献进行梳理和评述，其中国外文献主要涉及货币政策的国际协调、政策博弈的理论和实证研究等方面，国内文献主要集中于美国货币政策冲击对我国经济的影响以及我国货币政策独立性是否受到影响等问题。然后运用博弈论分析中美货币政策的互动关系，并以现实佐证中美货币政策之间的关联性。再从理论上解释物价的国际传递，建立中美货币政策博弈的物价溢出效应的静态模型，并运用该模型实证检验物价溢出效应。最后总结全文并提出相关政策建议。

第六章为开放经济下中国货币财政政策的非对称效应。在后金融危机时期，以货币政策和财政政策为代表的宏观调控受到理论界和政策制定者的空前关注。本章在全面梳理相关文献的基础上，选取月度数据，构建了包含产出增长率、通货膨胀率、财政支出增长率、货币供给增长率、信贷增长率、利率、股市收益率和人民币汇率升（贬）值速度共八个变量的马尔可夫区制转移向量自回归（MSVAR）模型，以实证检验开放经济条件下我国货币财政政策的非对称效应。在此基础上，从货币政策实施、隐性通胀风险防范、货币政策与财政政策搭配、汇率政策与货币政策配合等方面提出相关政策建议。

第七章为开放经济下中国货币政策目标制选择。本章首先通过对通货膨胀目标与汇率目标性质的分析，指出二者是无法长期共存的，因为汇率目标会降低中央银行通货膨胀目标的可信度，而中央银行有关通货膨胀承诺的可信程度是通货膨胀目标制的最关键部分，所以对实行通货膨胀目标制的开放经济体来说，固定汇率制不是一个好的选择。然后运用开放经济下的新凯恩斯模型，对不同政策体系下开放经济体的社会福利进行比较，并实证分析当开放经济体面临冲击时，不同目标体系下本国各经济变量的反应程度。最后得出结论，强调我国中央银行遵循最优货币政策规则选择货币政策目标时，可以选择一些灵活通货膨胀目标的政策框架，如混合名义收入目标框架作为向通货膨胀目标制转型的过渡安排；同时，灵活通胀目标、资本自由流动和完全浮动汇率制政策体系的优点也是我国货币政策和汇率制度改革的方向。

第八章为结束语。本章主要对第二章至第七章的研究结论与政策建议进行简明扼要的总结，以提纲挈领，总体把握全书。

本书紧紧围绕物价决定与物价调控主旨，对开放经济下物价水平的相关理论进行了系统梳理，并基于我国国情深入分析了人民币汇率传递、国际大宗商品价格冲击、货币政策博弈的物价溢出效应、货币财政政策的非对称效应、通货膨胀目标制等一系列重大问题，丰富了国内现有理论体系，补充了相关研究领域的薄弱环节，为开放条件下中国物价调控提供了重要的理论支撑和政策参考。

物价理论博大精深，物价调控任重道远。四年多来，本人与课题组成员虽然一直致力于相关问题的研究，但能力和学识有限，研究成果难免存在不足之处，恳请各位专家学者批评指正！

毛泽盛
2018 年 9 月

目 录

第一章

导 论

第一节　研究背景与意义

　　1978 年的改革开放使中国开始走向世界，2001 年加入世界贸易组织（WTO）使中国开始真正融入世界。近 40 年的改革开放实践改变了整个中国，使一个文明古国发生了天翻地覆的变化。经济理论源于现实生活，其发展变化离不开社会实践的孕育与推动。时至今日，改革开放已深入社会的方方面面，当我们思考身边的衣食住行和国家的政治经济文化问题时，需要具有国际的视野和开放的情怀。

　　传统经济学认为一国货币政策的变动可通过影响进出口商品价格来影响其国内一般物价水平，即通常所说的汇率传递效应。但值得注意的是，学界有关汇率传递效应是否存在以及如何度量这一传递效应的大小等问题一直颇有争议。我国自 2005 年 7 月实行汇率改革以来，人民币汇率虽然基本呈现稳步上升的趋势，但对外贸易顺差却长期居高不下。特别是，随着我国经济对外开放程度的提高和人民币汇率浮动区间的加大，国内物价越来越受到外部冲击的影响，输

1

入型通货膨胀已成为近年来一个困扰理论与实务界的重大问题。为正确制定和实施货币政策，以更好地调控物价，我们有必要对人民币汇率传递效应展开较为全面、深入的研究。

汇率作为一国货币对外价值的表现，物价作为一国货币对内价值的表现，两者之间的关系应该是一种双向互动关系。早期的研究大都集中在单方向直接分析汇率变动对物价的影响，最新的研究则发现通胀环境反过来又会影响汇率传递效应，而且汇率传递效应具有不对称的非线性特征。因此，我们需要从汇率传递视角，采用非线性模型，区分通胀环境影响的对称性特征，深入探讨汇率传递效应是否受国内通胀环境的影响以及如何受影响。

近年来，随着中国经济体量的持续增大，加之仍处于高投入、高能耗的粗放型经济增长阶段，中国对大宗商品的消耗日益增大，已经成为世界上多种原材料商品的最大消费国。目前，在全球流动性过剩的背景下，美元贬值导致大宗商品价格上涨。由于我国进口的大宗商品大部分是生产必需品，且其进口量在总进口额中占的比重较大，显然大宗商品国际市场价格波动将通过改变原材料价格而影响国内物价。加之我国虽然是很多原材料的主要进口国，但在国际市场上谈判能力不强，只是国际市场价格的被动接受者。于是，这种原材料价格的上涨将会给我国物价带来很大压力，很容易引发输入型通货膨胀。因此，系统深入地分析大宗商品的定价机制、价格影响因素及其和国内物价水平之间的联系，并结合当前和未来一段时期国际大宗商品的价格走势，更有针对性地提出大宗商品定价权和降低大宗商品价格波动对国内物价影响的政策建议，这对于我国稳定国内物价以实现经济平稳快速可持续增长具有重要意义。

面对国际金融危机影响的逐渐深入，美联储、欧洲中央银行、日本央行及各主要国家货币当局纷纷出台量化宽松政策，"个体理性"将全球货币政策博弈悄然引向"集体非理性"。各国央行之所以你方唱罢我方登场地实施扩张性货币政策，是因为在这场类似于"斯塔克伯格模型"的博弈之中，先动一方会获得更大的政策收益。这种收益一方面来自调控信心的信号显示，通过相比对手更快、更有力的政策变化，货币当局能够向市场更强地传递维持金融市场稳定的决心和能力；另一方面来自对"动态不一致性"的利用，先于对手的政策变化从力度和方式上看往往可能会是市场始料未及的，这种突然的行动会给市场预期变化施加更强的作用。两种渠道获取的先行收益将使得本次国际金融危机整体成本的跨国分担发生变化，给获取主动的货币当局带来激励。政策博弈可能最终走向"囚徒困境"，对货币紧缩的推搡会让各国货币当局纷纷逃避维持国际货币环境稳定的公共义务，给全球性通货膨胀恶化带来推波助澜的道德风险。中国在美国发生次贷危机后不久即由之前稳健货币政策转向宽松货币政策，通过商业银行向市场投放了巨额信贷，此举引起了之后通货膨胀率的较快上升。中美货币政策的博弈关系明显可见。中美货币政策博弈直接影响我国货币政策的独立性，其物价溢出效应更对我国物价调控提出了新挑战。

宏观经济政策在操作方向上的选择，依赖于我们对货币财政政策在不同经济周期阶段、资本市场态势以及制度框架下作用机制的分析和判断。面对纷繁复杂的利害权衡和政策取舍，传统的基于线性假设的经济学分析视角已经无法有效地解决中国当前的宏观经济现实问题。理论和实证研究均表明，中国的货币财政政策操作存在明显的非对称性，具有很强的非线性特征。在经济金融全球化的今天，中国货币财政政策的制定和实施效果越来越受到外部经济环境和货币政策的影响，汇率渠道在中国货币政策传导途径中发挥越来越重要的作用。另外，国际宏观政策协调的重要性在金融危机后显得愈加重要，在开放经济条件下考察货币财政政策的非对称效应有助于分析中国当前宏观经济政策面临的诸多两难选择，以期找寻能够有效缓解调控矛盾、避重就轻的政策方向。

20世纪90年代以来，伴随着以经济全球化与技术创新为核心的新经济时代的到来，许多国家的宏观经济政策有了重大调整，表现在货币政策方面，一个新的货币政策框架——通货膨胀目标制得以推行。尽管通货膨胀目标制已成为当今世界最流行的目标规则，但开放经济体中的另一种目标制度——汇率目标制仍值得研究。目前西方发达国家的汇率浮动程度都较高，而一些新兴市场经济国家却依然采取固定汇率制或管制程度较高的汇率制度，汇率波动程度较小。固定汇率制度或管理程度较高的浮动汇率制度是否会造成经济福利的损失？在这些国家经济向前发展或转型过程中是否需要改变当前的汇率制度，建立通货膨胀目标制的框架？这些问题既非常有趣又极富挑战性。

总之，开放宏观经济学犹如一个充满宝藏的神秘殿堂，步入其中，我们既能在纷繁复杂的世界中找到物价水平决定的新问题和新理论，又能够找到物价调控的新灵感和新钥匙。

第二节　研究思路与方法

一、研究思路

本书基于经济开放背景，紧紧围绕物价问题，分专题依次探讨开放经济下我国物价水平决定及其与货币财政政策的复杂关系，最终落脚于物价调控政策设计。在各专题中，又严格遵循理论联系实际原则，按照"研读相关文献、剖析理论基础、检验中国实践、分析实施政策"的基本思路，层层递进，对相关问题展开分析。本书研究的技术路线图如图 1 – 1 所示。

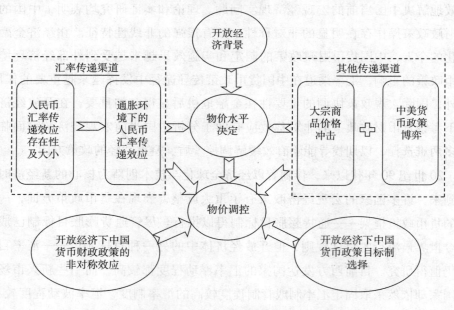

图 1 – 1　技术路线图

二、研究方法

1. 文献研读与辨析扬弃相结合。加强相关文献资料的收集、梳理和分析，综合对比国内外学者在汇率传递效应、大宗商品价格冲击、政策博弈、货币财政政策非对称效应、货币政策目标制等问题上的研究成果和方法，吸收精华，为相关问题的深入研究打下基础。

2. 实地调研和问卷调查相结合。深入开展实际调研，掌握第一手数据资料，并积极寻求实际管理部门的合作与支持，使相关分析既有理论的支撑，又能建立在实际调研的基础之上。另外，根据研究需要进行抽样问卷调查，以了解公众对物价决定、物价调控等问题的看法和建议。

3. 理论研究与实践分析相结合。讨论开放经济下中国物价水平决定和调控，既是一个理论问题，更是一个实践问题。具体而言，对汇率传递效应、大宗商品价格冲击、政策博弈、货币财政政策非对称效应、货币政策目标制等问题的解答既需要从理论上加以阐释和剖析，又需要结合中国实际加以实证检验。因此，本书在研究中坚持理论研究与实践分析相统一的标准，防止过于抽象而脱离实践。

4. 静态分析与动态分析相结合。对政策性问题的研究既要立足于当前的现状和特点，又要研究未来的变动趋势与客观需求。因此，一方面，对开放经济下中国物价水平决定的研究必须建立在既有资料的基础上，做静态和比较静态分析；另一方面，对开放经济下中国物价水平调控的研究，特别是相关政策建议的设计必须具有动态性和前瞻性。

5. 规范分析与实证研究相结合。无论是理论假设的建立，还是相关政策的制定，都离不开一定的价值判断，以作为处理经济问题的标准和树立经济理论的前提。有了标准和前提，才能通过具体的数据资料加以印证和检验，去伪存真，最终有针对性地提出相关建议以符合这些标准和前提。

三、可能的创新与不足

（一）可能的创新

1. 在研究人民币汇率传递效应时，由于我国没有公布进口商品价格指数，在以往的研究文献中，大多都是通过单位值法或者以其他国家的出口价格指数加权平均得到我国的进口价格指数，但是通过构造难免会对结果产生一定的偏差。因此，本书直接从中经网统计数据库中得到进口商品的价格总指数来代替进口商品价格的变化。同时，由于本书的研究期间包含了金融危机这一特殊背景，因此本书对整个样本期间与金融危机子样本期间的汇率传递差异进行了比较研究。另外，大部分文献假设模型参数在样本期内保持不变，即采用分阶段样本估计或者是滚动回归估计等方法。考虑到汇率传递效应可能在不同时期受不同因素影响而呈现出时变特征，本书采用非线性 STAR 模型，进一步为汇率传递效应研究增加微观视角，从国内不同货币政策环境出发，区分通胀环境影响的对称性特征，探讨汇率传递效应是否受国内通胀环境的影响，以及通胀环境如何影响汇率传递效应。

2. 对货币财政政策非对称效应的研究做了以下三个方面的拓展。首先，基于信贷渠道在中国货币政策传导机制中的主导地位，国内文献鲜有具体研究银行信贷对产出和价格的非对称效应。同时，结合 2009 年金融机构非常规信贷投放的背景，又有必要研究此番信贷极度宽松在拉动经济复苏与催生通货膨胀中的作用。因此，在货币供应量和利率之外，本书引入信贷变量，以全面考察中国货币政策非对称效应。其次，在研究货币财政政策非对称性时，引入股票市场行情的代理变量。股票市场能够影响货币财政政策的作用效力，股票市场处于不同状态区制时，货币财政政策可能会对经济变量产生非对称的影响。简言之，在货币财政政策的非对称性效应方面，引入股票市场变量将是全新的研究视角。最后，引入汇率变量研究开放经济条件下货币财政政策的非对称性效应。综合现有文献，仅王立勇等（2010）做过类似的研究尝试。在经济金融全球化的今天，中国货币财政政策的制定和实施效果越来越受到外部经济环境和货币政策的影响，汇率渠道在中国货币政策传导途径中发挥着越来越重要的作用。

3. 在梳理总结前人相关研究的基础上总结归纳出国内物价的影响因素，并从外部价格冲击的角度对国内物价波动进行研究，既定性分析大宗商品价格波动影响国内物价水平的传导机制，又借助计量模型对大宗商品价格波动的影响进行静态和动态的比较分析。

4. 动态模拟中美货币政策博弈的过程与结果，实证研究中美货币政策博弈的物价溢出效应，并通过实验模拟揭示开放经济下中美货币政策博弈的作用机理及效应，这不仅是对现有货币政策理论的发展和完善，也是对国际经济学学科内容的补充和完善。

5. 构建并借助开放经济下的新凯恩斯模型，对不同政策体系下开放经济体

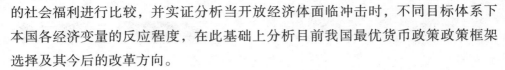

的社会福利进行比较，并实证分析当开放经济体面临冲击时，不同目标体系下本国各经济变量的反应程度，在此基础上分析目前我国最优货币政策政策框架选择及其今后的改革方向。

（二）不足之处

1. 在文献梳理上，由于涉及主题较多，且文献资料较为庞杂分散，因此在紧密结合时代背景和写作需要对各类相关文献进行整理与评述时，可能存在一些疏漏、重复和不尽如人意之处。

2. 在数据资料上，由于写作时间和研究能力的限制，数据指标的选取和处理中可能存在一定的问题和偏差。如选取消费者价格指数而不是进口价格指数作为我国物价水平的衡量指标，这可能在一定程度上会影响实证结果的准确性。此外，影响国际大宗商品价格波动对国内物价传导的因素有很多，且有一些因素无法量化，因此本书仅对贸易渠道的影响进行了分析，而对汇率、政策制度等因素都没有考虑，这可能会使本书的结论存在一定的偏差。

3. 在模型构建上，由于简单化和数学处理的需要，有些重要条件可能被忽视，有些假设也可能与现实不相符，这导致所构建的模型可能并不十分精准，由此所得出的结论可能存在一些有待商榷和深化之处。

第二章

人民币汇率传递效应的实证检验

第一节　研究概述

一、研究背景

20世纪70年代，布雷顿森林体系的崩溃对各国汇率造成了重大的影响。在布雷顿森林体系下，美元与黄金直接挂钩，其他国家货币与美元挂钩。在布雷顿森林体系崩溃以后，纸币与黄金彻底脱钩。从此，各国货币之间的兑换关系开始出现了混乱的局面。为了解决国际货币之间的混乱局面以及汇率的剧烈波动，国内外学者对汇率问题展开了广泛而深入的研究，其中包括汇率制度的制定与选择、均衡汇率、汇率与价格水平等相关问题。

2005年7月21日，人民币对美元一次性升值2.1%，高达1美元兑换8.1元人民币。此后，我国就开始实行以市场供求为基础、参考一篮子货币调节、有管理的浮动汇率制度，开启了人民币汇率市场化之路，人民币国际地位得到提升，越来越多国家将人民币列为储备货币。截至2014年12月，人民币对美元升值40.51%，实际有效汇率升值51.04%。

汇率作为一国货币的对外价值，在一国的对外经济活动中占据着核心的地位，是国际间经济往来和沟通的重要途径，对一国的货币市场和金融市场的稳定和有序发展发挥着重要作用。人民币汇率问题关系着我国经济的内外均衡，人民币汇率变动会改变我国的进出口水平。以人民币升值为例，当人民币升值时，这时同样的人民币就可以兑换更多的外币，对于进口品来说成本降低，进口商品的数量就会上升。但对于国外进口商来说，人民币升值使得国外进口商进口成本上升，进口数量减少。这样，汇率就通过支出转换效应改变了一国的进出口。

稳定物价作为我国货币政策的一个重要目标，对我国经济的稳定发展起着重要的作用。物价问题关系到我们每个人的日常生活。如果物价持续居高不下，不仅会对国内居民的生活水平和生活质量产生重大影响，甚至会使一国的经济动荡不安。我国的消费者价格指数（CPI）自2009年以来一直呈现上升的趋势，2013年我国全年CPI同比上涨约2.7%。

丁永健和鄢雯（2011）指出我国的物价水平总体上受美国和欧盟的影响，美国和欧盟对我国物价水平的影响主要通过以下三种路径传导：第一种路径立足于实体经济层面，国际贸易收支变动通过改变我国总需求与总供给的不平衡关系进而影响国内的物价水平；第二种路径立足于人民币汇率变动层面，人民币汇率变动改变了我国的外汇储备，外汇储备的变动进而改变国内货币供应量的变动，国内货币供应量的变动又改变了物价水平；第三种路径立足于价格传递效应层面，从国际贸易来看，输入型通货膨胀的表现机制为国外市场价格变动——进口商品价格变动——国内经济部门的成本和价格变动——国内物价水平变动。顾晓敏等（2012）认为我国现阶段存在输入型通货膨胀，且外商直接投资（FDI）对我国通货膨胀的影响显著大于进出口价格和国家大宗商品价格对我国通货膨胀的影响。

传统经济学认为一国货币的变动通过影响进出口价格水平进而影响物价水平，即通常所说的汇率的价格传递效应。值得注意的是，这种汇率对物价的传递效应是否存在以及如何度量这一传递效应具体的大小值是一个值得深入研究的问题。在经历了近10年的人民币升值且在国内物价水平一直是热点问题的情况下，研究两者之间的关系是十分必要的。这一研究既有助于回答人民币升值究竟会在多大程度上影响我国的物价水平，又可为我国最优货币政策的选择、汇率制度的选择以及未来汇率制度改革的方向提供理论基础。

二、研究意义

汇率传递效应指名义汇率变动对一国进口商品价格和国内物价的影响程度。传统国际经济学理论认为，根据购买力平价理论和一价定律，汇率传递效应应该是完全的，即汇率的变动会引起价格水平等比例地发生变动。这意味着汇率具有充分价格弹性，它可以通过改变进口商品和国内商品的相对价格产生支出转换效应，因此可以作为调整外部经济失衡的重要工具。但是在现实世界中，由于市场不完美等原因，一价定律和购买力平价很难成立，因此导致了汇率的不完全传递。我国自 2005 年 7 月实行汇率改革以来，人民币汇率虽然基本呈现稳步上升的趋势，但对外贸易顺差却一直没有下降。特别是随着我国经济对外开放程度的提高和人民币汇率浮动区间的加大，国内物价越来越受到外部冲击的影响，输入型通货膨胀已成为近年来一个困扰理论与实务界的重大问题。为正确制定和实施货币政策，以更好地调控物价，我们有必要对人民币汇率传递效应展开较为全面、深入的研究。

三、汇率传递效应的内涵

汇率传递也称为汇率价格传导，是指汇率变动所引起的价格水平的变动，其中包括进出口价格水平以及国内的价格水平。狭义的汇率传递效应指的是汇率变动 1 个百分点所引起的进出口价格水平变动的比例。Menon 根据国内的进口总量等于国外的出口总量这一等式，最先给出了汇率传递对一国进口商品价格的传递效果：

$$\phi_M^p = \frac{dP_b}{dR} \times \frac{R}{P_b} = \frac{\eta_{Xb}}{\eta_{Xb} - \phi_{Ma}} \tag{2.1}$$

其中，ϕ_{Ma}、η_{Xb}、M 和 P_b 分别表示本国国内进口商品的需求弹性、国外对本国的供给弹性、汇率以及本币表示的进口商品的价格。当 $\phi_{Ma} = 0$ 或 $\eta_{Xb} \to \infty$ 时，此时 $\phi_M^P = 1$。表明，当本国进口商品的外币价格不变，外国对本国的供给弹性无限大或者本国对进口商品的需求弹性为零。那么，汇率的传递系数为1。也就是说存在完全的汇率传递效应。但是在通常情况下 $\phi_{Ma} \neq 0$，因此，本币升值虽然会导致以本币表示的进口品价格下降，但其下降幅度低于汇率的变动幅度，从而出现汇率的不完全传递现象。

广义的汇率传递效应是指汇率变动对国内价格水平的影响，国内价格包括消费者价格、零售价格、批发价格、生产者价格等指标。Menon 在国内的进口总量等于国外的出口总量的前提下，当国内商品和国外商品存在完全替代时，汇率变动对国内消费者价格的影响可表述为

$$\phi_{Da}^{P} = \frac{\beta_a \eta_{Xb}}{\beta_\alpha + \cdot (1 - \beta_a) \eta_a - \phi_a} \tag{2.2}$$

其中，ϕ_a、η_a 和 β_a 分别代表国内消费者对进口商品的需求价格弹性、国内该商品的供给价格弹性以及国内消费者市场中该进口商品所占的比重。由等式可以看出，在国内商品和国外商品可完全替代的情况下，β_a 所占的比重越高即进口商品所占的比例越高，汇率变动对消费者价格的影响就越大。

四、汇率传递机制

汇率传递机制，即汇率价格传导机制，是指汇率变动所引起价格水平变化的渠道和路径，汇率传递机制可以分为直接传递机制与间接传递机制。直接传递机制是指汇率变动对进出口商品价格的直接传导；间接传递机制是指汇率变动对国内消费者价格指数、生产者价格指数等的间接传导。汇率传递机制可概括为以下几种。

（一）生产成本机制

本国货币升值会使得进口原材料等生产要素的价格下降，这样会使依赖进口原材料进行生产的企业的生产成本下降，进而企业会降低商品的销售价格，如果这条渠道传导顺畅，那么本币升值就会起到抑制国内物价上涨的作用。

（二）商品替代机制

对于本国商品和国外商品中可替代的商品而言，本币升值使得国内的同类型商品相较于国外同类型商品变得更加昂贵。这样，国内消费者就会减少对本国同类消费品的消费而增加对国外同类型消费品的消费，由此国内物价受到需

求减少而出现下降的趋势。

（三）货币工资机制

本币升值会使得进口国外商品价格下降，在名义工资不变的情况下，居民实际的生活成本下降了，换句话说，居民的实际工资增加了。居民实际工资的增加又引起了国内物价水平和居民日常生活成本的下降。同时，居民实际工资的增加使得他们增加了日常的消费，在国外商品相较于国内商品价格便宜的情况下，国内消费者倾向于选择消费国外进口品，这样，在国内生产者的供给大于国内消费者的需求时，国内生产者会缩减生产，导致供给下降，在一定程度上使得物价下降。

（四）货币供应机制

货币升值使得本国出口减少，进口增加，从而导致贸易顺差减少，甚至出现逆差的情况。由于我国长期以来实行结售汇制度，使得中央银行用较少的人民币来支付国外出口商的需求，从而减少货币供应量，货币供应量的减少抑制了通货膨胀水平。

（五）预期机制

如果公众预期汇率变动是长久的、持续性的，那么，预期通货膨胀的调整就会使得价格水平发生变化，此时，汇率传递效果会增加。例如，当本国货币贬值时，如果公众预期本币贬值是长久的、持续性的，在短期内又难以改变，贬值预期就会使生产者把贬值给企业带来的损失作为一种特殊的成本纳入生产函数中。同时，在本币贬值的情况下，消费者增加对本国商品的消费，从而导致国内的总需求增加，需求拉动可能会引起通货膨胀。

五、研究思路和研究方法

（一）研究思路

本章的研究思路主要是围绕着提出问题、分析问题和解决问题展开的，并按照现象分析、理论分析到实证分析的逻辑结构逐层推进。本章的技术路线图如图 2 - 1 所示。

（二）研究方法

本章主要采用定性与理论分析、实证分析与定量分析相结合的方法。

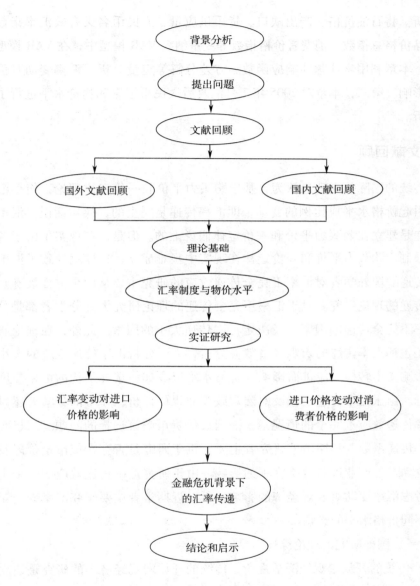

图 2 - 1　第二章技术路线图

　　首先，从定性与理论分析来看，本章阐述了汇率变动对物价水平影响的相关理论基础，分析了汇率直接传递效应和间接传递效应的路径，并分析了导致汇率不完全传递的一些因素。其次，从实证分析与定量分析来看。第一，本章借鉴 McCarthy（2000）的方法，利用向量自回归模型对汇率传递效应进行了实证分析。将石油价格、产出缺口、货币供应量、人民币名义有效汇率指数、进口商品价格总指数、消费者价格指数等变量纳入 VAR 模型中，在 VAR 模型的基础上，本章利用累计脉冲响应函数、方差分解等定量分析了汇率变动对价格水平的影响。第二，本章对 2005 年 7 月汇改后人民币汇率和物价水平进行了描述性分析。

六、文献回顾

　　传统的国际收支理论认为，基于购买力平价和一价定律理论，使得汇率变动会引起价格水平成比例的变动，即汇率传递是完全的，换句话说，汇率的完全传递是建立在购买力平价和一价定律假说上的。但是，在现实中由于各种条件的限制，购买力平价和一价定律在现实中很难成立，这样就导致了汇率的不完全传递。国外学者对汇率不完全传递效应的研究主要从两个方面展开。一是汇率传递的理论研究。对于汇率不完全传递的理论研究大部分学者都是分析影响汇率不完全传递的因素以及决定汇率传递大小的因素。此外，在理论研究方面，还包括汇率传递的宏观经济效应分析，主要分析汇率传递效应的大小如何通过影响支出转换效应进而影响到价格水平以及如何选择最优的汇率制度等宏观问题。由于汇率传递还涉及对宏观政策效果的评价，一小部分学者还讨论了在汇率传递效应不完全的情况下，一国最优货币政策选择的问题。二是实证研究汇率传递系数。早期国外研究者主要侧重于研究是否存在依市定价以及检验汇率变动对各产业进口价格水平的影响。由于研究汇率传递效应的一个主要原因是考虑汇率变动对宏观经济的影响，所以近期学者主要研究汇率变动对价格链上不同价格水平的影响。

　　（一）国外研究的理论综述

　　1. 传统的开放宏观经济学视角。传统的开放宏观经济学的研究是建立在非常苛刻的理论前提下的，如市场是完全竞争的，不存在进入壁垒等。传统的开放宏观经济学在研究汇率传递效应时是建立在购买力平价理论完全成立的假说之下，这样汇率的传递效应就是完全的。即以外币表示的商品价格不变时，汇率变动 1 个百分点，则商品的国内价格也成比例地变动 1 个百分点。

　　2. 微观经济学视角。以微观经济学视角来研究汇率不完全传递主要有以下几个方面：

（1）产业组织。Krugman（1986）提出依市定价理论（pricing to market），该理论认为，导致汇率不完全传递的原因是出口厂商按照其市场份额以及利率来给产品定价，市场的不完备性使得厂商可以按照不同的市场进行差别定价。例如，当本国货币升值时，为了保护其产品在国际市场上的竞争力，出口商可以通过调整其成本加成的比例来保持其商品价格不变或者是小幅度提高；同理，当本国货币贬值时，为了保护其产品在国际市场上的竞争力，出口商为了提高其利润率通过调整成本加成的比例保持其商品价格不变或者是小幅度的降低。Dornbush（1987）在纳什均衡理论的框架下分析汇率不完全传递的成因，研究结果表明，在不完全竞争的市场结构下，汇率传递效应的强弱与可贸易品和非可贸易品的同质性以及可替代程度相关。如果可贸易品与非可贸易品之间完全不同质或者完全不可替代并且在市场完全分割的前提下，那么可贸易品的价格变动幅度和汇率变动幅度是一致的，即汇率变动对可贸易品的价格传递效应是完全的。但是，在现实中可贸易品与非可贸易品之间存在某种程度的替代关系并且市场不可能完全分割，这就导致了汇率的不完全传递效应。Hooper 和 Mann（1989）从市场结构以及国外厂商相对于国内厂商来说所占的市场份额来研究汇率传递效应。研究结果表明，如果市场集中程度以及市场份额越大，且大部分商品用本国货币标价，那么，汇率传递系数就低。

（2）沉没成本。沉没成本理论出现在 20 世纪 80 年代，在经济全球化过程中，各国之间的竞争日趋白热化，出口厂商要想在国外开拓市场就需要付出一定数量的以目的地市场货币表示的沉没成本。许多国外学者从沉没成本的角度研究了汇率不完全传递的问题。由于厂商进入国外市场需要沉没成本，厂商就会对汇率的变动进行预期，如果厂商预测汇率变动只是暂时的、不确定的，那么厂商就不大可能调整价格和生产，因此，汇率的价格传递效应几乎为零；相反，如果厂商预测汇率变动是持久的、趋势性的，厂商就会随着汇率的变动调整出口商品价格，那么汇率变动对价格的传递效应就会变大。Baldwin 等（1989）、Froot 和 Klemperert（1989）认为，当厂商进入市场产生沉没成本时，只要产品价格能够补偿可变成本，其就不会退出生产。即使当本国货币升值时，只要产品的价格能够补偿其可变成本，国外的出口商也不愿降低价格，提高销售量，一般会保持价格水平不变；而当本国货币贬值时，国外厂商通常也不愿提高商品的价格，一般也会保持现有的价格水平不变。所以，当汇率波动幅度不大时，在厂商的产品价格足以补偿其可变成本时，厂商不会选择退出生产，厂商对汇率变动不敏感。Dixiti（1989）认为厂商在进入国际市场时产生的沉没成本是一种历史性的、无法立刻收回的成本，所以当企业面对汇率变动时，其会为了保持自己的市场份额不受影响而通过调整自身的利润或者暂时的亏损来弥补汇率风险。

（3）企业营销目标。美国经济学家 Froot 和 Klemperert（1989）最早分析了企业营销目标是如何影响汇率传递效应的，他们基于动态需求的视角来研究这一问题。他们认为，大多数企业的营销目标是扩大市场份额，这时价格策略的制定就是服务于将来扩大市场份额而不是为了获得短期的利润最大化。因此，对汇率的预期将会影响企业的定价策略。当一国的外国出口商预期该国货币贬值时，外国出口商将不会进入该国市场，不随汇率变动而提高其产品在该国的价格，这就导致了汇率的不完全传递。

（4）分销等非贸易服务。McCallum 和 Nelson（1999）指出消费者价格指数不仅包括具体的实物商品，还包括商品在最终递到消费者手中所经历的一些分销、市场影响以及零售服务等非贸易服务。汇率变动只会影响到消费者最终购买成本中的一部分，其中的非贸易服务价格并不会受到影响，所以分销等非贸易服务的存在导致了汇率的不完全传递。Rajaratnam 等（1999）进一步指出分销渠道的长度决定了汇率传递程度。在其他条件不变时，其分销渠道增加表明中间的传递环节增加，分销渠道中每一环节代表一次交易，而每一次交易都是对汇率传递效应的一次弱化，因此，如果分销渠道越长则汇率传递效应越小。

3. 新开放经济宏观经济学视角。20 世纪 90 年代以后，许多学者开始转向从新开放经济宏观经济学的视角来研究汇率变动的价格传递机制这一问题，这些研究主要包括以下几个方面：

（1）不同厂商定价策略对汇率传递的影响。Betts 和 Devereux（1996）指出厂商的不同定价策略将会导致不同的汇率传递。当汇率变动时，如果商品价格以出口商本国货币定价（PCP），那么汇率传递就是完全的；而如果商品价格采用进口国货币定价（LCP），那么，短期内无汇率传递效应。

（2）通货膨胀环境和货币政策规则对汇率传递的影响。Taylor（2000）在通货膨胀的背景下研究了汇率的传递效应，指出在低通货膨胀水平下，汇率传递效应就低，而在高通货膨胀水平下，汇率的传递效应就增大。Devereux 等（2003）考察了货币政策稳定性与汇率传递之间的关系。他们指出低的货币增长率波动将会导致低的汇率传递效应，高的货币增长率波动将会导致高的汇率传递效应。

（3）生产全球化对汇率传递的影响。随着生产全球化趋势的不断加强，汇率的传递效应也减小了。跨国公司可以在全球范围内配置其资源，其产品原材料来自不同的国家，使得汇率变动对不同国家的生产成本影响变小。跨国公司将会根据各国汇率变动的不同情况来选择所需原材料的进口国，以此来避免汇率变动给其带来的风险。

（4）国家规模和开放程度对汇率传递效应的影响。McCarthy（1999）指出，一个国家的规模越大，其汇率传递效应就越低；一个国家的开放程度越高，则国内物价就越容易受到汇率波动的影响，因此汇率传递效应就越高。

（二）国外实证研究

国外学者对汇率传递效应的实证研究多种多样，不仅包括不同国别、不同产业的比较，还包括对短期汇率传递系数、长期汇率传递系数、进口商品价格传递效应和国内物价水平的估计。且实证研究大多以发达国家为背景，Krugman（1987）采用 1980—1983 年的月度数据对美国分行业的进口商品价格指数进行分析，研究结果表明，在运输和机械部门，汇率变化并没有反映在这些价格上。McCarthy（2000）采用 1983—1998 年的月度数据，运用递归的 VAR 模型对 OECD 9 个国家的汇率传递效应进行研究，研究结果发现汇率的传递效应很小。Campa 和 Goldberg（2002）采用 1975—1999 年的季度数据，选取 OECD 25 个国家的进口价格、货币供应量、石油价格、实际有效汇率指数、通货膨胀率等变量，运用单方程回归方法实证研究了汇率传递效应，结果发现，长期汇率传递系数比短期汇率传递系数大。Yushi Yoshida（2008）使用 1988—2005 年的月度数据，运用面板数据回归模型，实证研究了日本不同港口对出口价格的传递效应，研究发现，出口价格依港口不同而对汇率波动反应不同。Marcelo（2007）运用 VAR 模型，实证研究了亚洲、拉丁美洲等 12 个新兴市场经济体汇率传递效应。研究发现，在低的通货膨胀环境下，新兴市场经济体的汇率价格传递效应与发达国家相比差别不大。Ghosh 等（2007）使用 1981—2006 年的季度数据实证研究了汇率变动对印度消费者价格指数的传递效应，结果表明，汇率变动 1个百分点，消费者价格指数变动 0.45 个百分点。Ghosh 等（2009）根据一个国家对外开放性来研究汇率传递效应，指出如果一个国家对外开放度越高则汇率的价格传递效应越大，反之则越小。Nidhaleddine（2012）运用 STR 模型研究了12 个欧元区国家的汇率传递效应，结果发现，菜单成本是导致汇率不完全传递的主要原因，且当汇率的变化幅度大时，汇率的传递率较大，反之则较小。Iya-bo Masha 和 Chanho Park（2012）用 VAR 模型研究了汇率变化在马尔代夫的价格传递效应，结果表明汇率传递效应是不完全的，并且对于生产者价格指数的传递效应大于对消费物价指数的传递效应。

（三）国内实证研究

我国长期以来实行固定的汇率制度，在几次较大的官方汇率的调整时，企业才关注到汇率价格传递效应，所以国内学者之前并未对汇率传递理论进行深入的分析。进入 21 世纪以后，尤其是 2005 年 7 月 21 日汇改后，许多学者开始研究汇率变动对我国经济各个层面的影响。从我国现有的文献来看，实证研究的结果都是不确定的。

毕玉江和朱钟棣（2006）采用协整与误差修正模型研究了人民币名义有效汇率对国内价格水平的影响，得出的结论是：人民币汇率变化对进口价格指数和消费者价格指数的传递都是不完全的。封北麟（2006）经验估计了人民币名义有效汇率变动对国内消费物价指数和工业品出厂价格指数及其分类指数的传递效应。结论表明，在我国汇率传递效应不显著，不同行业的汇率传递效应存在显著差别。陈六傅和刘厚俊（2007）利用 VAR 模型研究了人民币名义有效汇率变化对进口价格指数和消费者价格指数的影响，得出的基本结论是汇率变动对进口价格指数和消费者价格指数的传递是不完全的并且存在一定的时滞，其中对进口价格指数的传递大于对消费者价格指数的传递。许伟和傅雄广（2008）利用滚动回归方法研究指出，人民币名义有效汇率变化对进口价格指数的传递是不完全的并且内生于一国的通货膨胀。金山和汪前元（2011）用向量自回归模型实证分析了外部冲击对国内 CPI 的影响，结果表明人民币名义有效汇率对

CPI 的传递率比较低，外部冲击只解释了 CPI 变化的 25%。胡日东和李文星（2011）利用 VAR 模型实证研究了汇改后人民币汇率变化的价格传递效应，发现人民币升值对降低国内通货膨胀有比较强的解释力。傅强和吴卯会（2011）利用 SVAR 模型，实证研究了人民币名义有效汇率对国内进口价格、生产者价格和消费者价格的传递效应，得出结论，汇率冲击对三类价格的传递都是不完全的，并且是沿着商品流通链递减的。王胜和李睿君（2009）使用协整和误差修正模型发现人民币汇率传递效应之所以偏低是因为中国对美国的出口价格受到了国际竞争价格的影响，不完全的汇率传递大大降低了企图通过人民币升值来改善中美贸易不平衡现状的可能性。骆振心和杜亚斌（2008）指出物价水平波动的最主要原因是供给和需求的冲击，而汇率波动和货币政策冲击对物价水平的波动影响并不明显，仅仅依靠单一的货币政策并不能降低物价水平。项后军和许磊（2011）使用平滑转换模型指出如果通货膨胀上升则汇率传递系数具有"由负转正的特征"。在低通货膨胀时期传递系数的符号为负，而在高通货膨胀时期，传递系数符号为正。魏雪君等（2013）使用 2003—2012 年的月度数据，利用多项式分布滞后模型进行实证检验，结果发现人民币汇率传递效应在短期偏低，而长期则相对较高。较低的汇率传递削弱了企图通过人民币升值来改善中国贸易不平衡的可能性。

七、国内外文献评述

国内外学者针对汇率变动对物价水平传递的大量研究为以后学者针对这一问题的进一步研究打下了坚实的理论基础。首先，国外学者在研究这一问题时主要以欧美等发达国家为背景，对中国这种在全球范围内加工贸易占据重要地位的发展中国家所做的研究并不多。国外学者的研究结果表明浮动汇率制度在市场经济较为发达的国家是比较行之有效的，而对大多数的发展中国家而言，市场经济并不成熟。如果把发达国家的汇率制度放在发展中国家上是不合适的。其次，就研究方法来说，国内学者大多参照国外学者使用 VAR 模型来研究汇率变动对物价水平的影响，受各种因素的限制，所使用的研究方法比较单一。最后，国内外学者对这一问题的研究分国别以及分行业进行的研究较少，以后学者可以就这两方面进行深入研究。

第二节　汇率变动与价格水平之间关系的理论基础

一、一价定律理论

汇率与物价之间的关系最早可以追溯到一价定律理论。一价定律指,对可贸易商品来说,在不考虑交易成本并在套利自由的情况下,同质商品在不同市场上的价格是一样的。具体来说,一价定律可表述为 $P_a = EP_b$。其中 P_a 表示以本币计量的商品在本国市场上的价格;P_b 表示以外币表示的该商品在国外市场上的价格;E 表示在直接标价法下的汇率水平,这时汇率对价格的传递效应为1,即汇率变动对价格的传递是完全的。当 $P_a > EP_b$ 时,此时,套利者就会在国外购买该商品,再运到本国以高价出售。在固定汇率制下,上述的套利行为通过改变市场的供求关系使得上述等式成立。

二、购买力平价理论

购买力平价理论是在一价定律理论的基础上衍生而来的,此理论最初由英国经济学家桑顿在 1802 年提出,之后李嘉图对此理论做了进一步的发展。1922年瑞典经济学家古斯诺夫·卡塞尔对购买力平价理论进行了详细的阐述。购买力平价理论认为,人们之所以需要外国货币是为了在国外购买商品和劳务。这样两国之间货币的交换就等于两国购买力之间的比较。因此,两国货币购买力的比率就表示了以本国货币来表示的外币的价格,即汇率。购买力平价理论核心思想是:两国货币之间的购买力比率决定汇率水平。从该理论模型的表现形式来看可分为两种。

（一）绝对购买力平价理论（absolute purchasing power parity）

一价定律是在一个局限性的范围内讨论一种可贸易商品价格与汇率之间的关系,瑞典经济学家卡塞尔使用物价水平指标代替单个可贸易商品的价格,进而提出了绝对购买力平价理论。绝对购买力平价的核心是两国货币在其国内各国整体购买力之比决定汇率的大小,用公式表示为 $\sum_{i=1}^{n} \beta_i p_i = e \sum_{i=1}^{n} \beta_i p_i^*$,其中,$n$

表示可贸易商品的种数，p_i 表示可贸易品 i 的价格，p_i^* 表示国外可贸易品 i 的价格，e 表示在直接标价法下的汇率，β_i 表示可贸易品 i 在物价指数中的权重，$p = \sum_{i=1}^{n} \beta_i p_i$，$p^* = \sum_{i=1}^{n} \beta_i p_i^*$，$p$ 表示本国可贸易品价格，p^* 表示国外可贸易品的价格。结合上式 $e = \dfrac{p}{p^*}$，由上式可以看出，两国之间的汇率由两国之间的可贸易品的价格水平决定。在 p 不变时，p^* 增大使 e 变小，意味着本币升值、外币贬值。决定购买力平价理论的最主要贡献是把两个国家可贸易品的整体价格水平作为决定汇率变化的因素，放宽了假说的条件。

（二）相对购买力平价理论

卡塞尔在绝对购买力平价理论的基础上，提出了相对购买力平价理论。在相对购买力平价理论中引入了汇率变化率和物价水平变化率，考察了两国价格水平变化与汇率变化之间的动态关系。其核心思想是使用差分模型来反映两国汇率变化率与物价水平变化率之间的关系。用公式表示为 $\ln e = \ln p - \ln p^*$，对上式取差分，得到 $\Delta e = \Delta p - \Delta p^*$。上式表明两国货币的变化率等于两国国内价格水平变化率之差。相对购买力平价理论对汇率与物价关系的贡献是，一方面动态地考察了两国货币的汇率与物价水平的关系，如果知道两国价格水平的差异，那么就可得到两国汇率的变化；另一方面，它也放宽了一价定律的苛刻假设条件，即使两国之间交易存在交易费用，它也是成立的。

综上所述，购买力平价理论在阐述汇率与物价之间的关系时，最主要的贡献是揭示了汇率波动与价格水平之间的长期关系，并把两国比价的原因归结于两国的物价水平，这一理论为以后的学者研究汇率与物价的关系时提供了一个新的理论基础。但是以后的大量研究表明，购买力平价理论是不成立的。第一，购买力平价理论是建立在货币数量理论基础之上的，它关注的是物价在货币层面上的变化，而忽视了经济发展水平、就业状况等实际因素对汇率与物价之间关系的影响。第二，购买力平价只研究可贸易品价格与汇率之间的关系，而不可贸易品价格不包括在内，这导致在研究汇率与物价关系时显得过于片面。第三，在购买力平价中，前提条件是贸易自由，不存在交易费用和贸易壁垒，这与现实情况显然不符。第四，许多经济变量之间是相互影响、相互制约的关系，而不仅是单方向的关系。但购买力平价理论认为物价水平决定汇率水平，汇率水平则对物价水平没有影响。

三、"巴拉萨—萨缪尔森"效应

由于在之前的购买力平价理论中并未考虑不可贸易品价格与汇率之间的关系，基于此巴拉萨和萨缪尔森把贸易部门和非贸易部门区分开来，并用两部门之间生产率的差异来构建一个稍微完整的理论框架，称之为"巴拉萨—萨缪尔森"效应。"巴拉萨—萨缪尔森"效应建立在以下六个前提假设之下。第一，分析的对象是小国开放经济体，将贸易部门和非贸易部门分开，不存在交易成本，经济处于充分就业状态。第二，国际市场决定可贸易品的价格，国内市场决定不可贸易品的价格。第三，资本在各国、各部门之间可以自由流动，劳动力只能在不同部门间流动但不能在各国间自由流动。第四，利率是外生的，即如果市场是完全竞争的，则利率等于资本的边际产品价值。第五，贸易部门的生产效率大于非贸易部门的生产效率，增长速度也快于非贸易部门。第六，贸易在各国之间是完全自由的，如果各国的可贸易品价格不相等，那么套利行为很快会使得各国间的可贸易品价格相等。两部门间利润最大化可表示为

$$\max[y_a(k_a, l_a) + py_b(k_b, l_b) - wl - i] \tag{2.3}$$

其中，y_a 表示贸易部门产出，y_b 表示非贸易部门的产出，p 表示不可贸易品相较于可贸易品的价格，w 表示工资，i 表示投资，k 表示资本，l 表示劳动力总量，且 $l = l_a + l_b$。对上式两边的资本和劳动分别求导，得 $\frac{\partial y_a}{\partial l_a} = p$，$\frac{\partial y_b}{\partial l_b} = w$。这是在均衡条件下，两部门的边际劳动生产率等于工资水平。对上式再作稍微变形得 $\frac{\frac{\partial y_a}{\partial l_a}}{\frac{\partial y_b}{\partial l_b}} = p$。用 β 表示劳动投入变动所引起的贸易部门产出的变动，γ 表示劳动投入变动所引起的非贸易部门产出的变动，η_a 表示贸易部门的劳动产出率，η_b 表示非贸易部门的劳动产出率。对上式进一步变形得 $p = \frac{\beta \eta_a}{\gamma \eta_b}$。由上式可以看出，两部门的劳动生产率变动决定了两部门商品的相对价格，当两部

门的生产率差异越小，两部门的产品价格差异就越小。当本国消费的贸易品与国外消费的贸易品占所有商品的比例相同时，那么两国物价水平可表示为 $p = p_a^u p_b^{1-u}$，$p^* = (p_a{}^*)^u (p_b{}^*)^{1-u}$。其中 p 和 p^* 分别表示本国可贸易品和不可贸易品价格水平，$p_a{}^*$ 和 $p_b{}^*$ 分别表示国外可贸易品和不可贸易品的价格水平，μ 表示可贸易品占所有商品的比例，根据假设六，当可贸易品的价格在两国之间不相等时，套利行为使得可贸易品价格在两国之间相等，在一价定律条件下 $e = \dfrac{p}{p^*}$，把 $p = p_a^u p_b^{1-u}$，$p^* = (p_a{}^*)^u (p_b{}^*)^{1-u}$ 代入 $e = \dfrac{p}{p^*}$，并取对数得 $\ln e = \varphi + (1-u)\left(\ln\dfrac{\eta_a{}^*}{\eta_b{}^*} - \ln\dfrac{\eta_a}{\eta_b}\right)$，上式就是"巴拉萨—萨缪尔森"效应中描述汇率与生产率之间关系的最终形式。从"巴拉萨—萨缪尔森"效应中推断的一个重要结论是：一国汇率变动先是引起了本国可贸易品价格的变动，可贸易品价格的变动又引起本国不可贸易品价格的变动，并最终引起了本国物价水平发生了变动，上述推断较完整地描述了汇率变动与物价水平之间的关系，"巴拉萨—萨缪尔森"效应为研究汇率与物价之间的关系提供了一个较完整的理论分析框架。

四、超调模型理论

多恩布什的汇率超调模型理论又称黏性价格货币分析法，超调模型理论认为，与货币模型相比，商品市场和资本市场的调整速度是不相同的，在商品市场上的价格水平具有黏性价格的特点，即商品价格在短期内不易变动，导致购买力平价在短期内不成立，经济存在着由短期均衡向长期均衡调整的过程，但长期内，商品价格不对购买力平价产生影响。汇率超调模型建立在以下五个前提假设之下：第一，经济处于充分就业状态；第二，商品需求的波动仅会影响商品价格水平发生变动但是不影响产出水平；第三，商品价格是黏性的；第四，利率与汇率完全变动，购买力平价决定长期均衡汇率，货币市场与资本市场永远均衡；第五，预期汇率的变动由回归性预期方程决定。

传统货币需求函数为 $m^d = p + \varphi y - \lambda i$，稍作调整为 $i = \dfrac{p - m^d + \varphi y}{\lambda}$。其中，$m^d$、$p$ 和 y 分别表示本国货币需求、国内物价水平和国内实际产出水平。i 表示国

内名义利率，利率系数 $\lambda > 0$。利率水平与实际货币需求成反方向变化，产出系数 $\varphi > 0$，产出与实际货币需求同方向变化。假设国内债券和国外债券完全替代，根据无抵补利率平价 OIP 得 $\eta = i - i^*$。其中 η 表示本国货币的预期贬值率，i^* 代表国外利率，并且其值固定不变。汇率超调模型假设购买力平价决定其长期均衡汇率。$\bar{E} = \bar{p} - \bar{p}^*$，$\bar{E}$、$\bar{p}$ 和 $\bar{p}^*$ 分别表示直接标价法下的长期汇率、长期国内物价和长期国外物价的对数值。汇率超调模型假设预期汇率的变动由回归性预期方程决定。$\eta = -\varphi(E - E^*)$，表明汇率调整系数 $\varphi(\varphi > 0)$、当前汇率水平 E 与长期汇率水平 E^* 之差共同决定本币的预期贬值率。图 2-2 中用均衡线 CC 表示商品市场的均衡状态，假设总需求和总供给的差额决定通货膨胀率 $\pi = \alpha(d - y)$。π 表示国内通货膨胀水平，a 表示价格调整速度，d 表示总需求的对数值。总需求函数表示为 $d = \varepsilon + \beta(E - p + p^*) + \delta y - wi$。其中 ε 是外生支出变量，$(E - p + p^*)$ 表示实际汇率，总需求与收入水平正相关，与名义利率负相关。把上式代入通货膨胀率中，得 $\pi = \alpha\{\varepsilon + \beta(E - p + p^*) + (\delta - 1)y - wi\}$。将货币需求函数代入上式得 $\pi = \alpha\left\{\varepsilon + \beta(E - p + p^*) + (\delta - 1)y - \dfrac{w(p - m^d + \varphi y)}{\lambda}\right\}$。

当总需求和总供给相等时，商品市场均衡，此时通货膨胀率为零，即 $\pi = 0$。可得商品市场均衡时 CC 线的斜率为 $\dfrac{\mathrm{d}p}{\mathrm{d}E} = \dfrac{\beta}{\beta + \dfrac{w}{\lambda}}$，因为 β、w 和 λ 均大于 0，所以，CC 线的斜率大于 0。在 CC 线的左边，总供给大于总需求；在 CC 线的右边，总供给小于总需求。把无抵

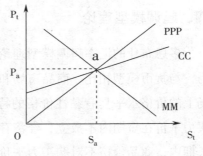

图 2-2　商品市场和货币市场均衡

补利率平价以及长期均衡汇率结合起来分析货币市场 MM 的均衡情况为 $E = \bar{E} - \dfrac{i - i^*}{\varphi}$。将货币需求函数代入上式得 $E = \bar{E} - \dfrac{p - m_d + \varphi y - \varphi i^*}{\lambda \varphi}$。在货币市场均衡的条件下得到 MM 曲线的斜率为 $\dfrac{\mathrm{d}p}{\mathrm{d}E} = -\lambda \varphi$，因为斜率小于 0，所以 MM 曲线向下倾斜。

汇率超调模型表明，货币政策在长期内会导致物价和汇率水平同方向发生

变动，但在短期内，货币政策对利率、总需求有着实际的影响。

五、蒙代尔—弗莱明模型

动态的蒙代尔—弗莱明模型由多恩布什首先提出，这个模型认为资本市场对经济中各种变量的内外冲击能作出及时的反应，而产品市场始终保持均衡的状态。用 LM 曲线描述这种均衡状态为 $m = p + \alpha y - \beta i$。其中实际产出 y 在短期内保持不变，y^d 表示对本国产出的实际需求，y^d 取决于实际汇率（$E - p + p^*$），实际收入 y 和名义利率 i，$y^d = r(E - p) + \eta y - \varphi i + \varepsilon$。假设 $p^* = 0$，则实际汇率变为 $E - p$。方程 $p = \phi(y^d - y)$ 表示价格水平 p 的动态调整，其中 $\phi > 0$，ϕ 表示产品市场的调整速度。如果出现实际需求 y^d 大于实际产出 y 的情况，表明价格水平 p 上升，实际需求偏离实际产出越大，价格水平变动的幅度也越大。国际资本市场的平衡由"未抵补的利率平价"表示为 $i - i^* = E^e$。其中 E^e 表示瞬间贬值率，$\bar{E}$ 表示汇率的长期均衡水平。为了在模型中体现对未来预期因素，变为 $E^e = w(\bar{E} - E)$。上式表明市场参与者对未来汇率的预期取决于汇率的长期均衡值与当前汇率之差。假定取一个值 w，使得 $E^e = E$，则在均衡状态下，汇率和价格水平都不发生变动，$E = p = 0$。将该值分别代入以上式中，那么，利率、汇率和价格的均衡状态值如下：$\bar{i} = i^*$、$\bar{p} = m - \alpha y + \beta \bar{i}$ 和 $\bar{E} = \bar{p} + \dfrac{\{(1 - \eta)y + \gamma \bar{i} - \varepsilon\}}{\gamma}$。

假设 $p^* = 0$，$\bar{E}$ 和 $\bar{p}$ 分别对货币供应量 m 进行微分，得 $\dfrac{\mathrm{d}\bar{p}}{\mathrm{d}m} = 1$，$\dfrac{\mathrm{d}\bar{E}}{\mathrm{d}m} = 1$。表明，货币在长期是中性的，在长期中，货币供应量的增长导致价格水平发生相同比例的增长，同时名义汇率也发生相同幅度的变化。

六、中间产品和分配成本理论

汇率对国内价格的传导要比对进口价格的传导复杂得多，主要是因为有很多因素共同影响着国内的价格水平，如宏观经济周期、供求状况、收入水平和居民的消费结构等。多数研究表明，按照汇率沿着价格链传递的特点，汇率对进口价格的传递要明显大于汇率对国内价格的传递。多数学者主要给出以下两种解释。

第一，在进口商品中，大多数商品都是中间投入品，中间投入品在进入最终的消费环节前，还需要经过生产环节。在这个过程中削弱了汇率的价格传递效应。Obstfeld 假设所有的进口商品都是中间产品。本国生产的最终消费品所需要的中间投入品可以选择从国外进口也可以选择国内生产的和国外具有替代性的中间产品。在此，给出以下假设条件：（1）名义工资事先给定，并且名义工资等于中间产品的价格。（2）劳动力的投入函数以生产函数来表示。（3）中间产品市场为完全竞争市场。（4）中间投入品的价格等于名义工资。对于生产最终商品的生产商来说，其生产函数表示为

$$c = \left[\beta^\lambda p_a^{1-\lambda} + (1-\beta)^\lambda \gamma^{1-\lambda} w^{1-\lambda} \right]^{\frac{1}{1-\lambda}} \tag{2.4}$$

$$\frac{p_a}{p_b} = \frac{p_a}{\gamma w} = \frac{n^*}{n} \tag{2.5}$$

其中，p_a 和 p_b 分别表示国外进口中间产品的价格以及国内生产的中间产品的价格，n 和 n^* 分别表示出口国的劳动生产率以及进口国的劳动生产率。因为 p_a 和 p_b 等于事先给定的名义工资水平，所以汇率变动导致进口的中间产品以及国内生产的中间产品的价格出现变动，进而影响了厂商的生产成本，以致汇率变动传递到了国内的物价水平。

第二，进口商品在最终传递到消费者手中需要经过一系列的环节，在中间的分配环节中产生了分配成本，分配成本影响了汇率对国内物价的传递。在 Engel 的模型中，假设国内进口品价格由两部分构成。一是以本国货币表示的进口商品的国外成本 $\overline{c_t}$，二是不可贸易品的分配成本 c_{ts}，其中 $\overline{c_t}$ 满足一价定律，则有 $\overline{c_t} = \lambda \, \overline{c_t^*}$。同时假设消费函数代表上述两部分的固定替代弹性函数，得出 $Q_t = \left[\alpha Q_{ts}^{\frac{\lambda-1}{\lambda}} + (1-\alpha) \, \overline{Q_t}^{\frac{\lambda-1}{\lambda}} \right]^{\lambda(\lambda-1)}$。其中，$Q_t$、$Q_{ts}$ 以及 $\overline{Q_t}$ 分别代表最终商品的消费量、中间分配服务的消费量以及国外进口成本的消费量。α 代表中间分配成本与居民消费总量的比值，λ 代表中间分配成本与国外进口成本之间的替代弹性。此外，消费者的预算约束为 $Q_{ts} C_{ts} + \overline{Q_t} \, \overline{C_t} = Q_t C_t$。结合上式得出最终商品的价格为 $c_t = \alpha^\lambda c_{ts}^{1-\lambda} + (1-\alpha)^\lambda \overline{c_t}^{(1-\lambda)} = \left[\alpha^\lambda c_{ts}^{1-\lambda} + (1-\alpha)^\lambda \lambda^{(1-\lambda)} \, \overline{c_t^*}^{(1-\lambda)} \right]^{\frac{1}{1-\lambda}}$。

国外进口成本 $\overline{c_t^*}$（以外国货币表示）固定不变，那么汇率传递弹性系数为

$$\varepsilon = \frac{(1-\alpha)^\lambda \gamma^{(1-\lambda)} \, \overline{c_t^*}^{\,(1-\lambda)}}{\alpha^\lambda c_{ts}^{\,(1-\lambda)} + (1-\alpha)^\lambda \gamma^{(1-\lambda)}} \tag{2.6}$$

由上式可知，当 $\alpha \to 1$ 时，$\varepsilon \to 0$。表明汇率传递效应与中间分配成本所占的居民消费总量呈负相关关系。由于在现实中，我们通常并不能直观地观测到 $\overline{c_t}$ 和 $\overline{c_t^*}$ 的数值，但我们可以用消费者价格和服务价格来验证上面的假设。假设简化的生产函数满足 Cobb – Douglas 函数，则第 i 种商品的国外价格和国内价格存在如下的关系：

$$p_i - r - p_i^* = \beta + \alpha y + (1 - \alpha)\mu \qquad (2.7)$$

$$p_i - s - p_i^* = \beta + \alpha(y - \mu) + \mu \qquad (2.8)$$

在上述两式中，所有变量都取对数形式，β 为常数，α 表示不可贸易品占中间分配服务的比例，$y \equiv p_i - r - p_i^*$，表示国外服务的相对价格。$\mu \equiv \overline{p_i} - r - \overline{p_i^*}$，表示可贸易商品的国外价格的相对比值。在该模型中，Engel 指出，假设不可贸易品的分配服务是导致国内消费者价格差异的主要原因，当一价定律对不可贸易品也成立时，回归方程的系数为正，并且方程拟合度也比较好；但当可贸易品的价格是由当地货币定价时，回归方程的系数就会减小，甚至可能减为负数，且方程拟合度也较差。总之，分配成本的存在使得汇率对进口商品价格的传递大于对消费者价格的传递。

七、货币政策与汇率传递理论

部分学者在研究汇率对国内物价水平传导的过程中发现，中央银行的货币政策也是影响汇率传递大小的一个重要因素。中央银行为了缓和通货膨胀所实行的货币政策也会减少一部分汇率变动对国内物价的影响。如果中央银行实行的是适中性的货币政策，那么国内价格水平和工资就会随着进口价格的变动而变动，导致汇率变动对国内价格水平的传导提高。20 世纪 90 年代以来，许多工业化国家在经历本国货币贬值的情况下，国内物价水平却始终处于较低水平，国内物价并没有随货币贬值而上升，这一现象，引起了诸多学者们对货币政策与汇率传递之间关系的研究。

Popper 和 Parsley 将国内价格、汇率以及中央银行实行的货币政策纳入如下模型来分析：$P_{it} = E\{f_i[e_t, m(d_t), B_{it}]/C_t\}$。其中，$P_{it}$ 代表第 i 种商品的国内价格，$m(d_t)$ 表示中央银行的货币政策，e_t 表示在直接标价法下的名义汇率，B_{it} 代表其他影响商品价格的因素，C_t 表示厂商在定价时所用到的信息。这个公式具有普遍性。若忽略 $m(d_t)$，且用 B_{it} 代表第 i 种商品的国外价格，那么该公式就变为购买力平价公式，可用于可贸易品定价。同理，如果忽略 e_t，那么这个公式就可用于不可贸易品的分析。

如果将单个商品加权，将得到总的价格水平：

$P_t = \int_0^1 \beta_i E\{f_i[e_t, m(d_t), B_{it}]/C_t\}d_t$，且 $\int_0^1 \beta_i d_i = 1$。因而，汇率对单个价格水平以及总商品的价格水平的传递率可以表示为

$$r_i = \frac{\partial E\{f_i[e_t, m_t, B_{it}]/C_t\}}{\partial e} \qquad (2.9)$$

$$r = \int_0^1 \beta_i r_i d_i \qquad (2.10)$$

由于货币政策与汇率政策之间是相互影响的关系，所以有 $dm(d_t)/de_t \neq 0$，于是汇率传递率可进一步表示为

$$r_i = \frac{\partial P_{it}}{\partial m(d_t)} \frac{dm(d_t)}{de_t} \qquad (2.11)$$

$$r = \frac{\partial p_i}{\partial m(d_t)} \frac{dm(d_t)}{de_t} \qquad (2.12)$$

此后，Taylor（2000）基于厂商行为建立理论模型的前提下，实证研究了汇率传递与通货膨胀的关系，结果表明：在高的通货膨胀环境条件下，汇率传递效应增大；在低的通货膨胀环境下，汇率传递效应减小。本章实证研究所用的理论主要是货币政策与汇率传递理论。

第三节 人民币汇率制度及我国物价水平的历史回顾

一、人民币汇率制度的历史回顾

人民币汇率制度在历史上大体历经了以下几个时期的改革，分别为1981—1984 年的官方汇率、贸易内部结算价以及汇率调剂价并存的多重汇率制度、

1985—1993 年的官方汇率与外汇调剂价的双重汇率制度、1994—2005 年的有管理的浮动汇率制度和 2005 年至今的以市场供求为基础、参考货币篮子进行调节、有管理的浮动汇率制度。

（一）1981—1984 年的汇率制度

1981—1984 年我国实行的是官方汇率、贸易内部结算价以及外汇调剂价并存的多重汇率制度，在这一时期我国进入了改革开放，实行以经济建设为中心，大力发展国民经济的举措，为了配合对贸易体制改革的需要，把原先的固定汇率制做了些许的变动。自从 1981 年我国开始实行贸易内部结算价以后，人民币官方汇率出现了缓慢下浮的趋势。1984 年人民币官方汇率基本相当于贸易内部结算价。在 1981—1984 年我国实行的多重汇率制中，贸易内部结算价和外汇调剂价是为了鼓励出口，官方汇率越来越接近平均成本，汇率政策开始服从于贸易政策。随着美元持续升值，从 1984 年下半年开始，人民币汇率逐渐向内部结算价靠拢，逐步调低，人民币汇率降幅达到了 3.36%，1984 年底取消内部结算价，重新实行单一汇率制度。

（二）1985—1993 年的汇率制度

1984 年之前采用的内部结算价汇率制度在促进出口方面起到了一定的积极作用，但 1984 年底逐步取消内部结算价汇率制度开始实行单一汇率制度时期时，我国出现了贸易收支逆差的现象。为了改善这一状况，1985 年我国取消了内部结算价汇率制度，第一次实行汇率并轨，恢复单一汇率制度，1986 年人民币官方汇率开始盯住美元，这一单一汇率制一直持续到 1991 年。1991 年 4 月起开始实行有管理的浮动运行机制，这一汇率制度的调整意味着我国改变了人民币官方汇率大幅度变动的调整方式转而采用小幅微调的方式，实施这一汇率制度的目的是使人民币汇率制度更加合理。1993 年 2 月国家外汇管理局对外汇调剂市场实行最高限价，这一最高限价的措施使得外汇调剂市场交易萎缩。因此，在 1993 年 6 月国家外汇管理局取消了最高限价。

（三）1994—2005 年 7 月的汇率制度

1993 年底，随着《进一步改革外汇管理体制的公告》的发布，我国开始实行有管理的浮动汇率制度。中国人民银行开始采用经济手段在外汇市场上调节外汇供求，以此来稳定汇率。伴随着外汇留存制度的取消，我国也取消了强制性的外汇计划，实行银行结售汇，允许人民币在经常项目下有条件性兑换。在起初的有管理的浮动汇率制度导致了人民币出现了大幅度的贬值，在其后的若干年后人民币汇率才基本保持平稳。此后，人民币兑换美元的汇率基本维持在8.27~8.28的水平，在这一时期名义上实行的是单一的有管理的浮动汇率制度，但从实证分析数据中看出，实际汇率波动幅度很小，从本质上讲我国仍然实行的是盯住美元的单一的汇率制度，这种盯住制在当时中国的经济背景下是符合我国的实际经济情况的，稳定了我国和周边国家的贸易。

（四）2005年至今的汇率制度

一方面，我国加入世贸组织后，国际收支持续顺差，外汇储备增加，西方国家指出是中国的汇率政策导致它们国际收支不平衡；另一方面，在20世纪90年代，在一些采用盯住制的发展中国家相继爆发了金融危机，因此，盯住汇率制度被认为是当时国际经济大环境下的一种危机的诱因之一。

为了缓解人民币单一盯住美元的弊端以及国际社会要求人民币升值的双重压力，我国在2005年7月21日，中国人民银行宣布实施以市场供求为基础、参考一篮子货币进行调节的有管理的浮动汇率制度。在新的汇率制度下，人民币参考的一篮子货币包括澳大利亚元、加拿大元、新加坡元、英镑以及卢布等。这些国家货币的比重由其对外贸易和服务的权重决定，其中主要构成是美元、日元、欧元和韩元。这次的汇率改革标志着我国向人民币汇率制度的市场化、国际化迈出了重要的一步。人民币汇率从汇改前的1美元兑换8.27元人民币调整为1美元兑换8.11元人民币，一次性升值近2%。此次汇率改革的重点是完善人民币汇率的形成机制，使人民币汇率能够真实地反映市场中的供求关系。汇改之后，人民币汇率不再像汇改前那样完全单一地盯住美元，而是随着市场上一篮子货币波动进行调节。因此，人民币汇率波动的幅度增大。此次汇改，一方面对调整经济结构、促进国际收支平衡、产业结构优化升级以及转变经济增长方式都起到了很大的促进作用；但另一方面，汇改后人民币一直处于升值的趋势，人民币升值给中国的许多出口企业带来了严峻的挑战。由于人民币升值使得出口减少，从而使得出口企业的利润下降，一些附加值低、成本低的中小企业渐渐地丧失了竞争力，逐渐地退出了市场。

此次的汇率改革中人民币汇率参考一篮子货币进行调节，其中一篮子货币中的货币种类和权重如何正确地确定，在实践中仍然是一大难题，而且人民币一直处于升值的压力中。所以并不是说这次的汇改就已经解决了所有的相关问题，未来人民币汇率改革如何进行还需要不断地在摸索中前进。

二、我国物价水平的历史回顾

在改革开放以前，我国处于计划经济体制下，政府对所有商品都采取行政手段规定其价格，这一时期的价格水平较为平稳，为了配合前面对人民币汇率制度发展过程的回顾，本部分也主要对改革开放后我国的通货膨胀水平做一个简要的回顾。

（一）1984—1986 年的物价水平

一方面，在这一时期我国放开了除棉花、粮食、油等农产品外其余产品的价格；另一方面，在这一时期我国固定资产的投资规模不断扩大，投资增加导致国内需求增加，国内需求增加又引起了货币供应量的猛增，这两方面导致了1984—1986 年我国的通货膨胀。1985 年农产品价格指数同比增加 8.6%，CPI 较上年增加 9.3%，PPI 较上年上涨了 38.7%。

（二）1987—1989 年的物价水平

1987 年的 CPI 为 7.3%，1988 年的 CPI 猛增至 15.8%，到 1988 年 12 月增至 26.7%。在这一时期通货膨胀的起因是由于政府在上一轮通货膨胀初见成效之后，放松了宏观调控力度，实行扩张性的财政政策以及宽松的货币政策，扩大了国内固定资产的投资规模，投资规模的增加导致政府财政赤字的增加，到1989 年政府的财政赤字已达到 189 亿元人民币，政府通过增加货币供给的办法来弥补财政赤字，而超发的货币又带来新一轮的投资增加，如此的恶性循环引发了本次的通货膨胀。

（三）1993—1995 年的物价水平

在 1993—1995 年这三年期间，我国的 CPI 上涨幅度分别为 14.7%、24.1%和 17.1%。在这次的通货膨胀期间发生了两个重大的历史事件，一个是邓小平南方谈话；另一个是中共十四大。邓小平南方谈话强调加快我国市场经济改革的路线方针，中共十四大则明确了改革开放的目标，即建设有中国特色的社会主义市场经济。在这两个历史事件的推动下，我国出现了下海热潮。1993—

1994 年期间，全国固定资产投资规模平均增长率达到 42.1%，同时居民的货币收入增长率远超过劳动生产率的增长率，进而引起严重的通货膨胀。本次的通货膨胀体现了我国当时许多严重的经济问题，如我国人均资源较少引起的能源和原材料紧缺、房地产行业市场化机制不健全而引起的房地产过热、道路基础设施落后造成的交通运输堵塞等。

（四）2006—2008 年的物价水平

2006 年 CPI 上涨 4.8%，到 2008 年 CPI 涨幅达到 8.5%，连续 10 个月超过 3% 的预警线。造成本次的通货膨胀主要有以下几个原因：首先，猪肉价格上涨引起了食品价格的上涨，从而导致了 2007 年至 2008 年期间我国食品价格总体上涨 23.25%；其次，我国贸易顺差增大，2008 年贸易顺差额比 2005 年的贸易顺差额增加了一倍多，达到 20868.4 亿元人民币，贸易顺差导致外汇占款增加，进而导致货币供应量增加；最后，全球能源价格上涨使得国内产品成本上升进而引起了物价水平上涨。

（五）2009—2013 年的物价水平

自 2010 年 5 月以来，CPI 上涨了 3.1%，10 月上升至 4.4%，11 月更是高达 5.1%。在此期间政府虽然出台一些措施来强力遏制通货膨胀，但 2011 年 3 月到 5 月 CPI 仍然居高不下，这三个月 CPI 分别为 5.4%、5.3% 和 5.5%，6 月和 7 月 CPI 又创新高，分别为 6.4% 以及 6.5%。造成本次通货膨胀主要有以下几个方面的原因：第一，本轮通货膨胀的直接原因是货币供应量过多，货币投放主要有财政性投放和货币性投放。2009 年以来，我国在财政性投放和信贷投放这两项上投放均创新高。政府实行积极的财政政策。政府推出 4 万亿元资金的投资计划，占 GDP 的比重高达 13.3%。然而美国在这一时间爆发的经济危机使其财政扩张规模仅占 GDP 的 6.8%。我国中央政府实行的扩张性的财政政策带动各省各地方财政性扩张几倍甚至几十倍的增加。2010 年，中央银行名义上推行"适度宽松"的货币政策，可实际执行的却是"超宽松"的货币政策。据《中国统计年鉴》2010 年的数据，2009 年我国各项贷款规模总和已达 39.94 多万亿元，2010 年各项贷款规模总和达到 47.44 多万亿元。货币当局的货币供应量在 2009 年为 606 225 亿元。这段时期实行的积极的财政政策和"超宽松"的货币政策是本轮通货膨胀的直接原因。第二，本轮通货膨胀发生的本源是农产品、能源以及原材料等产品价格上涨。2008 年受恶劣天气影响，全球水灾、旱灾、地震等自然灾害频繁发生，农业减产，引发世界粮食危机。2009 年，黑海地区小麦减产，俄罗斯宣布禁止小麦出口，导致全球小麦价格上升 68% 左右。2010年 12 月，全球粮食价格创新纪录，突破 2008 年的"粮食危机"水平。这段时期，中国的粮食、食品以及肉类的市场价格涨幅均在两位数以上。其中，尤其食品价格上涨幅度最为严重，上涨了 11.7%，拉动 CPI 上涨 3.8%。与此同时，国际市场原材料价格上涨也引起国内严重的通货膨胀。中国的铁矿业所需的钢铁基本都从澳大利亚、巴西等国进口。2011 年 1 月，铁矿石价格环比上涨达 8% 左右，基于原材料价格上涨，国内厂商被迫提高了钢铁价格。第三，本轮产生通货膨胀的重要原因是收入差距扩大攀比机制。在我国的不同行业、不同部门、不同地区以及不同阶层之间收入差距越大，则其内生的攀比机制作用越强烈。当收入差距扩大时，低收入者心理失衡，想要提高收入水平，而高收入者想要保持收入水平不变，这样在攀比机制的螺旋上升中，市场价格水平不断升高，通货膨胀不可避免。第四，本轮通货膨胀的重要基础和根源是传统的经济发展方式。我国经济增长的方式可概括为：过度依赖能源和资源的消耗，以牺牲生态环境来追求经济的数量扩张，追求 GDP 自我增长，这种经济增长方式使得经济"过热"。表现为一方面社会总需求增加，形成需求拉动型通货膨胀；另一方面，供给盲目扩大，造成结构性通货膨胀。自 2011 年 8 月到 2013 年底，我国的消费者价格指数大体变化不大，偶尔也有小幅的上涨。这一时期，由于全球金融危机的影响，我国的出口小幅度下降，但是由于我国的贸易顺差基数大，庞大的国外需求造成了国内资源短缺，资源短缺导致国内企业的生产成本上升，进而引起物价水平上升。

三、人民币汇率与我国物价水平关系

在 1981—1990 年的 10 年期间，CPI 为 92.6%，人民币兑换美元的汇率由 1美元兑换 1.606 元人民币贬值为 1 美元兑换 5.222 元人民币，在这一时期人民币呈现不断贬值的趋势，同时国内物价指数也不断上涨，并且人民币贬值的幅度远大于国内物价上涨的幅度。

1994 年在我国出现严重通货膨胀时期，开始了汇率制度改革，在此次汇改之后，人民币出现不断升值的趋势。从1994—1996年期间人民币相较于美元升值了35%，在1996年此次的通货膨胀才得到有效的控制，CPI相较于上年上涨幅度下降了8.8%。1997年后亚洲发生了金融危机，人民币汇率开始实行盯住美元的策略，相较于其他国家货币不断贬值的情况，人民币实际汇率实际上是不断升值的。从人民币名义有效汇率来看，在1997—1999年期间人民币升值了15.6%，而1999年我国却发生了通货紧缩，当年的CPI仅为-1.4%。综合地看这段时期人民币汇率与我国物价水平的关系，在汇改之初，人民币升值，在两年后人民币升值对通货膨胀起到了抑制作用，亚洲金融危机期间人民币升值导致了通货紧缩。

2005年汇改之后，人民币呈现不断升值的趋势，但在2006年下半年发生了严重的通货膨胀，人民币升值物价不降反升，这一通货膨胀一直持续到2008年下半年（见图2-3）。2005年8月至2008年7月人民币相较于美元升值了15.6%，CPI涨幅12.1%，2008年8月CPI相较于2008年7月降低了1.4%，CPI增速开始放缓。在本阶段人民币升值当期带来了物价水平的上涨，但一段时间后才起到抑制通货膨胀的作用，由此看来，人民币升值对物价上涨的抑制作用具有明显的滞后效应。

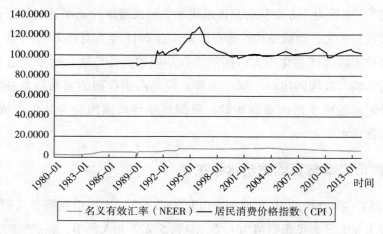

图2-3 人民币汇率与物价水平关系

综上所述，从总体上看，人民币汇率与国内物价水平变化方向相反，在我国人民币汇率对国内物价水平的传递是不完全的，主要表现为人民币汇率变动幅度大于物价指数变动幅度，人民币升值对抑制通货膨胀有着明显的滞后效应。造成人民币汇率对物价不完全传递的原因主要有以下几个方面：第一，我国企业在国际市场上的竞争力比较弱，在定价方面处于弱势的地位，国外厂商通常把人民币汇率变动的不利方面转嫁给我国，从而降低了汇率传递效果。第二，我国在国际贸易中采用美元结算，这使得贸易对手，尤其是欧美等发达国家将人民币汇率变动的不利方面转嫁给我国。第三，人民币汇率长期以来实行盯住美元的政策，导致我国许多企业认为人民币汇率波动幅度不大，企业就降低了调整价格的积极性，从而降低了汇率传递效果。

第四节　模型构建

为了研究汇率变动对国内物价水平的影响，本章借鉴 McCarthy（2000）的向量自回归模型，VAR 模型的优点有：（1）能够有效地避免在单方程回归中出现的变量内生性问题。（2）乔莱斯基分解可以有效地解决各个冲击的影响。（3）能够研究汇率在整个价格链上的传递过程，不仅可以研究汇率传递的大小，还可以研究汇率传递的速度及各种外部冲击的相对重要性。

首先，我们假设国际市场上石油价格的变化是引起供给冲击变化最主要的原因，石油的美元价格外生性最强，同期内不会受到其他变量冲击的影响，但可能对系统内其他的变量产生同期的影响。因此，本章将石油的美元价格放在系统中的第一位。在本章中国内需求冲击对价格水平的影响用产出缺口来表示，同时假设产出缺口只受石油价格冲击的影响，产出缺口又影响模型中其他所有的变量。此外，我们考虑到货币政策对汇率传递的影响，在模型中加入反映货币供给量变化的广义货币供给来代表货币政策的冲击。货币供给冲击与汇率冲击的传递顺序比较复杂。考虑到当前货币政策的实施通常都会考虑到通货膨胀的预期、外部冲击的影响以及货币当局可能采取的相应对策，所以说中央银行的行为实际上是一种积极的控制，因而货币供给对汇率和价格产生的影响比较显著。因此，本章将货币供给放在系统中变量的第三个位置。当然，货币政策、汇率冲击等因素也可能对需求产生同期的影响，但在我们的模型中不加以考虑，在对结果进行稳健性检验的过程中，我们将改变系统中各种冲击的可能次序，以期全面考察变量之间可能的相互影响。我们用汇率自身的波动来表示汇率冲击，本章的核心在于考虑汇率对于国内价格水平的影响，因此，我们将汇率冲击置于进口价格和消费者价格之前。综上所述，我们可以得到以下四个变量的顺序，即石油的美元价格→产出缺口→货币供给→汇率。同时价格 t 期的实现值为 $t-1$ 期的期望值和 t 期的冲击项之和，用方程表示为

$$\pi_t^{oil} = E_{t-1}(\pi_t^{oil}) + u_t^s \qquad (2.13)$$

$$gap_t = E_{t-1}(\Delta e_t) + \alpha_1 \mu_t^s \qquad (2.14)$$

$$\Delta m_t = E_{t-1}(\Delta m_t) + \beta_1 u_t^s + \beta_2 u_t^d + u_t^{\Delta m} \qquad (2.15)$$

$$\Delta neer_t = E_{t-1}(\Delta neer_t) + \eta_1 u_t^s + \eta_2 u_t^d + \eta_3 u^{\Delta m} + u_t^{\Delta e} \qquad (2.16)$$

其中，π_t^{oil} 代表国际石油价格的通货膨胀，gap_t 代表产出缺口，$\Delta neer_t$ 代表人民币名义有效汇率的变动，Δm_t 为货币供给在 t 期的变动，u_t^s、u_t^d、$u_t^{\Delta m}$ 和 $u_t^{\Delta e}$ 分别代表供给冲击、需求冲击、货币冲击以及汇率冲击。

其次，根据汇率对国内价格水平的传递过程，构造一个完整的价格传递链，即进口价格和消费者价格。在价格链上价格的变动由以下因素决定：（1）根据 $t-1$ 期已知信息而对 t 期通货膨胀的预期。（2）前面价格链上价格的冲击对 t 期的价格影响。（3）t 期国内需求与供给的变化对价格的冲击。（4）t 期汇率冲击对通货膨胀的影响。进口价格冲击对消费者价格传导有两种不同的渠道，首先进口商品中的原材料以及需要经过加工后才能进入消费领域的商品，此时进口价格对消费者价格的冲击是间接的；其次有一部分进口商品直接进入消费领域，因此对消费者价格的冲击是直接的，根据价格链的传递特点，可以得到如下的回归模型：

$$\pi_t^{ipi} = E_{t-1}(\pi_t^{ipi}) + \lambda_1 u_t^s + \lambda_2 u_t^d + \lambda_3 u^{\Delta m} + u^{\Delta e} + u_t^{ipi} \qquad (2.17)$$

$$\pi_t^{cpi} = E_{t-1}(\pi_t^{cpi}) + \theta_1 u_t^s + \theta_2 u_t^d + \theta_3 u^{\Delta m} + \theta_4 u^{\Delta e} + \theta_5 u_t^{ipi} + u_t^{cpi} \qquad (2.18)$$

其中，π_t^{ipi} 和 π_t^{cpi} 分别代表进口价格和消费者价格的通货膨胀，u_t^{ipi} 和 u_t^{cpi} 分别代表进口价格和消费者价格的冲击。因此，本章考察的 VAR 模型中乔莱斯基分解顺序为 $\Delta oil \rightarrow gap \rightarrow \Delta m_2 \rightarrow \Delta neer \rightarrow \Delta ipi \rightarrow \Delta cpi$。

与上述乔莱斯基分解顺序相对应的结构式残差与简化式残差之间的关系式可表示如下：

$$
\begin{bmatrix} u_t^{oil} \\ u_t^{gap} \\ u_t^{m2} \\ u_t^{neer} \\ u_t^{ipi} \\ u_t^{cpi} \end{bmatrix} = \begin{bmatrix} 1 & 0 & 0 & 0 & 0 & 0 \\ \alpha_1 & 1 & 0 & 0 & 0 & 0 \\ \beta_1 & \beta_2 & 1 & 0 & 0 & 0 \\ \eta_1 & \eta_2 & \eta_3 & 1 & 0 & 0 \\ \lambda_1 & \lambda_2 & \lambda_3 & \lambda_4 & 1 & 0 \\ \theta_1 & \theta_2 & \theta_3 & \theta_4 & \theta_5 & 1 \end{bmatrix} = \begin{bmatrix} \varepsilon_t^{oil} \\ \varepsilon_t^{gap} \\ \varepsilon_t^{m2} \\ \varepsilon_t^{neer} \\ \varepsilon_t^{ipi} \\ \varepsilon_t^{cpi} \end{bmatrix}
$$

上式中，u_t^{oil}、u_t^{gap}、u_t^{m2}、u_t^{neer}、u_t^{ipi} 和 u_t^{cpi} 表示简化式 VAR 模型中相应方程的残差，ε_t^{oil}、ε_t^{gap}、ε_t^{m2}、ε_t^{neer}、ε_t^{ipi} 和 ε_t^{cpi} 表示结构式模型中的结构残差。

第五节　实证分析

一、变量的选择

1. 石油价格（oil prices），本章用 oil 来表示石油价格。首先国际市场上石油价格的变动是引起供给冲击变化的最主要的原因，以美元的石油价格作为供给冲击。美元的石油价格的外生性最强，同期内又不会受到模型中其他经济变量的影响，但是会对系统中其他变量产生同期的影响。因此，把石油价格排在 VAR 模型中的第一个位置。石油的美元价格数据来源于美国政府的能源信息管理局。

2. 产出缺口（output gap），本章用 gap 来代表产出缺口。国内需求冲击对价格变动的影响用本国实际的产出缺口来反映，同时假定其变动只受石油冲击的影响，并对系统内其他变量产生影响。因此，把它排在 VAR 模型中的第二个位置。由于我国没有公布 GDP 的月度数据，本章以工业增加值作为 GDP 的代理变量，并对工业增加值作 X12 季节调整，然后用 HP 滤波生成工业增加值的循环因子作为产出缺口的代理变量。工业增加值的原始数据来源于国家统计局。

3. 货币供应量（money supply），本章用 M_2 来代表货币供应量。考虑到汇率传递中货币政策的影响，在 VAR 模型中加入广义的货币供应量来表示货币政策的冲击。中央银行实施货币政策时是一种积极的控制，它会考虑外部冲击对货币政策的影响，货币当局还会对通货膨胀的预期采取相应的对策。因此，货币供给对汇率水平和价格水平的影响比较明显。本章将货币供给放在 VAR 模型中的第三个位置。数据来源于中经网统计数据库。

4. 人民币名义有效汇率（nominal effective exchange rate），本章用 neer 来代表人民币名义有效汇率。我国在 2005 年 7 月汇率改革后，实行"以市场供求为基础，参考一篮子货币进行调节的有管理的浮动汇率制度"。人民币不仅仅盯住美元，其他国家和地区汇率的波动也会间接地导致人民币币值的变化。鉴于此，我们采用人民币名义有效汇率指数来反映其综合影响。采用人民币名义有效汇率指数而不是实际有效汇率指数是因为实际有效汇率指数其本身已经表明了剔除价格变动的影响，即已经考虑到价格对汇率的影响，因此，不适合用于本章的研究。数据来源于国际清算银行（BIS）统计数据库。

5. 进口商品价格总指数（imported goods price index），本章用 ipi 来表示进口商品价格总指数。由于我国没有公布进口价格指数，在以往的研究文献中，大部分都是通过构造来得到进口价格指数，所得到的进口价格指数难免会有一定的偏差，本章采用进口商品价格总指数，数据来源于中经网统计数据库。

6. 消费者价格指数（consumer price index），本章用 cpi 来代表消费者价格指数。本章以 2005 年 7 月作为定基，对所有年份的消费物价指数数据都进行了相应调整，数据来源于中经网统计数据库。以上数据除产出缺口外，所有变量都取自然对数。

二、数据的描述与分析

表 2 - 1 显示了六个序列从 2005 年 7 月到 2013 年 12 月的描述性统计量，从中可以看出，进口价格指数及消费者价格指数在此阶段处于上升阶段，并且上升幅度递减。从标准差来看，在此期间，进口价格的波动高于消费者价格的波动。从均值来看，我国人民币名义有效汇率指数、货币供应量以及石油的美元价格均处于上升阶段。这说明，在此期间，我国货币供应量不断增加，人民币不断升值，石油价格不断上涨。从 JB 统计量及其相应 P 值在 1% 的显著性水平下可以看出，除人民币名义有效汇率和石油价格外，其余四个序列均拒绝服从正态分布的零假设。

表2-1　　　　　　　　　　　　　**数据基本统计表**

变量	样本值	均值	中位数	标准差	偏度	峰度	JB	P值
Δipi	101	0.00386	0.00159	0.13039	0.08651	5.91646	35.92097	0.00
Δcpi	101	0.00014	0.00097	0.00654	-0.7092	4.84646	22.36396	0.00
Δm2	101	0.01391	0.01296	0.01111	0.51709	3.40801	5.20146	0.072
Δneer	101	0.00257	0.00342	0.01209	0.20239	3.72049	2.87413	0.237
Δoil	101	0.00394	0.00791	0.09907	0.25989	3.60614	2.68319	0.261
gap	101	0.01094	0.01905	0.16285	0.31179	6.84463	63.84066	0.00

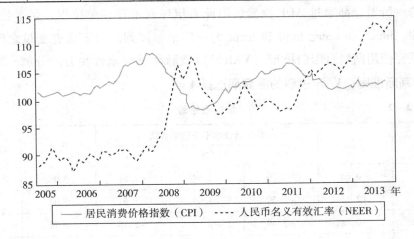

图2-4　人民币名义有效汇率与消费者价格指数之间的相关图

从图2-4中可以看出,在大多数时候人民币名义有效汇率与消费者价格指数呈现负相关的关系。具体来看,在2005年到2007年,国内物价水平上升明显,人民币名义有效汇率却波动频繁,但二者总体呈现负相关的关系。2008年爆发了国际金融危机,物价水平由升转降,人民币名义有效汇率保持了明显上涨的趋势,二者之间仍保持负相关的关系。但在2009年至2010年初,人民币名义有效汇率与物价水平出现了正相关关系,之所以出现正相关关系是因为金融危机使得人民币贬值预期加大。人民币名义有效汇率在2009年开始出现下降趋势,这一趋势持续了一年左右的时间,与此同时,在这一时期,物价水平也处于下降趋势。在2010年以后,人民币名义有效汇率较金融危机期间出现较大幅度上升,此时,物价水平出现下滑趋势,二者又呈现负相关关系。通过上述的描述性统计分析可以看出，人民币汇率变动对我国国内的物价水平传递效应是存在的。

三、变量的平稳性检验

由于时间变量的平稳性是进行经济分析的前提，因此本章对 6 个变量的水平值进行平稳性检验，结果见表 2 – 2。从表 2 – 2 中可以看出，除了 gap 以外，其余变量的水平值都没有通过 ADF 检验，表明其余五组序列均存在单位根，为非平稳序列。于是对这五组变量的一阶差分进行单位根检验，结果表明这五组变量的一阶差分都通过 ADF 检验，因此五组序列不存在单位根，是平稳序列，即 lnoil、lnm2、lnneer、lnipi 和 lncpi 为一阶单整序列。为了研究变量之间的动态关系，使用向量自回归模型（VAR）以及脉冲响应函数和方差分解。本章根据 LR 判断准则，VAR 模型的滞后期选择 4 期。

表 2 – 2　　　　　　　　　　　　单位根检验

变量	T 值	各显著性水平下的临界值			P 值	检验结果
		1%	5%	10%		
lnoil	– 0.66	– 2.59	– 1.94	– 1.61	0.06	不平稳
gap	– 2.23	– 2.59	– 1.94	– 1.61	0.03	平稳
lnm2	– 0.88	– 3.49	– 2.89	– 2.58	0.79	不平稳
lnneer	1.42	– 2.59	– 1.94	– 1.61	0.96	不平稳
lnipi	– 0.18	– 2.59	– 1.94	– 1.61	0.62	不平稳
lncpi	0.345	– 2.59	– 1.94	– 1.61	0.78	不平稳
Δlnoil	– 7.67	– 2.59	– 1.94	– 1.61	0	平稳
Δlnm2	– 2.51	– 3.49	– 2.89	– 2.58	0	平稳
Δlnneer	– 6.69	– 2.59	– 1.94	– 1.61	0	平稳
Δlnipi	– 15.18	– 2.59	– 1.94	– 1.61	0	平稳
Δlncpi	– 4.32	– 2.59	– 1.94	– 1.61	0	平稳

四、格兰杰因果关系检验

表 2 – 3 列出了一些变量的格兰杰因果关系检验结果。从表 2 – 3 中可以看

出，人民币名义有效汇率指数是进口商品价格总指数和消费者价格指数的格兰杰原因。同样，进口商品价格总指数和消费者价格指数也是人民币名义有效汇率指数的格兰杰原因，它们之间存在双向影响关系。

表 2 - 3 　　　　　　　　　　格兰杰因果关系检验

Δoil 是否分别为 gap, ΔM_2, $\Delta neer$, Δipi, Δcpi 的格兰杰原因	是	是	是	是	是
gap 是否分别为 Δoil, ΔM_2, $\Delta neer$, Δipi, Δcpi 的格兰杰原因	是	是	是	是	是
ΔM_2 是否分别为 Δoil, gap, $\Delta neer$, Δipi, Δcpi 的格兰杰原因	是	否	是	是	是
$\Delta neer$ 是否分别为 Δoil, gap, ΔM_2, Δipi, Δcpi 的格兰杰原因	是	是	否	是	是
Δipi 是否分别为 Δoil, gap, ΔM_2, $\Delta neer$, Δcpi 的格兰杰原因	是	是	是	是	是
Δcpi 是否分别为 Δoil, gap, ΔM_2, $\Delta neer$, Δipi 的格兰杰原因	是	是	是	是	否

五、脉冲响应函数

在上述识别方法的基础上，图 2 - 5 和图 2 - 6 给出了一个单位的汇率冲击对于进口商品价格总指数和消费者价格指数的影响。由于本章的 6 个变量中除了产出缺口外，其余变量都取了自然对数，因此，如果将结构冲击正规化为 1，那么其他变量在受到冲击后的变化值就可以近似地看成是弹性值。从图 2 - 5 中可以看出，进口商品价格总指数和消费者价格指数对汇率冲击的反应基本上都是负向的。具体来看，进口商品价格总指数受到汇率冲击的影响比消费者价格指数受到汇率冲击的影响反应更迅速，从图 2 - 5 中可以看出，进口商品价格总指数在第 1 期受到汇率冲击时是上升的，从第 2 期开始后，进口商品价格总指数对汇率冲击的反应开始下降，这体现了进口商品价格总指数对于汇率冲击反应的滞后性。从第 2 期开始，汇率冲击对进口商品价格总指数的影响加强，这种影响一直持续到第 20 期左右。从图 2 - 5 中可以看出，一单位的汇率冲击在第 2 期对进口商品价格总指数的累计冲击为 1.07%，第 7 期时，对进口商品价格总指数的累计冲击为 6.51%，到第 15 期左右，进口商品价格总指数受汇率冲击的影响基本维持在 4.80% 左右。从图 2 - 6 中可以看出，消费者价格指数在一开始受到汇率冲击时反应就是下降的，但是效果并不明显，说明汇率冲击通过进口商品价格总指数传递到消费者价格指数也是具有一定的时滞性。在第 1 期，一个单位的汇率冲击对消费者价格指数的累计冲击为 0.16%，到第 10 期，汇率冲击对消费者价格指数的影响最大，对消费者价格指数的累计冲击为 0.93%。从第 13 期开始，消费者价格指数受汇率冲击的影响基本维持在 0.81% 左右。

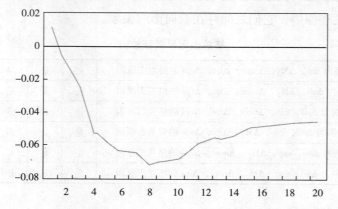

图 2-5　进口商品价格总指数对名义有效汇率的累计脉冲响应函数

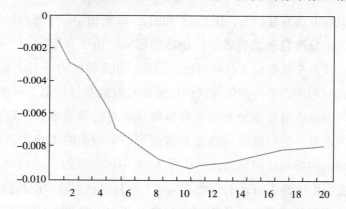

图 2-6　消费者价格指数对名义有效汇率的累计脉冲响应函数

从上述结果中可以看出，汇率冲击对于进口商品价格总指数的影响大于对消费者价格指数的影响，这符合商品传递链的特点。汇率变动对我国消费者价格指数的影响相对低，可能有以下几个方面的原因。首先，与我国的贸易方式有关。在我国的进口贸易中有很大一部分是来料加工贸易，当这部分商品出口到国外市场时，并不会对消费者价格产生影响。其次，由于运输成本、垄断竞争以及厂商定价行为等因素的存在以及在最终消费品中包含了大量的非贸易品，这些非贸易品大大降低了汇率的传递效果。再次，可能与我国的消费者价格指数的编制方法有关。消费者价格带有本地消费的倾向，非贸易品和本地物品的存在也会降低汇率传递效果。最后，与国内的经济环境有关。许多研究结果表明，通货膨胀水平与汇率传递效果有很大的关系，在低的通货膨胀环境下，汇率传递效应较小，而在高的通货膨胀环境下，汇率传递效应变大。我国在过去的几年中，除了个别年份的消费者价格指数上涨较快外，大部分时间内消费者价格指数都相对平稳，这可能降低汇率的传递效果。

六、方差分解

上述中，我们用脉冲响应函数得到了进口商品价格总指数和消费者价格指数对人民币名义有效汇率的响应程度，接下来我们对二者的预测误差进行方差分解，以此来了解各变量冲击在解释二者波动中的贡献度。从表 2 - 4 中可以看出，对于进口商品价格总指数的变动，产出缺口的解释力最小，始终不足 1%。在第 8 期左右，石油冲击和消费者价格冲击的解释力趋于稳定，分别能解释 3.6% 和 5.3% 的进口商品价格总指数的变动。进口商品价格总指数的方差变动主要是由于其自身的变化引起的。在第 1 期，自身冲击的解释力 93.7%，到第 10 期开始，自身冲击的解释力保持在 72.2% 左右，除自身因素外，货币政策就是影响进口商品价格总指数的最主要因素了，从第 10 期开始，货币冲击能解释 10.5% 的进口商品价格总指数的变动。汇率冲击对进口商品价格总指数的解释力从第 4 期开始基本维持 7.4% 左右的水平。消费者价格指数的波动也主要是其自身的因素引起的，第 1 期可以解释 84.6% 自身的变动。除了自身因素外，汇率冲击对消费者价格指数的变动的解释力最大。第 1 期可以解释 8.1% 的消费者价格指数的变动，从第 6 期开始，汇率冲击大约可以解释 20.4% 的消费者价格指数的变动。其次是进口商品价格总指数对消费者价格指数的解释力最大，从第 5 期开始大约可以解释 11% 的消费者价格指数的变动。石油冲击和货币冲击对消费者价格指数变动的解释力差不多，从第 10 期开始，分别可以解释 6.1% 和 6.6% 的消费者价格指数的变动。产出缺口对消费者价格指数变动的解释力最小，从第 10 期开始基本可以解释 1.1% 的消费者价格指数的变动。

表 2－4 　　　　进口价格总指数和消费物价指数预测误差的方差分解

预测变量	预测期	标准差	对预测变量的解释程度（%）					
			Δoil	gap	ΔM_2	$\Delta neer$	Δipi	Δcpi
Δipi	1	0.07	0.28	0.01	4.86	1.15	93.70	0.00
	5	0.12	3.47	0.10	8.28	7.24	76.28	4.63
	10	0.11	3.56	0.87	10.14	7.20	72.88	5.35
	15	0.11	3.59	0.89	10.66	7.50	72.00	5.36
	20	0.11	3.59	0.90	10.70	7.51	71.92	5.38
Δcpi	1	0.01	0.07	0.79	0.01	8.04	6.53	84.56
	5	0.02	5.55	0.79	2.59	19.91	11.79	59.37
	10	0.02	6.06	1.08	6.18	20.47	10.98	55.23
	15	0.02	6.08	1.15	6.71	20.46	10.94	54.66
	20	0.02	6.07	1.16	6.76	20.57	10.92	54.52

七、稳健性检验

在 VAR 模型中，识别顺序对脉冲响应函数和方差分解有很重要的影响，所以本章考察了两种备择的乔莱斯基分解次序，以验证上述基本分解次序得出的结果是否具有稳健性。由于石油的外生性最强，因此还是排在最前面，而本章考虑的是汇率变化对我国国内价格的影响，因此进口商品价格总指数和消费者价格指数还是排在最后，且位置不变。以下是两种备择的顺序：

（1）$\Delta oil \rightarrow \Delta neer \rightarrow gap \rightarrow \Delta M_2 \rightarrow \Delta ipi \rightarrow \Delta cpi$

（2）$\Delta oil \rightarrow \Delta M_2 \rightarrow gap \rightarrow \Delta neer \rightarrow \Delta ipi \rightarrow \Delta cpi$

表 2－5 为备择的乔莱斯基分解次序的进口商品价格总指数和消费物价指数的累计脉冲响应情况。从表 2－5 中可以看出，备择的乔莱斯基分解估计次序的 ipi 和 cpi 的累计脉冲响应情况与上述得出的结论基本相同：汇率冲击对进口商品价格总指数的冲击基本是负向的，和上述顺序的结果差不多；汇率冲击对消费物价指数的冲击也是负向的，和上述顺序的结果也差不多；汇率冲击对消费物价指数的影响很小，并且存在一定的时滞。综上所述，由乔莱斯基分解次序得出的结论是稳健的。

表 2 − 5　　　　　　　　备择识别顺序估计下累计脉冲响应

时期		1	5	10	15	20
1	ipi	0. 009	− 0. 061	− 0. 073	− 0. 054	− 0. 051
	cpi	− 0. 002	− 0. 007	− 0. 009	− 0. 009	− 0. 008
2	ipi	0. 007	− 0. 042	− 0. 065	− 0. 066	− 0. 059
	cpi	− 0. 003	− 0. 003	− 0. 007	− 0. 008	− 0. 008

第六节　金融危机背景下的人民币汇率传递效应

上述研究的是 2005 年 7 月至 2013 年 12 月期间的人民币汇率传递效应，它包括了自 2007 年 8 月起至 2013 年 12 月为止由美国次贷危机所引起的国际金融危机这一特殊时期。为了验证这次金融危机对人民币汇率传递效应有无特别影响，下面进一步选取进口商品价格总指数和消费者价格指数结构性变化为突变点对此展开研究。这里遵循 Stulz（2006）的做法，采用单变量自回归模型模拟进口商品价格总指数和消费者价格指数生成过程，然后利用该数据生成过程检验两种指数的突变点，具体模型为

$$\Delta ipi_t = c + \sum_{j=1}^{3} \beta_j \Delta ipi_{t-j} + \varepsilon_t \tag{2.19}$$

我们采用标准的 Wald 结构突变检验方法，利用连续 Wald 检验所有现在的突变点，最后选择具有最大 Wald 统计值的突变点作为进口商品价格总指数和消费者价格指数的突变点。通过连续的 Wald 检验，我们发现在 2007 年 7 月和 2011 年 1 月 Wald 统计值出现最大值，进口商品价格总指数在此期间的平均值为 118. 97，消费者价格指数的平均值为 103. 38。整个样本期间的进口商品价格总指数的平均值为 116. 86，消费者价格指数的平均值为 100. 31。进口商品价格总指数和消费者价格指数确实上升了。所以我们选取 2007 年 8 月和 2011 年 3 月作为子样本区间，考察子区间和整体样本区间的汇率传递效应有无显著的变化。图 2 − 7 和图 2 − 8 为子样本期间的脉冲响应函数图。

从图 2 − 7 和图 2 − 8 中可以看出，国际金融危机期间进口商品价格总指数和消费者价格指数对于汇率的整体冲击趋势是一致的，基本都是下降的趋势：在

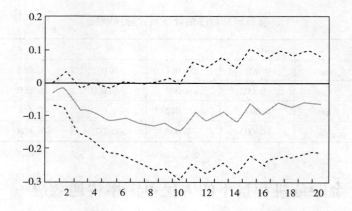

图 2-7　进口商品价格总指数对名义有效汇率的累计脉冲响应函数

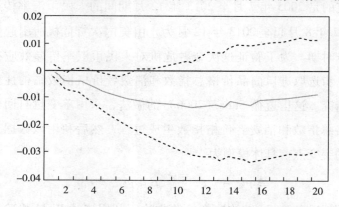

图 2-8　消费者价格指数对名义有效汇率的累计脉冲响应函数

金融危机期间进口价格从第 1 期起就下降了 3.35%，进口价格在第 10 期下降最大为 14.85%，消费者价格在第 1 期下降 0.02%，到第 11 期下降了 1.14%，此后一直维持在这一水平。但与整个样本期间的数据相比，显然在金融危机期间，进口商品价格总指数和消费者价格指数对汇率冲击反应的时间效应和数量效应都变大了。为什么会出现这一现象？原因在于：第一，中国的汇率市场化以及对外开放是一个渐进的过程，因此对资源配置的力度以及浮动弹性将会随着汇率体制改革的深入而不断深化。虽然汇率变动对内外经济的影响程度可能随着改革而出现差异，但总体趋势应该是汇率传递效应越来越强。第二，目前国际上大多数资源性产品都是以美元定价的，金融危机期间量化宽松货币政策使美元泛滥，引起美元大幅贬值，从而直接导致资源性产品价格上涨。而随着我国经济的飞速发展，我国对原油、铁矿石等资源性产品的进口需求数量和刚性都越来越大，因此只能被迫接受这些商品价格的上涨。作为重要的中间产品，资源性产品价格上涨将推动生产成本上升，进而影响消费品价格，最终形成输入型通货膨胀。

第七节　结论及政策建议

一、研究结论

自从 2005 年 7 月，我国实行人民币汇率改革以来，经济运行受人民币汇率变动的影响就日益增加，在日常的经济运行中，许多方面都受到汇率波动的影响，归纳起来，主要有以下几个方面的结论：第一，通过对石油的美元价格、产出缺口、货币供应量、人民币名义有效汇率指数、进口商品价格总指数以及消费者价格指数所做的格兰杰因果关系检验中可以看出，石油的美元价格是产出缺口、货币供应量、人民币名义有效汇率、进口商品价格总指数和消费者价格指数的格兰杰原因。货币供应量是人民币名义有效汇率、进口商品价格总指数和消费者价格指数的格兰杰原因。进口商品价格总指数是消费者价格指数的格兰杰原因。这些结论为我们对宏观经济变量冲击的影响的次序选择提供了可靠的依据。第二，汇率冲击对进口商品价格总指数和消费者价格指数的传递都是不完全的并且有一定的时滞。进口商品价格总指数和消费者价格指数对汇率冲击的反应都是负向的，即汇率升值会导致进口商品价格总指数和消费者价格指数下降，且汇率冲击对进口商品价格总指数的影响要大于对消费者价格指数的影响。一个百分比的汇率变动能够导致进口商品价格总指数和消费者价格指数分别变动 4.8% 和 0.81% 左右。第三，通过对进口商品价格总指数和消费者价格指数的方差分解，可以看出，对于进口商品价格总指数而言，货币供应量和汇率冲击的影响最大，分别能解释 10.5% 和 7.4% 的进口商品价格总指数的变化。对消费者价格指数而言，汇率冲击和进口商品价格总指数的影响最大，分别能解释 20.4% 和 11.1% 左右的消费者价格指数的变动。总体来看，进口商品价格总指数和消费者价格指数受到汇率冲击的变动是沿着商品流通链递减的。第四，通过对子样本区间的研究发现，在国际金融危机的背景下，人民币汇率传递的趋势基本没变，但传递效应增大。

二、政策建议

第一，由于汇率传递效应不完全并且有一定的时滞性，因此，企图通过人民币升值来治理通货膨胀的作用有限。应该多从其他方面来治理通货膨胀。一般而言，企图通过人民币升值来降低进口成本进而影响其国内物价水平是有条件的，即汇率传递系数必须较高且进口品大量地进入一国的国内市场。由于在我国的进口品中，大部分是来料加工贸易，当这部分商品进入市场时，不会对国内的物价水平产生影响。从汇率传递的视角看，治理通货膨胀不能仅仅依赖汇率政策，还应该多从其他角度来治理通货膨胀。

第二，维持人民币币值稳定以此稳定物价水平的作用有限，所以企图通过人民币升值来抑制通货膨胀的作用有限。如果人民币升值较快，则人们会加强人民币升值的预期，使得国外资本流入中国，进而使得中央银行在外汇市场投放基础货币来干预，所以维持人民币币值稳定，加强资本管制，解决国内流动性过剩问题和结构失衡是治理通货膨胀的关键因素。

第三，建议采用更具弹性的汇率制度。我国较低的汇率传递效应为实施更富弹性的汇率制度提供了支持。我国货币政策的主要目标是：保持人民币币值稳定，促进经济增长。人民币币值稳定包括对内（物价）和对外（汇率）稳定两个方面。在汇率传递效应较低的情况下，中央银行可以将货币政策的目标放在稳定国内物价水平上，而不必太过于担心汇率波动对我国国内物价水平的影响，从而为实施更富弹性的汇率制度提供条件。因此，我国应适当扩大汇率的浮动区间，提高汇率变动的灵活性，使得汇率在调节国际收支中得到应有的作用，同时保持我国货币政策的独立性。一方面，人民币汇率保持弹性有利于降低公众对汇率失调的心理预期；另一方面，人民币汇率保持弹性有利于市场均衡汇率的形成，减少人民币币值高估或者低估所引起的资本投机活动，减少资本流动对通货膨胀的影响。

第三章

通货膨胀环境与人民币汇率传递效应

第一节　研究概述

一、研究背景

20 世纪 90 年代初期，各主要工业化国家加强了对通货膨胀的控制，使物价水平居于相对稳定的状态。90 年代后期，美国、日本等国均出现了经济增长和低通货膨胀并存的现象。许多研究者认为低通胀现象受诸多因素影响，但普遍认为稳定可信的货币政策是主要原因。这些工业化国家的低通胀阶段适逢较大幅度的汇率贬值，但是汇率变动导致的国际市场价格波动对消费者价格的影响比预期小。自此，汇率及国际市场价格波动对一国通胀水平的影响开始受到越来越多的关注，汇率传递作为宏观经济国际传导的重要机制也成了国际经济领域的热点问题。

1994 年之前，人民币汇率由国家实施严格控制。1994 年 1 月人民币官方汇率和官方调剂价格正式并轨，我国开始实施以市场供求为基础的、单一的、有管理的浮动汇率制。2005 年 7 月,我国为完善人民币汇率形成机制,开始实行以市场供求为基础、参考一篮子货币进行调节、有管理的浮动汇率制。随着开放程度逐步深化,金融改革开放也成为当前中国经济改革的重要组成部分。2012 年初以来,欧债危机给世界经济造成了巨大的不确定性,这不仅给中国经济发展带来下行压力,也使人民币汇率面临贬值压力。然而,美联储的量化宽松货币政策外加其对于中国施加的政治压力又使人民币汇率面临升值压力。2010 年 6 月,人民银行宣布进一步推进人民币汇率形成机制改革,增强人民币汇率弹性。2014 年的政府工作报告也提到保持人民币在合理均衡水平的基本稳定,推进人民币资本项目可兑换,并首次明确提出扩大人民币汇率双向浮动区间。随着时代的发展,孙刚(2011)认为汇率已经具备了两重性质和两种功能,汇率不仅仅是其他货币的价值尺度,还是政府进行宏观调控的重要工具。逐渐开放的经济和更具弹性的汇率制度给我国国内货币政策的实施带来了更多的不确定性,如何在转型期确定各种纷繁复杂的因素对货币政策的影响成为货币当局制定政策的关键。探索汇率传递和一国国内宏观经济的相互影响机制,对于利用汇率传导机制稳定我国物价水平具有重要的参考作用。

Krugman(1986)和 Dornbusch(1987)作为汇率传递的早期研究者,从微观角度研究汇率传递效应。后来由 Obstfeld 和 Rogoff(1995)、Lane(1999)、Sarno(2001)等人发展起来的新开放宏观经济学(NOME),将名义价格黏性、厂商定价行为和不完全竞争等因素加入动态一般均衡模型,为汇率传递效应研究提供了新范式。Taylor(2000)考虑通胀环境对传递效应影响的研究更是成为后续研究的重要参考。以上研究均得出汇率传递不完全的结论,但是大部分文献假设模型参数在样本期内保持不变,即采用分阶段样本估计(黄寿峰等,2011)或者是滚动回归估计(倪克勤和曹伟,2009)等方法。考虑到汇率传递效应可能在不同时期受不同因素影响而呈现出时变特征,本章将采用非线性 STAR 模型,进一步为汇率传递效应研究增加微观视角,从国内不同货币政策环境出发,探讨不同阶段汇率传递效应出现差异的原因,同时也分析已有文献得出不同结果是否是因为模型选取的不同。

本章其余部分安排如下:第一部分梳理国内外相关研究文献;第二部分介绍本章的理论模型;第三部分是计量模型说明;第四部分是实证研究,分析人民币汇率传递效应变化的原因并解释相关现象；第五部分为结论及政策建议。

二、文献回顾

汇率作为一国货币对外价值的表现，物价作为一国货币对内价值的表现，两者之间存在着密切联系。对汇率传递理论的早期研究主要基于微观视角。自Krugman（1986）提出依市定价理论开始，学界开始了对汇率不完全传递的深入研究。依市定价理论认为，市场垄断力强的厂商为稳定价格和保持自身的市场份额可能会调整其利润率，从而吸收一部分汇率波动，导致汇率变动的不完全传递。后来，从宏观视角考察汇率传递的研究大量增加。从定价方式出发，Betts 和 Devereux（1996，2000）和 Obstfeld 和 Rogoff（1995）分别基于当地货币定价和生产者货币定价假设条件分析了需求对汇率传递的影响。从通货膨胀环境角度出发，Taylor（2000）认为通货膨胀率影响汇率对进口价格的传递，更低的通货膨胀率将减少汇率对进口价格的传递效应。从货币政策角度出发，Bouakez（2005）发现货币政策的变化是使加拿大汇率传递效应下降的主要原因。

随着对汇率传递效应研究的深入，大量研究发现汇率传递效应具有不完全特征，并且具有递减趋势。Campa 和 Goldberg（2002）、Mishkin（2008）等均发现在发达国家，一国的国内环境对汇率传递效应存在影响。当一国致力于实施稳健的货币政策时，汇率对一国物价水平的影响程度就会相对较低。Marazzi 和 Sheet（2007）通过对美国样本数据的研究发现汇率对进口价格的传递系数由 20 世纪 80 年代的 0.5 以上下降到过去十年的 0.2；Otani 等（2003）的研究也表明汇率传递系数存在下降趋势。这些相对一致的研究结果普遍认为下降的汇率传递效应不仅与黏性价格和厂商的依市定价行为有关，也与样本期间内的低通胀环境相关（Taylor，2000）。国内学者大都集中在采用单方程回归直接分析汇率变动对通货膨胀的影响，如卜永祥（2001）通过误差修正模型考察了汇率变动对零售物价水平和生产者物价水平的影响，汇率变动显著影响国内价格水平，刘亚等（2008）和施建淮等（2008）等均采用单方程考察了人民币汇率对国内物价的传递效应。也有部分文献考虑到汇率在传递过程中可能出现的变化情况，如黄寿峰等（2011）通过多结构变化协整回归考虑不同的经济冲击的影响并将样本期间划分为 5 段，认为汇率传递效应虽然总体趋减，但仍会出现反复。

最新的研究除了发现通胀环境会影响汇率传递效应之外，还发现汇率传递效应具有不对称的非线性特征。Calvo 和 Reinhart（2002）、Devereux 和 Yetman（2010）考察了汇率传递效应与通胀环境之间的关系。特别地，Shintaniet 等（2009）基于理论模型同时采用对称的非线性模型和不对称的非线性模型考察了通胀环境对汇率传递的影响。国内利用非线性模型捕捉通胀环境对汇率传递效应影响的文献还非常少。王胜和田涛（2013）借鉴 Markov（1997）的理论模型捕捉到通胀环境的门限值为 0.00197。类似地，项后军和许磊（2011）得到的门限值为 0.0096。综上看来，国内的研究已经注意到通胀环境对汇率传递效应的影响，并采用较为合理的模型进行深入研究。但总体而言，对国内环境如何影响汇率传递效应的研究还较少，严格按照理论模型进行实证研究的文献更不多见。一般认为人民币升值有利于缓解国内通货膨胀，贬值会导致国内物价水平上升。但是国内文献得出的汇率传递效应有正有负，表明这种经验性结论并不成立。那么结论的不一致性是否因为变量选取不同还是因为未考虑国内的货币政策环境？本章将从汇率传递视角，采用非线性模型，区分通胀环境影响的对称性特征，探讨汇率传递效应是否受国内通胀环境的影响，以及通膨环境如何影响汇率传递效应。

第二节　理论模型

本章借鉴 Shintani 等（2013）的理论框架，假设进口商所面临的市场是垄断竞争的，其在 ［0，1］ 内连续，且进口的商品 i 是有差异的。根据交错定价理论，进口商每次签订有效期为 N 的合同（$N \geqslant 2$），在有效期内的每一间隔期，部分厂商会按照约定价格履行合同，其余厂商则选择支付固定成本 F 以终止合同或重新签订合同。那么在 $t - j(j = 0, 1, \cdots, N - 1)$ 时刻签订合同并进口商品 i 的进口商在 t 时刻面临的需求为

$$Q_t(i, t-j) = \left(\frac{P_t(i, t-j)}{P_t(t-j)}\right)^{-\theta} Q_t(t-j) \qquad (3.1)$$

其中，$\theta > 1$ 表示替代弹性，$P_t(i, t-j)$ 表示在 $t-j$ 时刻签订合同的进口商品 i 在 t 时刻的价格，$P_t(t-j) = \left[\int_0^1 P_t(i, t-j)^{1-\theta} \mathrm{d}i \right]^{1/(1-\theta)}$ 表示在 $t-j$ 时刻签订合同的所有商品在 t 时刻的总体价格，$Q_t(t-j)$ 表示所有商品在 t 时刻的总需求。假定所有进口商销售的商品在有效期内每一期的替代弹性为 1，那么 t 时刻的总价格指数为 $p_t = N^{-1} \sum_{j=0}^{N-1} p_t(t-j)$，$p_t = \ln P_t(t-j)$。

　　所有的进口商品都以同一种不受进口国控制的外币计价，表示为 P_t^*。那么 t 时刻以本币表示的进口商利润可以表示为

$$\pi_t(i, t-j) = p_t(i, t-j) Q_t(i, t-j) - (1+\tau) S_t P_t^* Q_t(i, t-j) \quad (3.2)$$

其中，S_t 是以直接标价法表示的名义汇率，即一单位外币可兑换的本币量；τ 表示进口商承受的运输成本等。那么进口商的利润最大化条件可以表示为

$$\hat{P}_t(i, t-j) = \frac{\theta}{\theta - 1} (1+\tau) S_t P_t^* \quad (3.3)$$

其中，$\frac{\theta}{\theta - 1}$ 表示成本加成，$(1+\tau) S_t P_t^*$ 表示边际成本。通过对最优价格取对数，$s_t = \ln S_t$，$\mu = \ln[\theta/(1-\theta)] + \ln(1+\tau)$，可以得到 $\hat{p}_t = s_t + p_t^* + \mu$，假定 s_t 和 p_t 都服从随机游走过程，定义 $\sigma^2 = Var[\Delta(s_t + p_t^*)]$。

　　假定价格只受当期的通胀率影响，而不是滞后的通胀规则。那么在第一期，进口商会将进口商品最优价格设定为 $\hat{p}_t$，但在合同的剩余期，进口商会根据通胀率（$\pi_t = p_t - p_{t-1}$）来改变初始价格。

　　由于支付固定的成本 F 可以在合约期的任何时刻终止合同或者重新签订价格，F 是独立同分布的。在价格设定的第二期，厂商均面临着终止前期合同的可能性。假设当期处在合同期内，$\kappa^{(t)}$ 表示继续合同约定价格的概率。在 t 时刻设定新的合同价格 $\hat{p}_t$ 后，厂商通过观察到的通胀率 π_t，选择 $\kappa^{(t)}$ 取得最大化利润。我们可以通过每期预期价格与实际价格水平偏差的平方项来得到跨期利润最大化条件。

　　（一）两期合同

　　$N = 2$ 时，最优 $\kappa^{(t)}$ 可以由下式的预期损失最小化函数得出

$$L_t = E_t \left[\beta \kappa^{(t)} (\hat{p}_t + \pi_t - \hat{p}_{t+1})^2 + \beta (1 - \kappa^{(t)}) F \right] = \beta F - \beta (F - \sigma^2 - \pi_t^2) \kappa^{(t)}$$

$$(3.4)$$

β 是折现因子。当 $F < \sigma^2$ 时，企业可以完全调整合同使损失最小化，即 $\kappa^{(t)} = 0$；当 $F \geq \sigma^2$ 时，如果 $\pi_t^2 \leq F - \sigma^2$，则 $\kappa^{(t)} = 1$，如果 $\pi_t^2 > F - \sigma^2$，则 $\kappa^{(t)} = 0$。所以对于给定的 F 和 σ^2，$\kappa^{(t)}$ 是 π_t 的简单函数。因而，进口厂商在任意 $t - j$ 时刻是否继续合同约定的价格均为 π_{t-j} 的函数。

$$p_t = \frac{1}{2} [p_t(t) + p_t(t-1)] = (s_t + p_t^*) - \frac{\kappa(\pi_t)}{2} \Delta(s_t + p_t^*) + \frac{\kappa(\pi_{t-1})}{2} \pi_{t-1}$$

$$(3.5)$$

新签订合同的厂商会将价格确定为 $\hat{p}_t = s_t + p_t^* + \mu$，之前签订合同的厂商会将价格确定为 $p_t(t-1) = [1 - \kappa(\pi_{t-1})] \hat{p}_t + \kappa(\pi_{t-1})(\hat{p}_{t-1} + \pi_{t-1})$。由此可得通胀机制的表达式为

$$\pi_t = \left(1 - \frac{\kappa(\pi_{t-1})}{2}\right) \Delta(s_t + p_t^*) + \frac{\kappa(\pi_{t-2})}{2} \Delta(s_{t-1} + p_{t-1}^*)$$

$$+ \frac{\kappa(\pi_{t-1})}{2} \pi_{t-1} - \frac{\kappa(\pi_{t-2})}{2} \pi_{t-2} \quad (3.6)$$

从式（3.6）可以看出，短期汇率传递效应为 $1 - \dfrac{\kappa(\pi_{t-1})}{2}$，长期汇率传递效应为 $1 - \dfrac{\kappa(\pi_{t-1})}{2} + \dfrac{\kappa(\pi_{t-2})}{2}$。

（二）N 期合同

基于相同的理论，对于一般的合同期限 N，我们可以得到 N 期的通胀机制表达式：

$$\pi_t = \left(1 - \frac{\sum_{j=1}^{N-1} \kappa(\pi_{t-j})^j}{N}\right) \Delta(s_t + p_t^*) + \frac{\sum_{j=1}^{N-1} \kappa(\pi_{t-j-1})^j - \sum_{j=2}^{N-1} \kappa(\pi_{t-j})^j}{N} \Delta(s_{t-1} + p_{t-1}^*)$$

$$+ \cdots \frac{(-\kappa(\pi_{t-N})^{N-1})}{N}(\Delta s_{t-N-1} + \Delta p_{t-N-1}^*) + \frac{\sum_{j=0}^{N-1} j\pi_{t-j} - \sum_{j=0}^{N-1} j\pi_{t-j-1}}{N} \quad (3.7)$$

由此可得短期的汇率传递效应为

$$1 - \frac{\sum_{j=1}^{N-1} \kappa \, (\pi_{t-j})^j}{N} \tag{3.8}$$

第三节　STAR 模型介绍

平滑转换自回归模型（Smooth Transition Auto – Regressive Model）可以较好地捕捉到上节理论模型在推导过程中体现出的平滑转换非线性特征。该模型是在 Quandt（1958）提出的转换回归模型基础上进一步扩展而成。现在，STAR 模型已被运用到奥肯定律、经济周期等诸多领域（刘柏和赵振全，2008），而汇率仍是该模型运用的主要领域。标准的 STAR 模型定义如下：

$$y_t = \phi' z_t + \theta' z_t G(\gamma, c, s_t) + u_t, \quad \mu_t \sim iid(0, \sigma^2) \tag{3.9}$$

其中，$z_t = (W_t', X_t')$ 是 $[(m + 1) \times 1]$ 阶解释变量向量，$W_t' = (1, y_{t-1}, \cdots, y_{t-p})'$，$X_t' = (x_{1t}, \cdots, x_{kt})'$。$\phi$ 和 θ 分别是线性和非线性部分的参数向量。转换函数 $G(\gamma, c, s_t)$ 是取值范围为 $[0, 1]$ 的连续有界函数，其大小取决于斜率参数 γ，定位参数向量 c 和转换变量 s_t，γ 衡量了两个制度之间的平滑程度和速度。我们将 $G(\gamma, c, s_t)$ 的形式设定为

$$G(\gamma, c, s_t) = [1 + \exp - \gamma(s_t - c)]^{-1}, \gamma > 0 \tag{3.10}$$

此非线性 STAR 模型即为 Logisitic 平滑转换自回归模型（LSTAR）。$s_t \rightarrow +\infty$ 时，$G(\gamma, c, s_t) \rightarrow 1$，传递效应为 $\phi + \theta$，此时对应高区制；$s_t \rightarrow -\infty$ 时，$G(\gamma, c, s_t) \rightarrow 0$，传递效应为 ϕ，此时对应低区制，仅线性部分存在影响。

第四节　STAR 模型的建立及实证研究

一、数据选取与处理

本章选取 1995 年 3 月至 2013 年 12 月的月度数据进行实证分析，所有数据均以 2010 年全年为基期，具体的指标选取和处理如下。

1. 通货膨胀率 π。我们选用消费者价格指数 CPI 作为国内价格指数和通胀环境的代理变量，根据同比数据和环比数据定基后进行季节性调整，数据来源于国家统计局。

2. 人民币汇率 s。选取名义有效汇率作为代理变量，汇率采用直接标价法，汇率上升表示人民币贬值。对数据定基后取一次差分，并进行季节性调整，数据来源于国际清算银行。

3. 进口价格指数 p^*。采用进口价格指数作为进口商品价格变化的代理变量。根据以上年为基期的环比数据和同比数据推算出以上月为基期的环比数据，其中缺失的 1 月数据通过简单插值法得到，最后进行季节性调整。数据来源于中经网。

经检验，所用数据在 1% 的显著性水平下均为平稳序列。

二、模型设定

（一）数据平稳性检验

为保证计量结果的可靠性，在实证研究之前进行时间序列平稳性检验。检验结果（见表 3 - 1）表明在 1% 的显著性水平下，所有数据均为平稳数据。

表 3 - 1　　　　　　　　　　　数据平稳性检验

变量	检验类型 （C, T, L）	t 统计量	临界值		
			1%	5%	10%
π	(0, 0, 3)	− 12.0618***	− 2.5754	− 1.9423	− 1.6157
s	(0, 0, 2)	− 13.7417***	− 2.5754	− 1.9423	− 1.6158
P^*	(0, 0, 1)	− 18.2531***	− 2.5753	− 1.9422	− 1.6158

注：（1）检验类型中的 C，T，L 分别为序列的截距项、趋势项及 ADF 检验最优滞后阶数，0 表示没有 C 或 T；（2）*、**和***分别表示显著性水平 10%、5% 和 1%。

（二）模型滞后期选择

为消除残差自相关的影响，我们进行了残差相关性检验，设定最大滞后阶数为 8 期，检验结果如表 3 - 2 所示。综合考察 AIC、SC 准则和 LM 检验结果，我们选择模型滞后阶为 6 期。线性检验拒绝了线性模型假设，检验结果表明转换变量（CPI）最优滞后阶为 5 期。

表 3 - 2　　　　　　　　不同滞后期下模型线性部分回归结果

	1	2	3	4	5	6	7	8
AIC	- 7. 9524	- 8. 0088	- 8. 0764	- 8. 0935	- 8. 0938	- 8. 1035	- 8. 0942	- 8. 0724
SC	- 7. 8917	- 7. 9174	- 7. 9542	- 7. 9402	- 7. 9093	- 7. 8875	- 7. 8466	- 7. 7930
LM（2）	16. 95 ***	11. 47 ***	5. 25 ***	4. 10 **	2. 98 *	1. 52	0. 53	2. 29

注：（1）LM（P）中 P 表示滞后阶数；（2）*、* * 和 * * * 分别表示显著性水平 10%、5% 和 1%。

（三）线性检验及模型选取

为考察通货膨胀环境对汇率传递效应的影响，本章设定消费者价格指数为模型的转换变量，延迟参数设定为 6 期。线性检验的原假设 H_1 为 $\beta_1 = \beta_2 = \beta_3 = 0$。

表 3 - 3　　　　　　　　线性检验及模型选取结果

变量	F1	F4	F3	F2	结论
cpi（- 1）	0. 0020	0. 0670	0. 00860	0. 0930	LSTR2
cpi（- 2）	0. 0017	0. 2092	0. 0024	0. 0645	LSTR2
cpi（- 3）	4. 26e - 6	0. 0178	0. 0003	0. 0094	LSTR2
cpi（- 4）	0. 0486	0. 3356	0. 0365	0. 1998	LSTR2
cpi（- 5）*	6. 71e - 9	0. 0013	0. 0002	0. 0001	LSTR1
cpi（- 6）	0. 0323	0. 5665	0. 0070	0. 2108	LSTR2

注：* 表示以最小概率拒绝线性假设的最优滞后期。

检验结果如表 3 - 3 所示，所有的转换变量均拒绝线性模型，即模型存在非线性特征。以最小概率拒绝线性假设的变量为转换变量，本章的转换变量为消费者价格指数的滞后 5 期。然后，对辅助回归进行序贯检验。检验结果表明非线性部分应采用 LSTAR1 型转换函数。这表明，在通货膨胀环境发生变化时，汇率传递效应具有非对称的变化。

三、汇率传递效应实证检验结果

本章采用迭代的 BFGS 法来估计模型的非线性部分，转换函数对初值的设定具有较强依赖性。设定定位参数 c 的取值范围为转换变量的值域，即 $c \in [-0.0322, 0.0262]$，斜率参数 $\gamma \in [0.5, 100]$，在此区间内等距离选取 500 值进行格点搜索，确定最优参数，并代入方程对模型系数进行回归估计，相关检验结果如式（3.11）所示。

$$\pi_t = [\,-0.5428\pi_{t-1} - 0.6605\pi_{t-2} - 0.5931\pi_{t-3} - 0.4935\pi_{t-4} - 0.2070\pi_{t-5}$$
$$(0.0000)\,(0.0000)\,(0.0000)\,(0.0000)\,(0.0035)$$
$$-0.3843\pi_{t-6} + 0.0260\Delta(s_t + p_t^*) + 0.0579\Delta(s_{t-1} + p_{t-1}^*)$$
$$(0.0000)\,(0.1539)\,(0.0079)$$
$$+0.0609\Delta(s_{t-2} + p_{t-2}^*) + 0.0681\Delta(s_{t-3} + p_{t-3}^*)\,] + [\,0.0170 + 0.9971\pi_{t-1}$$
$$(0.0071)\,(0.0001)\,(0.0729)\,(0.006)$$
$$+1.1957\pi_{t-4} + 0.3843\pi_{t-6} - 0.2252\Delta(s_t + p_t^*) - 0.3787\Delta(s_{t-1} + p_{t-1}^*)$$
$$(0.0199)\,(0.0000)\,(0.0097)\,(0.0054)$$
$$-0.4120\Delta(s_{t-2} + p_{t-2}^*) - 0.3407\Delta(s_{t-3} + p_{t-3}^*)\,] \times G(s_t, \gamma, c) + \varepsilon_t$$
$$(0.0046)\,(0.0106) \tag{3.11}$$

其中，$G(s_t, \gamma, c) = \{1 + e[\,-25.9660(\pi_{t-5} - 0.0115)\,]\}^{-1}$
$$(0.2351)\quad(0.0000)$$

$pLJB = 0.1005$，$pLM_{ARCH}(6) = 0.1274$。

表 3 - 4　　　　　　　　　　　残差平稳性检验

变量	检验类型	t 统计量	临界值		
	(C, T, L)		1%	5%	10%
ε_t	(0, 0, 0)	-9.7454***	-2.5756	-1.9423	-1.6157

注：（1）检验类型中的 C，T，L 分别为序列的截距项、趋势项及 ADF 检验最优滞后阶数，0 表示没有 C 或 T；（2）*、**和***分别表示显著性水平 10%、5% 和 1%。

式（3.11）括号中为待估参数显著性的 p 值，除 $\Delta(s_t + p_t^*)$ 系数和斜率参数不显著外，其余变量均通过检验。pLJB 是正态检验的 p 值，残差的 JB 值显示接受原假设，即残差序列服从正态分布，符合 STAR 模型建模要求。pLM_{ARCH} 表明模型不存在异方差性。表 3 - 4 显示模型残差序列平稳。综合看来，模型通过了稳定性检验。由图 3 - 1 可知，LSTAR 模型对于汇率传递效应模型的拟合较好，原始数据和拟合数据在动态特征上有较高的相似。

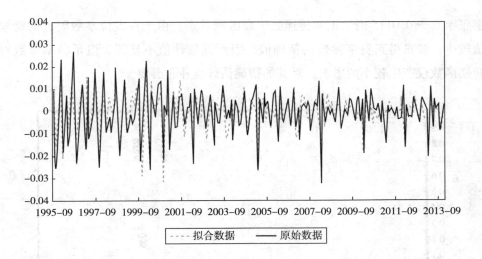

图 3 – 1 通货膨胀率原始数据与拟合数据比较图

从估计结果看来，在低通胀时期，短期汇率传递效应较小，汇率贬值 1 个单位仅引起通货膨胀率上升 0. 0260 个单位。但在高通胀时期，短期汇率传递效应变大且引起通货膨胀率反向变动，汇率升值 1 个单位将引起通货膨胀率上升 0. 1992 个单位。从长期汇率传递效应看来也如此（忽略线性部分系数不显著的情况）。低通胀时期的长期汇率传递效应为 0. 1869，高通胀时期的长期汇率传递效应为 – 1. 1697。值得注意的是，如果汇率传递系数为正，说明汇率升值可以有效改善国内通货膨胀；反之，则汇率升值会加剧通货膨胀，表现出顺周期效应，这值得货币部门警惕。汇率传递效应在高、低通胀时期的差异性也表现在弹性的变化，高通胀时期汇率传递的弹性较低通胀时期高。

另外，从图 3 – 1 中可以看出，数据的波动性在 2001 年前后存在显著的变化。在 2001 年之前，数据在 – 0. 025 ~ 0. 030 震荡；2001 年之后，基本都在 – 0. 01 ~ 0. 01 震荡。这一现象说明我国的汇率传递效应在 2001 年之前受通货膨胀环境影响显著，从而表现出较强的非线性特征，在 2001 年之后汇率传递效应的非线性特征减弱，呈现较为平稳的状态。这一变化可能是由于我国加入世贸组织导致经济开放程度增大，人民币汇率对国内物价的传递效应减弱。这与大部分文献得出的汇率传递效应递减的结论基本一致。估计结果中定位参数 $c =$ 0. 0115，意味着通货膨胀率低于 0. 0115 时，汇率传递处于低区制状态，当通货膨胀率高于 0.0115 时，汇率传递处于高区制状态。由于在定位参数附近的观察值较少，较难得到斜率参数的精确值，因而其估计值不显著。但是斜率参数对转换函数仅产生较小的影响，对其的精确估计也并非必要。

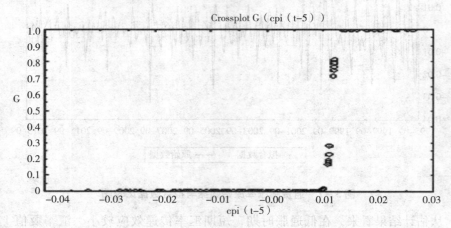

图 3 - 2 转换函数图

从图 3 - 2 中可以明显地看到，当通货膨胀率为 0.0115 时，转换函数迅速由 0 向 1 转换。汇率传递效应受通货膨胀环境的影响呈现出平滑转换的特征，这与理论模型式（3.10）体现的特征一致。纵观通货膨胀的历史数据，可以发现高于 0.0115 的时间段都基本集中于 2001 年之前，其余零星地散布在剩余年份。高区制的时间段也对应于样本期内较高的通货膨胀时期或者较大的通货膨胀波动时期（如 1996 年 1 月、8 月，1997 年 7 月、8 月，2001 年 4 月等）。为何高通胀时期会产生较高的汇率传递效应？本章认为可以从菜单成本的角度考虑这个问题。由于厂商调整价格存在一定的菜单成本，出口厂商获得以自身货币计量的利润最大化是最优策略。只有当因汇率变动导致的收益变动超过改变定价的菜单成本临界值时，出口企业才会改变定价，从而表现出较高的汇率传递效应。

汇率传递效应表现出的非线性特征一方面表明在较高的通货膨胀环境或者通胀波动较大时，采取交错定价的厂商调整价格的频率加快，越来越多的厂商重新定价，价格黏性降低，因而国内物价对汇率波动的吸收程度加大。另一方面，也反映了在高通货膨胀环境下，厂商为避免汇率波动给自身利润带来的负面影响而将汇率波动传递到价格上，将自身利润损失减小。而在较低的通货膨胀环境下，厂商认为较低的通货膨胀率具有长期性和稳定性，并相信货币当局会致力于保持这种态势，将汇率波动传递到价格上引起的份额损失或者变动成本相对较大，因而调整自身利润吸收了一部分汇率波动。

第五节　结论及政策建议

通过对交错定价合同模型的扩展和国内外文献的梳理，本章对人民币汇率的国内价格传递效应进行了实证研究。研究发现，汇率传递效应的大小与我国的通货膨胀环境密切相关，汇率波动对物价的传导具有明显的顺周期效应。LSTAR 模型可以较好地拟合 1995 年以来我国汇率传递效应的变化。

在样本考察期间，较低的通货膨胀环境对应较低的汇率传递效应，较高的通货膨胀环境对应较高的汇率传递效应。在低通货膨胀时期，模型的线性部分起主要作用，人民币汇率升值可以缓解国内通货膨胀压力。在高通货膨胀时期，模型的非线性部分起主要作用，人民币升值不仅起不了缓解国内通货膨胀的作用，反而会加剧通货膨胀。在由低通货膨胀向高通货膨胀转换时，汇率传递效应也会逐渐由正转负，划分高、低通胀时期的阈值为 0.0115。汇率传递效应的正负转换并非偶然，而是与国内通胀水平相对应。这是单方程回归方法无法捕捉到的变化，即使采用分阶段样本回归方法，仍无法具体捕捉每一期对应的细微变化。汇率传递效应为负的情况更应该引起足够的注意，因为此时国内较高的通货膨胀无法通过汇率升值得到缓解，汇率升值反而会进一步加剧通货膨胀。

依据以上实证结果本章我们得出以下结论与政策建议：

第一，较低的汇率传递效应是建立更有弹性汇率制度的前提条件。汇率作为价格机制的表现，为使其能够更好地反映国内外市场价格的变化，必须建立更具弹性的汇率机制。浮动汇率制是我国汇率形成机制的最终目标，但是实施浮动汇率制的同时往往伴随着汇率的大幅波动。为避免汇率大幅波动给国内价格带来的不利影响，货币当局应控制好国内的通货膨胀水平，以将汇率传递效应控制在较低水平，避免汇率的顺周期效应给国内经济造成较大冲击。

第二，国内通货膨胀需由多种货币政策工具配合治理，并在不同时期转换干预工具。特别地，低通胀时期不适宜用汇率工具来调控物价水平。虽然在较低的通货膨胀环境下，汇率升值有利于控制物价，但由于此时的汇率传递效应较低，通过汇率升值缓解通货膨胀的力度有限，货币当局此时应当更多地依靠可信、透明的货币政策来控制通货膨胀。

第三，维持较低的通胀水平，有益于营造良好的对外经贸环境。交错定价模型表明，在较高的、不稳定的通货膨胀环境下，为避免汇率波动给厂商造成利润损失，厂商会选择频繁地变动价格，这给贸易双方带来不方便的同时也使双方面临更大的不确定性，造成无谓的福利损失。稳定的国内通胀环境有利于贸易双方建立长期有效的合作关系，促进国内对外经济部门稳健运行。

第四章

国际大宗商品价格波动对我国物价水平的影响

大宗商品是国际市场上重要的贸易产品，也是我国重要的进口商品。近年来，随着我国城市化进程的发展和工业化的快速推进，我国对原油、铁矿石、大豆等大宗商品的需求日益高涨，尽管中国已成为多种国际大宗商品的最大需求方之一，但由于大宗商品价格的定价权在国际市场，国内基础原材料价格和初级产品价格只能被动地接受国际价格波动。国际金融危机爆发以来，国际大宗商品价格波动已经成为外部冲击影响国内物价稳定的重要因素。长远来看，我国需要大量的大宗商品来继续推进工业化和城镇化进程，大宗商品价格波动影响国内物价稳定将会长期存在，因此，研究国际大宗商品价格波动对我国物价水平的影响具有重要的现实意义与政策意义。

本章在前人研究的基础上，首先定性分析了国际大宗商品价格波动通过贸易途径、货币途径和制度政策途径对国内物价水平的影响机制和原理，然后以2000年至2013年的月度数据为研究样本，运用协整和状态空间模型就国际大宗商品价格波动对国内物价水平的影响进行研究，并进行静态和动态结果的比较分析，考虑到时变因素对实证结果的影响，旨在为国家经济运行中稳定物价和治理通胀现象提出一些具有现实操作意义的政策建议。

第一节　研究概述

一、研究背景及意义

近年来，随着中国经济持续保持快速发展，加之仍处于高投入、高能耗的粗放型经济增长阶段，中国对大宗商品的消耗十分巨大，已经成为世界多种基本原材料商品的最大消费国。在国内产量无法满足经济增长需求情况下，中国必须要大量进口大宗商品。这使得中国对大宗商品的对外依存度很高，已成为世界上石油、大豆和铁矿石等多种大宗商品的进口超级大国。2013 年中国原油进口量 2.82 亿吨，同比攀升 4.03%，占原油全球消费量 4.87 亿吨的 57.91%；进口铁矿石 8.2 亿吨，在全球铁矿石进口量中，中国占比逾 50%；大豆进口量为 6 340 万吨，同比增长 10%，大豆进口量创历史新高；钢铁和能源行业净进口总量较大，分别占整个大宗商品总净进口量的 66.89% 和 23.83%。国家发展和改革委员会公布的 2014 年上半年原油对外依存度为 59.4%，较上年同期提高 2.4 个百分点，2013 年大豆对外依存度接近 80%。如图 4-1 所示，2008 年国际金融危机以后，国际大宗商品价格波动的趋势较之前有显著变化，在 2012 年价格趋底之后一路上行，国内物价也是饱受输入型通胀压力。2014 年国际大宗商品价格大幅下跌，几乎回到 2008 年金融危机以前的水平，原油、矿石、大豆、

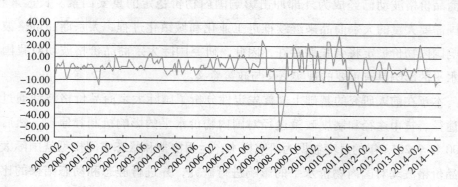

数据来源：Wind 数据库。

图 4-1　CRB 指数波动情况

金属和橡胶等大宗商品价格平均跌幅超过 15%，尤其是原油价格从年初的近 100 美元每桶回跌至年末的 50 美元每桶，铁矿石价格跌幅也有 4 成。2014 年下半年以来，由于希腊债务危机的影响，美国页岩气为代表的新能源对传统能源产业的冲击和政治因素等，国际大宗商品价格尤其是石油价格大幅波动。同时，大宗商品的金融属性吸引国际大型基金在主要衍生品市场反手做空很大程度上扩大了国际大宗商品的跌幅。

国际大宗商品价格的波动会通过各种途径传导到我国国内市场，国际大宗商品价格上涨的最大影响是造成输入型通货膨胀。输入型通货膨胀传导机制表现为国际市场价格变化——进口商品价格变化——国内开放经济部门的成本和价格变化——国内非开放经济部门的成本和价格变化——国内一般物价水平的变化。一国价格水平不再单纯是一国国内因素导致的结果。因此考察我国 CPI 的上涨时，外部输入性因素不可忽视。

同时，尽管中国已成为多种国际大宗商品的最大需求方之一，但由于大宗商品价格的定价权在国际市场，国内基础原材料价格和初级产品价格只能被动地接受国际价格波动。国际金融危机爆发以来，国际大宗商品价格波动已经成为外部冲击影响国内物价稳定的重要因素。长远来看，我国需要大量的大宗商品来继续推进工业化和城镇化进程，大宗商品价格波动影响国内物价稳定将会长期存在。

因此，系统深入地分析和总结石油、粮食等大宗商品价格的定价机制、影响价格波动的因素以及大宗商品价格和国内物价水平之间的联系，并在此基础上结合当前和未来一段时期国际大宗商品的价格走势，更有针对性地提出大宗商品定价权和降低大宗商品价格波动对国内物价影响的政策建议，从而来稳定国内价格水平和治理国内通货膨胀，这对于我国经济平稳较快可持续增长具有重要意义。

二、研究思路、方法及内容

（一）研究思路与方法

本章旨在回答以下几个问题：一是开放经济下，国际大宗商品价格波动对我国物价水平是否存在影响；二是国际大宗商品价格波动是通过哪些途径的传导，如何影响我国物价水平的；三是后金融危机时期，立足我国经济发展转型，大力推进工业化和城镇化进程的现实国情，我国应该如何以稳定物价为目标，提出各种措施应对国际大宗商品市场的价格冲击，并促进经济持续稳定增长。

为回答上述几个问题，本章对大宗商品价格波动的原因以及大宗商品价格波动对我国物价水平的影响进行分析，同时从理论分析的角度论述大宗商品价格对国内物价水平的影响机制；从需求因素、外部价格冲击和货币供给角度来研究影响国内物价的因素；在协整和状态空间模型的基础上，分析各个变量对国内物价的影响；结合我国经济发展的实际情况，提出降低国际大宗商品价格波动对我国物价水平（通货膨胀）影响的政策建议。

本章拟采用文献梳理、现代经济学计量模型、比较分析等多种方法展开研究。在努力吸收前人研究成果的基础上，先是对国内外相关方面的研究文献进行回顾总结，从三个角度对已有的研究成果进行梳理，比较现有研究的异同，为进一步研究做好理论准备；再围绕价格水平的传导机制，从需求因素、货币供给以及外部冲击的角度理论分析影响国内价格波动的因素，指导实证研究指标的选取；在实证分析时，从需求因素、外部价格冲击和货币供给的角度选取相应的指标进行建模，结合中国实际和模型检验结果解释经济现象，定量分析和评价国际大宗商品价格冲击对我国物价水平的影响，总结经验与教训，在此基础上从大宗商品定价权、大宗商品的供求和物价指数的监测等角度提出相关的政策建议，以期在日益复杂的宏观经济环境下，为政策当局提供参考，推进中国宏观经济健康科学的发展。

（二）本章的主要内容和结构

本章以大宗商品价格和国内物价水平为研究对象，分析国际大宗商品价格冲击如何影响国内物价水平以及这种影响的时变性质。研究内容具体包括：（1）研究概述。主要介绍研究背景及意义、国内外研究现状及述评、研究方法和思路。（2）国际大宗商品价格波动与我国物价水平概述。主要介绍了国内外大宗商品价格的波动情况、我国物价水平的度量以及我国物价水平现状，分析大宗商品价格波动趋势和原因并对未来几年大宗商品价格走势做了展望。（3）国际大宗商品价格波动对我国物价水平影响的理论分析。先从国内通货膨胀形势和各类大宗商品的进口情况直观地表现两者之间的联系，再从三种不同传导途径分析，探讨影响传导途径的因素，为下一部分的实证分析变量的设定和指标的选取打下基础。（4）国际大宗商品价格波动对国内物价水平影响的实证分析。选取有代表性的物价指数，首先基于协整关系做分析，然后应用状态空间模型做动态分析进一步研究各物价指标间的时变关系。（5）研究结论及政策建议。在前文分析的基础上，就稳定物价，预防和应对国际大宗商品冲击提出了几点政策建议。本章研究的技术路线如图 4-2 所示。

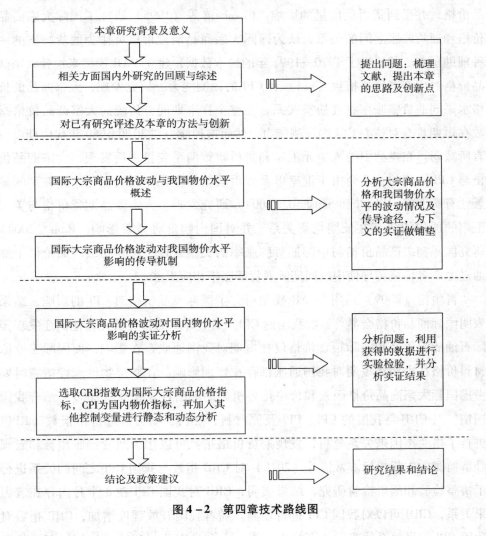

图 4-2 第四章技术路线图

三、文献回顾

（一）价格传导机制角度

从价格传导机制的角度，直接研究国际大宗商品价格指数（CRB）与国内消费者物价指数（CPI）或通货膨胀之间的关系。

Adams 和 Ichino（1995）通过模型证明，大宗商品期货价格走势领先于工业品价格，并受到货币供应量的影响。Blomberg 等（1995）研究了国际大宗商品价格和通货膨胀之间的关系，认为国际大宗商品期货价格可作为通货膨胀的一种辅助预兆。其研究了 1970—1994 年的样本数据，建立 VAR 模型来检验大宗商品价格对生产者价格指数（PPI）和 CPI 的预测能力。研究发现，大宗商品的价格水平同通货膨胀率存在协整关系，在整个样本期间，传统的大宗商品价格指数在短期具有对核心 CPI 的预测能力，然而这种能力在 20 世纪 80 年代中期以后有所减弱。在模型中纳入美元汇率和货币政策两个变量之后发现，大宗商品价格与 CPI 之间的关系会由于汇率以及货币政策的变化而发生变化，其关系的显著性有所下降。Bloch 和 Sapsford（2004）研究发现，大宗商品期货价格与美元汇率的加权指数存在长期均衡关系，并对国内物价有显著影响。Ram（2008）研究国际初级产品价格与中国通货膨胀率的关系发现，国际初级产品价格上涨通过生产者价格传导使中国同期的通货膨胀率相应上涨。

肖争艳（2009）运用 BVAR 模型研究了国际商品价格对 CPI 的影响，结果表明国际商品价格会显著影响我国的 CPI。通过详细的分类研究，他们还发现国际石油能源价格和国际粮食价格仅在短期对我国通胀存在影响，而国际工业原材料价格在中期和短期对我国通胀都存在短期影响。在制定物价调控措施时要考虑国际大宗商品价格因素和价格传导机制的滞后性。张翼（2009）结合我国国情，对 CRB 与我国的 CPI、PPI 及原材料、燃料、动力购进价格指数（RPI）进行了格兰杰因果关系分析，发现期货价格指数可以作为通货膨胀预警和宏观经济监测的先行指标。常清等（2010）对 CRB 指数与我国 CPI 之间的关系进行了协整检验和因果检验研究，结果表明，CRB 对我国 CPI 在 8 个月内存在着因果关系，CRB 可以对我国 CPI 进行预测。随着我国开放程度增加，CRB 指数对我国 CPI 引导关系的范围逐渐扩大。李小金和肖志源（2012）运用回归分析及因果检验对 CRB 与 PPI 的引导关系进行了实证分析，结果发现 CRB 不仅与 PPI 高度正相关，且存在着因果关系，可以作为预测通货膨胀的先行性指标。

（二）具体大宗商品价格角度

从某一具体大宗商品出发，如农产品期货价格、矿产品价格或是原油价格等，研究这些大宗商品价格波动对国内物价的冲击效应。

Furlong 和 Ingenito（1996）检验了国际非石油商品价格与国内通货膨胀的关系，认为二者的关系决定于非石油商品价格变化的程度。他们分别利用 1973—1995 年的数据建立了两变量 VAR 模型和多变量 VAR 模型，分析了大宗商品价格同 CPI 的关系。研究发现大宗商品价格同通货膨胀之间的关系发生了很大变化。20 世纪 70 年代至 80 年代早期，大宗商品价格是通货膨胀比较精确的前导指标，但是从 20 世纪 80 年代中期以后，大宗商品价格作为一个独立的解释变量，同通货膨胀之间的关系并没有那么紧密了。Fan（2007）用 CGE 模型研究分析了国际原油价格和国内原油价格的关系，发现二者的联动关系显著。

张树忠等（2006）通过实证研究农产品期货价格指数与 CPI 的关系，论证了农产品期货价格指数对我国 CPI 具有先行指示作用。杨咸月（2006）检验了国内期铜市场和国际市场的互动关系，结论表明国内期铜市场与国际市场确实有紧密联系。任泽平等（2007）采用投入产出价格影响模型测算了原油价格变动对中国物价总体水平和各部门产品价格的影响程度，分析了原油价格的传导机制。林伯强和王峰（2009）运用投入产出价格影响模型研究能源价格上涨对中国一般价格水平的影响，研究结果表明，在价格完全传导的情况下，各类能源价格上涨导致一般价格水平上涨的幅度都比较小，价格管制对价格传导具有一定的控制效果，能源价格上涨在第 1 个月对 PPI 的影响较小，但在 6 个月后影响明显，而对 CPI 的冲击一直非常弱，滞后效应也不明显。康萌萌（2009）分析了国际原油价格和我国通货膨胀的关系。研究证明了国际原油价格对于我国 PPI 存在的重大作用，但是对于 CPI 的作用却较为微弱。李瑞和赵岩（2009）利用我国 2003—2007 年的数据进行了协整分析，证明了国际粮食价格和我国的通货膨胀存在较为明显的长期的均衡关系。潭江林和罗光强（2009）采用了更长时间的样本容量建立了协整和误差修正模型，认为二者之间存在长期均衡关系，并且利用脉冲响应函数得出短期内国际粮食价格波动对我国通货膨胀也存在影响。李成等（2010）也同样研究了国际石油价格与我国通货膨胀之间存在的关系。他们利用小波变化平带的分析方法，证明了在短期内国际石油价格对于我国的通货膨胀存在一定的作用。郑丽琳（2013）基于协整和状态空间模型分析了国际油价波动对物价水平的影响，结果发现国际油价波动对国内 CPI 和 PPI 存在影响，且对后者的影响效应大于前者，同时价格弹性可变，在油价上升期大于下降期。

（三）国内外价格对比角度

Rapsomanikis（2006）运用 VAR 模型研究了 3 个发展中国家各种农产品国内价格和国外价格的关系，发现国外价格对这些国家的国内价格均有不同程度的影响。Imai 等（2008）运用协整检验和误差修正模型，以中国和印度为例，研究了国际农产品价格波动向国内的传导，研究结果表明国内价格和国际价格基本保持步调一致，但国际价格冲击在中国的表现比较显著。同时，在受影响的产品中，小麦、玉米和稻谷的受影响程度比水果蔬菜大，且由于政府管制的介入市场可能无法完全反映价格传导的效果。Mandana Toossi（2013）运用格兰杰因果检验和 EG 两步法研究了国际棉花价格和国内棉花价格的关系，结果发现两者之间没有双向关系，国际棉花价格波动先于国内棉花价格波动，前者对后者的价格冲击在 3 个月后才趋于稳定。

李新颜（2005）采用协整检验和格兰杰因果检验研究了国内原油价格与国际原油价格之间的相互关系，研究表明前者与后者的波动步调基本保持一致，但波动幅度要小于后者，且两者之间的影响不对称，后者对前者的冲击较大。周应恒和邹林刚（2007）研究了大豆价格与我国通货膨胀的关系，通过建立向量自回归模型进行实证研究发现，大豆的国际价格波动会对我国的大豆价格造成影响，进而影响我国其他商品的物价水平。杨浩和林丽红（2011）运用分布滞后模型和误差修正方程研究了伦敦金属交易所和上海期货交易所的期铜价格的相关性，结果表明伦敦铜和沪铜存在显著的协整关系，长期价格收益率几乎没有显著差异，两个市场的期铜价格收益率均受到长期均衡关系的显著影响。

四、国内外文献评述

通过梳理上述文献可以看出，学术界对国际大宗商品价格波动会影响国内物价水平这一观点达成共识。但是如何影响以及影响的程度如何会因各国情况的不同而不同，经济发展规模、对外开放水平、工业化进展、大宗商品的进口数量占比和汇率财政政策方向等都可能成为影响国际大宗商品价格与物价水平之间关系的重要因素。即便是同一个国家，在其不同的发展阶段，国际大宗商品价格波动对物价水平的影响也会不同。现有文献虽然用各种计量模型定量地描述了国际大宗商品价格波动与物价水平之间的关系，但仍有一些方面可以改进。

1. 现有文献实证分析中采用的价格指数如 CRB、JOC 等都是一些机构公布的商品综合指数，测算时每种商品或服务的权重无法与经济发展相适应地及时更新，这样各种商品或服务在国民经济中的消费量和重要性就无法通过这些指数全面反映，实证结果可能就与实际情况有较大偏离。

2. 现有文献实证分析使用的经济计量模型大都是固定参数系列模型，固定参数系列模型无法描述估计参数的动态变化，也就无法体现估计参数在不同经济发展阶段的时变性。

本章认为，在进一步研究国际大宗商品价格波动对一国物价水平影响时，突出这种影响的时变性是很好的切入点。在接下来的行文中将重点分析国际大宗商品价格波动对一国物价水平影响系数的时变特征，以便更贴切、更准确地描述这一影响过程。

第二节 国际大宗商品价格波动与物价水平概述

一、大宗商品及大宗商品价格指数

大宗商品是指可进入流通领域，但非零售环节，具有商品属性，用于工农业的生产与消费的大批量买卖的物质商品。在金融投资市场，大宗商品指被广泛用作工业基础原材料的同质化可交易的商品，如原油、有色金属、农产品、铁矿石、煤炭等。一般来讲大宗商品主要包括三个类别：能源商品、基础原材料和大宗农产品。可以通过期货、期权操作赋予大宗商品金融属性，作为金融工具交易，实现价格发现和规避价格风险的功能。由于大宗商品大多是工业生产基础产品，位于产业链的最上游，因此其价格波动会直接影响到整个经济体系的稳定。

国际大宗商品广泛意义上讲是指相对于国内市场，在国际市场上进行交易的大宗商品。目前，世界上有很多描述国际大宗商品价格走势的指数，如国际大宗商品价格综合指数（CRB）、标准普尔商品价格指数（SPCI）、道琼斯商品价格指数（DJ－AIG）、高盛商品指数（GSCI）、罗杰斯世界商品指数（RICI）等。其中最权威、应用最广泛的是美国商品调查局公布的 CRB 指数，该指数涵盖农产品、能源和金属三大类。2005 年，路透与 Jefferies 集团旗下的 Jefferies 金融产品公司合作，对 CRB 指数进行第十次修改，修改后的名称改为 RJ/CRB 指数，为行文方便，文中 CRB 指数均指的是调整后的 RJ/CRB 指数。目前 RJ/CRB 指数所涵盖的商品种类为 19 种。

随着我国经济的对外开放程度的加深，我国对外贸易发展迅速，由于我国是人口大国，许多资源人均量较少，对外依赖程度高，尤其在城市化进程中对大宗商品的需求量越来越大，造成我国大宗商品对外依赖性强，大宗商品价格波动对我国经济市场发展的影响越来越明显。我国大宗商品交易有现货和期货市场两个部分，其中现货主要包括有色金属（钼铁、铅、镁、钴、铟、硅、锰、镍、锑、锡）、钢铁（热卷、冷卷、圆钢、螺纹钢、废钢）、能源（原油、焦炭、动力煤、甲醇）、纺织（皮棉、生丝、干茧）、橡塑（聚丙、线型、标胶 20 号、三号烟片）、化工（尿素、甲苯、乙二醇、苯乙烯、二甘醇）、建材（双铜纸、木色浆、漂针木浆、灰底白纸）和农副产品（菜粕、棉粕、豆粕、黄豆、生猪、白砂糖）。我国期货交易主要在上海期货交易所、大连期货交易所和郑州期货交易所进行。上海期货交易所主要进行铜、铝、锌、天然橡胶、燃料油和黄金的交易；大连期货交易所主要进行黄豆、豆粕、玉米、豆油、棕榈油、塑料和焦炭的交易；郑州期货交易所主要进行硬麦、强筋小麦、白糖、棉花、PTA、菜油和甲醇的交易。

鉴于此，2006 年，我国依托"中国流通产业网"大宗商品现货价格周度数据库以 2006 年 6 月数据为基期，利用加权平均法编制并公布中国大宗商品价格指数（China Commodity Price Index，CCPI）。CCPI 涵盖了能源、钢铁、矿产品、有色金属、橡胶、农产品、牲畜、油料油脂和食糖等 9 大类别 26 种商品。

二、国内外大宗商品价格波动

近年来，国际大宗商品价格波动幅度较大，成为影响世界经济的一个重要因素。从国际大宗商品价格指数 CRB 的走势（见图 4-3）来看，国际大宗商品市场价格波动大体可以分为三个阶段，首先是 20 世纪 70 年代以前，大宗商品价格基本保持相对平衡，价格波动幅度不大；其次是 1973 年到 2003 年，大宗商品价格在稳定区间震荡，价格呈周期性变化；最后是 2004 年至今，国际大宗商品价格开始轮番上涨，每一轮上涨都会推高下一轮上涨的价格基点。

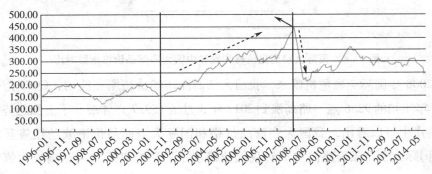

图 4-3　国际大宗商品价格指数走势

其间曾经出现过两次价格大幅上涨的情况，在 1971 年到 1980 年，由于资本主义社会处于二战以后的滞胀时期，经济增长缓慢，但是物价水平高涨，CRB 指数由 1972 年 11 月的 105.7 点上涨到 1980 年 10 月的 300.1 点，上涨了 183.92%；其间原油由 3 美元每桶上涨到 40 美元每桶。2001 年以来，国际大宗商品市场再次出现暴涨行情，并一直持续了 7 年之久，CRB 指数一路从 2001 年 12 月的 148.49 点上涨到 2008 年 6 月的 445.14 点，上涨幅度达到两倍。2008 年国际金融危机以后，市场受其影响价格下降，在 2008 年下半年指数一路暴跌到 2009 年 2 月的 212.16 点，从 2009 年第二季度开始，国际大宗商品市场价格停止暴跌，趋于平稳，国际大宗商品市场率先缓步回升。

国际大宗商品价格用 CRB 指数来表示，我国大宗商品价格用 CCPI 指数来表示，CRB 指数通过 Wind 资讯获得，原始数据为日度数据，按月进行算术平均得到每月的平均数，将此平均数作为 CRB 的月度数据，CCPI 月度数据来源于中国流通产业网数据库。两者的对比关系如图 4 - 4 所示。

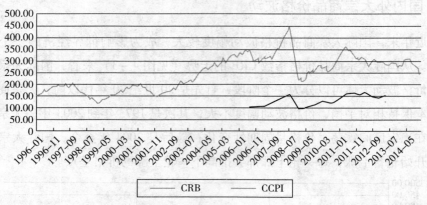

图 4 - 4　国际大宗商品价格指数和中国大宗商品价格指数对比

2008 年国际金融危机以来，我国大宗商品市场价格剧烈波动，CCPI 指数从 2009 年年初的 92.6 点一路高涨到 2012 年 3 月的 159.7 点才缓和了上涨趋势。从图 4 - 4 中可以看出，我国大宗商品价格和国际大宗商品价格波动趋势基本一致，国际大宗商品价格的波动对我国价格水平的影响以及如何影响成为值得关注的话题。

三、国际大宗商品价格波动的原因

随着工业化和城镇化的快速推进，新兴市场实体经济需求成为国际商品市场尤其是原油、金属和农产品市场的焦点，中国需求因素更是被认作大宗商品价格上涨的源动力（Trostle，2008；Kilian，2009）；随着大宗商品的金融属性越来越显著，机构投资者大量进入商品期货市场，很大程度上，造成了大宗商品价格对基本面的偏离（Masters，2008；Tang 和 Xiong，2012）；同时在国际金融危机的大背景下，发达国家经济体为走出困境采取了积极的财政政策和宽松的货币政策，尤其是美国推行的量化宽松政策使得市场流动性大量增加，在一定程度上助推了大宗商品价格的上涨（Frankel，2008；Akram，2009；Gilbert，

2010）。

综合梳理现有研究论述来看，学者们把国际大宗商品价格波动的原因划分为供求因素、联动因素以及金融因素几个方面。

（一）供给因素

供求是决定大宗商品价格最基本的因素。由于大宗商品的自然属性，大多数大宗商品产量的增加都需要耗费较长的时间，如煤炭、石油等都需要上百万年的时间才会形成。因此大宗商品产量的增加幅度远赶不上国际市场对其的需求增长幅度，在供求规律的作用下，大宗商品价格大幅上涨是正常的现象。另外，劳动力成本的不断上升，很大程度上限制了国际大宗商品供给的增加幅度，市场上卖方寡头垄断常见，这也在一定程度上控制了大宗商品供给的数量和价格。同时，资源性大宗商品与一般商品不同，由于专用性强、风险性高的特征，其需求价格弹性较小。上述这些因素都使得大宗商品价格形成机制变得更加复杂化。供给一方力量长期处于上风，需求一方处于劣势，价格容易受少数集团利益牵制。

（二）需求因素

在以往的经济周期中，国际大宗商品价格的剧烈波动大多是供给因素驱动形成的，很多时候与地区性政治事件有关，例如，20 世纪 70 年代的石油价格冲击事件就是石油输出国组织利益竞争的牺牲品。而最近十年，新兴市场经济发展需求快速增长、国际金融危机时期市场预期导致需求下降等因素成为影响国际大宗商品价格的重要因素。

在全球经济繁荣，新兴经济体工业化和城镇化快速推进时，对大宗商品的需求会不断增加，尤其是对金属原材料和原油等工业用品的需求大幅增加，这会助推大宗商品价格的上涨。在全球经济尤其是新兴经济体经济增速放缓的情况下，对大宗商品需求降低则会使大宗商品价格下降。

纵观国际大宗商品市场的发展，上面的阐述与现实情况非常吻合。在世界经济渐渐摆脱"9·11"事件阴影，缓步进入恢复上升期时，对国际大宗商品的需求同步增加，开启了国际大宗商品价格全面上涨模式。尤其是 2004 年以后世界经济强劲复苏，几乎所有的大宗商品价格在 2004 年之后都攀上新的台阶。之后，全球经济在 2007 年到 2008 年前期快速膨胀，把国际大宗商品价格推上历史新高点。直到 2008 年后期全球经济受到金融危机重创，经济大环境整体陷入衰退，国际大宗商品价格才纷纷从一路高歌到稍有回落。不过伴随着世界经济从 2009 年下半年开始出现的恢复迹象，以及 2010 年以来越来越多国家经济开始复苏，大宗商品价格上涨的趋势再次凸显。

（三）联动因素

除了最基本的供给需求的影响外，大宗商品与商品之间价格的联动效应也是影响其价格波动的重要因素。大宗商品价格之间的联动效应是普遍存在的，如能源、金属和农产品之间的价格联动，原油价格不断上涨往往会带动煤炭、天然气等能源产品的价格上涨，而且由于替代效应还会带动生物能源的需求增加，继而推高生物能源的价格，这样作为生物能源原料的玉米等农产品价格也会相应上涨。此外，其他商品的价格如金属、粮食等也会受到能源价格上涨的影响而有所上升。

（四）金融因素

近年来随着资本投资市场的发展，国际大宗商品的金融属性日益凸显，其价格受金融因素的影响也日益增大。金融因素主要由投资投机需求、市场流动性以及计价货币币值三个方面构成。

从投资投机需求方面来看，由于大宗商品具有保值增值用途，机构投资者和个人投机者常把国际大宗商品市场作为重要的投资选择。这样大量的资金在不同品种大宗商品之间频繁进出时，大宗商品市场就会出现不同品种产品价格此起彼伏的情形。此外，国际大宗商品期货市场集中度较高的特点使得市场价格易受少数国际大型投资机构的影响，这在一定程度上也放大了大宗商品价格波动的影响。

从市场流动性方面来看，为了摆脱经济衰退的影响，世界各主要经济体普遍倾向于采取积极的财政货币政策，增加市场流动性，这就助长了大宗商品等资产价格的上升趋势，继而引起国内物价水平的攀升。如果各主要经济体为治理经济过热采取紧缩政策，市场流动资金将大幅减少，一般大宗商品价格会呈现下跌趋势。因此，市场流动性与国际大宗商品价格正相关。

从计价货币币值方面来看，美元是绝大多数国际商品和服务贸易的定价结算货币，在其他条件不变的情况下，美元币值的变动会引起国际大宗商品名义价格的变动，美元贬值，以美元标价的大宗商品价格会上升，因此，美元币值与国际大宗商品价格负相关。美国在 2008 年国际金融危机后采取量化宽松货币政策期间，国际大宗商品市场价格曾一路高涨。

四、我国物价水平度量

物价水平是指整个经济的物价，而不是某物品或某类别物品的价格，它是用来衡量所在目标市场的潜在消费能力，是分析其经济状况的重要指标。物价稳定是经济稳定、财政稳定和货币稳定的集中体现，物价稳定同时标志着社会总体需求供给量的基本平衡。我们通常所讲的物价指数包括消费者价格指数和生产者价格指数。

（一）消费者价格指数

消费者价格指数（Consumer Price Index，CPI），反映了居民家庭购买消费商品及服务的价格水平的变动情况。一般来讲，物价全面地、持续地上涨就被认为发生了通货膨胀，许多国家都采用该指标来衡量通货膨胀率，CPI 也是我国最常用的价格指数。我国 CPI 的编制包括 8 大类（食品、烟酒、衣着、家庭设备用品、医疗保健和个人用品、交通和通信、娱乐教育文化用品及服务、居住）200 多种各式各样的商品和服务零售价格的平均变化值。该指数成为反映国民经济价格总体水平的重要指标，也是制定宏观经济政策的重要依据。

（二）生产者价格指数

生产者价格指数（Producer Price Index，PPI），也称为工业品出厂价格指数，是用来衡量制造商出厂价格平均变化的指数，反映了各种商品在不同的生产阶段的价格变化情形，以及某一时期生产领域价格的变动情况，也是制定有关经济政策和国民经济核算的重要依据。目前，我国 PPI 的调查产品有 4 000 多种（含规格品 9 500 多种），覆盖全部 39 个工业行业大类，涉及调查种类186 个。

PPI 反映生产环节价格水平，CPI 反映消费环节的价格水平，但是 PPI 的波动会通过产业链向下游产业扩散，最终引起 CPI 的上涨，同时 2005 年以后，我国统计部门采用 CPI 衡量我国物价指数，所以 CPI 较其他指标更能全面反映我国的物价水平状况。上述几个价格指数的构成情况如表 4 - 1 所示。

表 4-1   价格指数的构成情况

CRB	CCPI	PPI	CPI
农产品：大豆、小麦、玉米、棉花、糖、冰冻浓缩橙汁、可可、咖啡、活牛、瘦肉猪；能源：原油、取暖油、汽油、天然气；金属：黄金、白银、铜、铝镍	能源：煤炭、原油、天然气；矿产品：铁矿石、铜精矿、铝土矿、铅矿、锌矿；有色金属：铜、铝、铅、锌；橡胶：天然橡胶、合成橡胶；农产品：玉米、稻谷、小麦、大豆、棉花；牲畜：猪、牛、羊；油料油脂：大豆、棕榈油；食糖	生产资料：采掘、加工、原料类；生活资料：衣着、食品、一般日用品、耐用消费品	食品、烟酒、衣着、家庭设备用品、医疗保健和个人用品、交通和通信、娱乐教育文化用品及服务、居住

五、我国物价水平现状

2008 年国际金融危机爆发以后，美联储连续 4 次推出量化宽松货币政策，试图通过购买金融资产向市场注入流动性，使美元贬值拉动出口的增加，同时维持低利率来刺激投资和消费。但是在经济全球化的背景下，美联储的行为必然会对其他国家尤其是新兴市场国家造成强烈的冲击。量化宽松政策实施以后，美元流动性过剩，市场对美元的信心下降，美元相对贬值，以美元计价的国际大宗商品的价格不断走高。以黄金期货价格为例，美国期货市场的黄金价格从 2009 年的 948.4 美元上涨了近 80% 达到 2012 年的 1 702.8 美元；我国上海黄金期货市场的价格从 2009 年的 204.39 美元也上涨了 70% 达到 2012 年的 315.01 美元。对国际大宗商品较高的进口依存度使得我国国内的通胀压力剧增。

美国量化宽松政策实施后，国际大宗商品价格波动对我国国内通胀的影响显然需经历两个阶段：首先是量化宽松政策促使大宗商品本身价格上涨阶段。由于美元是国际货币体系的中心货币，是国际贸易中的定价和结算的主要货币，量化宽松政策的实施增加了美元数量，引发美元贬值，从而直接导致大宗商品价格的上涨。同时，量化宽松政策的实施向国际市场注入了过剩的流动性，大宗商品市场游资泛滥，投机行为盛行间接地推动了大宗商品价格的上涨。其次是大宗商品价格上涨的国内传导阶段。近年来，随着我国制造业的发展和城市化进程的推进，我国成为粮食和能源的进口大国。国际市场上大宗商品价格的上涨会通过各种途径传导到国内，引起国内物价水平的上涨，带来通胀压力。

从图 4 - 5 中可以看出，2008 年国际金融危机爆发以后，我国物价水平一路高涨，CPI 指数和 PPI 指数屡创新高，在国家宏观政策的调控下，从 2011 年 6 月开始我国物价水平从较高水平开始回落，2012 年 8 月降到 102.05 点后逐渐保持平稳。同时，从图 4 - 5 中可以看出 PPI 的波动幅度和反应速度都领先于 CPI，从 PPI 到 CPI 的传导不完全。

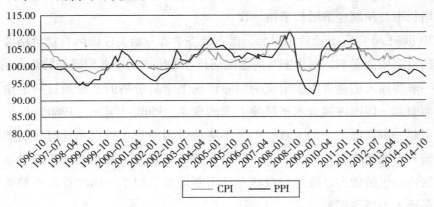

图 4 - 5　我国物价水平指数

我国 CPI 的波动是多方面作用的结果，而外部输入是不可忽视的重要因素。随着我国经济开放程度的提高，无论是货币供给还是需求，都无可避免地受到外部因素的影响，进而对 CPI 的波动造成影响。

第三节　国际大宗商品价格波动对我国物价水平影响的理论 分析

一、输入型通货膨胀的概念和形成条件

关于通货膨胀的概念，凯恩斯学派和以弗里德曼为代表的货币主义学派的观点不一致。1936 年凯恩斯以美国经济大萧条为背景发表的《就业、利息和货币通论》开创了对通货膨胀的研究。凯恩斯认为货币供给的增加会引起有效需求的增加，但在充分就业的情况下，需求的增加不会使产量和就业随之增加，

最终会导致供不应求的局面，物价便会随之上涨。凯恩斯学派从物价水平的角度定义通货膨胀现象，并从货币供给、产出和利率之间的相互作用角度来解释通货膨胀，他们主张通过主动性的需求管理来治理通货膨胀。以弗里德曼为代表的货币主义学派认为通货膨胀在任何情况下都是纯粹的货币现象，货币供应量的增长大于产出的增长是引起通货膨胀的本质原因，所以只有减少货币供应量才能有效制止通货膨胀。货币主义学派主张单一规则货币政策，使得货币供应量增长率与预期经济增长率相一致。

20 世纪 70 年代石油危机以后，西方经济学者开始关注国际石油价格波动对一国通货膨胀的影响，通货膨胀的国际间传导效应成为学者们研究的热点话题。

一般将输入型通货膨胀定义为国际市场上商品价格的上涨通过一定途径传导从而引起一国国内物价水平持续上涨的现象。Philip Cagan（1980）提出国外冲击引起一国物价水平的上涨，但是不能通过国内货币约束来及时控制的现象就是输入型通货膨胀。Michael R. Darby（1981）提出，如果有效需求异常流入超过国内的供给能力，或是进口成本的不断增加引起了一国物价水平的普遍上涨都是输入型通胀现象。

卢峰（2008）认为小国模型背景下产生输入型通货膨胀的必要条件有三个：进口价格上涨、进口国为小国以及固定汇率制度。王宇雯（2011）从国际贸易和资本流动两个角度分析，认为一国较高的进口商品依存度、较低的进口商品需求弹性、对进口商品缺乏定价权以及国际资本流动性充裕和资本多以外汇占款形式进入本国市场流通等条件会造成输入型通胀压力增大。综合国内外学者的观点，产生输入型通胀的条件可以概括为以下几点：（1）一国经济与国际市场的相关度较高；（2）一国存在有效的国际传导途径；（3）一国缺失大宗商品定价的话语权；（4）一国进口商品价格存在明显低于国内市场的可能。

二、我国所处经济环境分析

（一）居高不下的对外贸易依存度

20 世纪 90 年代中期以来，我国与世界经济的联系日益密切。尤其是 2001 年底加入世贸组织以后，我国贸易额迅速增长，对外依存度居高不下（见图 4 - 6）。2013 年进出口总额达到 4.16 万亿美元，跃居全球货物贸易第一大国，贸易总额约占全球贸易的12%，对外贸易依存度高达47%，中国已经成为120多个国家的第一大贸易伙伴。其中一些需求较高的大宗商品对外依存度更高，如2014年上半年原油和大豆的对外依存度分别高达59.4%和80%。

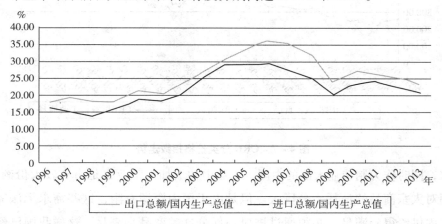

图4-6 我国对外贸易依存度变化趋势

（二）大宗商品价格上涨的国际大背景

20世纪60年代以来，世界经济快速发展，经济金融全球化程度越来越高，世界各国的经济联系日益密切，国家间的经济政策相互影响的程度越来越大，通货膨胀的国际间传导现象也越来越普遍。2001年以来，国际原油、农产品和金属类大宗商品受国际冲突、自然灾害、国际市场流动性充裕以及新型经济体强劲的需求等因素的影响，价格出现大幅上涨。尽管2008年爆发的国际金融危机在不同程度上挫伤了原油、农产品等大宗商品的价格，但是各国当局为了缓解经济压力而采取的大规模经济刺激计划与量化宽松货币政策又推动了原油等大宗商品的价格反弹。数据显示（见图4-7），2001年至2011年，食品价格指数、油脂价格指数和工业原料价格指数分别上涨了148.9%、217.7%和183.6%。在大宗商品价格不断上涨的背景下，我国对大宗商品的进口价格也一直居高不下。

（三）我国经济发展方式和经济结构中的制度因素

目前我国正处于经济持续保持快速发展阶段，经济增长方式还是以高投入、高能耗的粗放型为主，对于初级大宗商品的需求不断增加而且这种需求是刚性

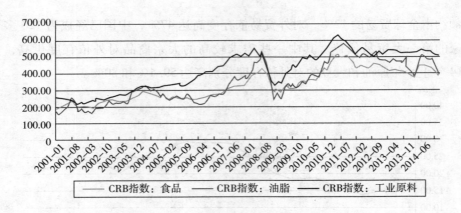

图 4 – 7　CRB 分类价格指数走势

需求，同时作为制造业大国的中国，工业中初级加工工业也是占有较大份额的，因而对大宗商品的消耗十分巨大。但是由于国内资源有限，这些需求无法完全由国内供给得到满足，必须通过进口一部分这类商品来满足。这样我国已经成为世界多种基本原材料商品的最大消费国，一旦国际市场上大宗商品的价格发生波动，必然会影响国内各行各业，国内通胀的风险就会增加。

　　同时，我国虽然是大宗商品的需求大国，但是对于大宗商品的定价权一直是缺失话语权的，所以更加容易受到国际大宗商品价格波动的影响。从我国国内价格指数与国际大宗商品分类价格指数的相关系数可以发现，CPI 与 CRB 食品、油脂、工业原料价格指数显著相关，尽管 PPI 与 CRB 分类价格指数的相关性不显著，但是相关系数都不低（见表 4 – 2）。

表 4 – 2　　　　　我国国内价格指数与 CRB 分类价格指数的相关性

（2000—2013 年）

	CRB 食品价格指数	CRB 油脂价格指数	CRB 工业原料价格指数
CPI	0.63	0.68	0.66
PPI	0.17	0.19	0.21

三、传导机制

　　Michael R. Darby（1981）提出通货膨胀的国际间传导主要通过汇率、货币、资本市场和国际贸易途径。结合现有的研究成果来看，学者们主要从贸易渠道和货币途径两方面研究输入型通货膨胀的传导机制，近年来也有部分学者从制度和政策角度来研究输入型通货膨胀的传导机制。贸易渠道和货币途径是延续凯恩斯学派和货币主义学派的观点而来的，贸易途径强调国际价格变动的外部冲击会使进口商品价格上涨，并通过产业链的上下游传导引发生产者价格和消费者价格上涨，进而引发通货膨胀。同时根据一价定律，在开放经济条件下，实行贸易开放并且交易费用为零时，同种商品在不同地方的销售价格应该是相同的，即使存在差价，市场机制下的套利行为也会促使同种商品的价格趋于一致。虽然一价定律要求的条件在现实经济中很难达到，但是市场经济的发展是遵循这样的客观规律的，当国际上商品价格上涨时，进口商品的价格也会随之上涨，同时也会引致国内商品价格的上涨。货币途径角度强调通货膨胀是由货币引发的，从货币供应量、利率汇率的变化与通货膨胀之间的关系解释通货膨胀的国际间传导。

综上可以将国际大宗商品价格引起国内物价水平上升分为三种途径：贸易渠道、货币途径和制度政策途径。

（一）贸易渠道

近年来，随着我国制造业的发展和城市化进程的推进，我国成为粮食和能源的进口大国。国际市场上大宗商品价格的上涨会通过各种途径传导到国内，引起国内物价水平的上涨，带来通胀压力。纪敏和陈玉财（2011）将这些途径具体概括为以下几种：

1. 生产消费渠道。这是大宗商品价格波动对国内价格传导的主要渠道。进口大宗商品价格上涨会给企业带来额外成本，企业为实现预期利润会将这些额外成本附加到产品价格中，这样额外成本就会沿着产业链传导至国内下游企业和最终消费者。而且，大豆、玉米等本身就具有最终产品性质的大宗商品，进入消费领域后，会直接带动国内相关产品价格随之波动。

2. 预期渠道。由于大宗商品具有稀缺性，一旦其价格上涨预期形成后短期内难以回落，尤其是当大宗商品价格持续上涨时，人们预期大宗商品价格会进一步上涨，在交易中会加入上涨预期，从而引起现行产品价格水平提高。

3. 联动渠道。厂商无法承受国际大宗商品价格上涨带来的成本压力时，就会寻找国内相同产品或是相关产品替代，但是随着我国对外开放程度的增加，国际大宗商品价格上涨时国内大宗商品供应商会跟风涨价，这会推动国内初级产品市场价格的大幅上涨。

4. 扩散渠道。大宗商品价格上涨会扩散到社会其他部门，引起产品价格普遍上涨。同时，工人会要求提高工资和其他福利待遇，进一步提高生产成本，从而导致物价再次上涨，如此循环最终引发螺旋式通胀。

（二）货币途径

从货币传导途径来看，国际大宗商品的价格波动主要依赖于汇率的变化。固定汇率的条件下，大宗商品的价格上升会引起实际汇率的下降，这使得国内出口商品在国际市场上的价格竞争力增强，从而增加出口，加大贸易顺差，外汇储备会增加，为保持固定的汇率水平，货币当局会采取措施发放基础货币，最终造成一般物价水平的上涨；浮动汇率制度的条件下，大宗商品价格上涨带来的贸易顺差的压力可以通过本币升值来缓解，在一定程度上，浮动汇率阻碍了国际大宗商品价格波动向国内传导。

（三）制度政策途径

制度政策途径的主要表现是制度政策的变化是抑制还是促进了价格传导机制。政策途径包括贸易保护、反倾销政策等。一些国家在特定时期对某些行业实行贸易保护政策，很大程度上影响了国际初级产品的价格传导效果。比如，国际贸易中最常见的石油限产、农产品贸易保护、钢铁贸易的倾销与反倾销政策等，对国际市场价格影响较为明显。制度途径主要指价格管制和贸易管制随着世界经济的发展，世界贸易体制变化和区域性经济体的高速发展，越来越多的国家放松价格管制和贸易管制，降低贸易投资的准入门槛，这些都会影响国际大宗商品价格传导。

第四节　状态空间模型介绍

一、状态空间模型的一般特征

近年来，由于国际政治局势、经济危机、能源危机、政策变化和心理预期等因素的影响，国际大宗商品价格一直波动较大。同时，随着我国经济水平的提高和经济结构的调整，经济变量之间的关系也可能随之发生变化，运用 OLS 等固定参数模型无法表现这种经济结构的变化，为此我们考虑选用状态空间模型来构造变参数模型（time－varying parameter model）以研究国际大宗商品价格波动对国内物价水平影响的不可测特性。状态空间模型的优点是：首先，状态空间模型将不可观测的变量（状态变量）加入可观测模型中一起估计得出结果；其次，状态空间模型利用强有力的迭代算法—卡尔曼滤波来进行模型的估计。卡尔曼滤波被广泛应用于单变量和多变量的 ARMA 模型、MIMIC（多指标和多因果）模型、马尔可夫转换模型以及变参数模型的估计中。

　　状态空间模型由一组量测方程式（4.1）和状态方程式（4.2）组成，具体表达式如下：

$$y_t = x_t'\beta_t + z_t'\gamma + \mu_t, t = 1,2,3,\cdots,T \tag{4.1}$$

$$\beta_t = \varphi\beta_{t-1} + \varepsilon_t \tag{4.2}$$

并且假定：$(\mu_t,\varepsilon_t)' \sim N\left[\begin{pmatrix}0\\0\end{pmatrix},\begin{pmatrix}\delta^2 & 0\\0 & Q\end{pmatrix}\right], t = 1,2,3,\cdots,T$。

其中，z_t' 是具有固定系数 γ 的解释变量的集合，是随机系数的解释变量的集合，随机系数向量 β_t 是随时间改变的，称为可变参数，体现了解释变量对因变量影响关系的变化。变量量测方程（4.1）表示因变量和自变量之间的一般水平关系，可变参数 β_t 是不可观测变量，即为状态参数，必须利用可观测变量 y_t 和 Z_t 来估计。γ 是固定参数。状态方程（4.2）描述状态变量的生成过程，这里我们假设可变参数 β_t 服从于 AR（1）过程 [也可以简单地扩展为 AR（P）模型]，其中残差序列 u_t 和 ε_t 不一定是相互独立的，服从均值为 0、方差为 δ^2、协方差为 Q 且 $\mathrm{cov}\,(u_t,\varepsilon_t) = g$ 的正态分布。

二、状态空间模型的设定及其检验理论和估计方法

（一）平稳性检验

　　时间序列是否平稳会影响采用时间序列数据进行实证的结果，非平稳的时间序列往往会造成偏差（bias）或者伪回归（spurious regression）。对于一个非平稳的时间序列而言，往往时间序列的某些数字特征是随时间的变化而变化的，

即非平稳序列在各个时点上的随机规律是不同的，难以通过序列已知的信息去掌握时间序列整体上的规律。统计上，在采用最小二乘法进行参数估计时，如果存在序列非平稳现象，实证结果往往会产生偏差。所以，在进行实证前要对使用的数据进行平稳性检验。

检验序列平稳性的方法有很多种，普遍使用的有 ADF 检验、PP 检验等，本章所使用的是 ADF 检验（Augmented Dickey – Fuller Test）。ADF 检验是通过在回归方程右边加入因变量 y_t 的滞后差分项来控制高序列相关。

$$\Delta y_t = \eta y_{t-1} + a + \delta t + \sum_{i=1}^{p-1} \beta_i \Delta y_{t-i} + u_t \quad t = 1,2,3,\cdots,T \quad (4.3)$$

扩展定义以检验假设：

$$\begin{cases} H_0:\eta = 0 \\ H_1:\eta < 0 \end{cases} \quad (4.4)$$

也就是说原假设为序列至少存在一个单位根；备择假设为不存在单位根。通过检验 η 的估计值 $\hat{\eta}$ 是否拒绝原假设，进而判断其中是否存在单位根。

（二）协整检验

协整检验的意义在于揭示变量之间是否存在长期稳定的均衡关系。如果时间序列 $X_t = (X_{1t},X_{2t},X_{3t},\cdots,X_{kt})$ 都是 d 阶单整的，即 $X_t \sim I(d)$ 并且存在着一个非零向量 $\beta = (\beta_1,\beta_2,\cdots,\beta_{kt})$，使得 $\beta'X_t \sim I(d-b)$，$0 < b \leqslant d$。那么我们就认为 $(X_{1t},X_{2t},X_{3t},\cdots,X_{kt})$ 之间存在 d,b 阶协整关系，记为 $X \sim CI(d,b)$，β 称为协整向量。

协整检验的方法有 EG 两步法和 JJ 协整检验，EG 两步法一般适用于两变量之间协整关系的检验，多变量也可以做协整检验，但是目前多变量协整检验使用较多的方法是 JJ 检验。Johansen 和 Juselius 在 1990 年共同提出 JJ 检验。JJ 检验以 VAR 模型为基础，通过估计 VAR 系统下的极大似然值来检验多变量之间的协整关系。JJ 协整检验的前提条件有：（1）多变量才可以做协整检验；（2）单整阶数方面要求被解释变量要小于或等于解释变量；（3）多个解释变量要为同阶单整。

（三）格兰杰因果检验

协整检验只能说明变量间存在长期均衡关系，但是这种关系的意义以及变量之间的影响方向都是无法得知的。经济学家 C. W. Granger 在 1969 年提出了格兰杰因果检验方法，用假设检定的统计方法来检验 x 是否引起 y。该方法后经其他计量经济学家修改扩充完善，逐渐成为统计学角度分析变量间因果关系的实用的工具。值得注意的是，格兰杰因果检验的结论只是一种预测，x Granger 引起 y 只是统计意义上的因果关系，不是判定实际因果关系的依据。格兰杰因果检验估计以下回归方程：

$$y_t = \alpha_0 + \alpha_1 y_{t-1} + \cdots + \alpha_k y_{t-k} + \beta_1 X_{t-1} + \cdots + \beta_k X_{t-k} \tag{4.5}$$

$$X_t = \alpha_0 + \alpha_1 X_{t-1} + \cdots + \alpha_k X_{t-k} + \beta_1 y_{t-1} + \cdots + \beta_k y_{t-k} \tag{4.6}$$

上述方程中，k 表示最大滞后阶数，原假设是 $\beta_1 = \beta_2 = \cdots = \beta_k = 0$，即 $X(y)$ 不是 $y(X)$ 的格兰杰成因。通过 Eviews 给出 F 统计量和相应的概率值来判定是否拒绝原假设。格兰杰因果检验的结果对滞后阶数的选择非常敏感，不同的滞后阶数结果会全然不同，所以选择处理序列非平稳性的方法要慎重。

（四）模型初始值确定和 Kalman 滤波

Kalman 滤波是状态空间模型求解算法的核心，Kalman 滤波是在 t 时刻基于所有可得到的信息来计算状态向量的最理想的递推过程。Kalman 滤波的原理是：当扰动项和初始状态向量服从正态分布时，Kalman 滤波通过预测误差分解计算似然函数，从而对模型中的未知参数进行估计，再利用新得到的观测值修正状态向量的估计，如此循环。

考虑状态向量 β_t 在时刻 s 的条件分布，定义条件分布的均值和方差矩阵为

$$\mathrm{a}_{t/s} \equiv E_s(\beta_t) \tag{4.7}$$

$$P_{t/s} \equiv E_s\left[(\beta_t - \mathrm{a}_{t/s})(\beta_t - \mathrm{a}_{t/s})'\right] \tag{4.8}$$

期望算子的下标表示条件期望作用的期间。令 $s = t - 1$ 可以得到一个重要的条件分布，即可以得到状态向量 β_t 的向前一步均值 $\alpha_{t/t-1}$ 和向前一步方差 $P_{t/t-1}$。

当给定 α_{t-1} 和 P_{t-1} 时，β_t 的条件分布的均值和估计误差的协方差矩阵由下面的方程给定，即

$$a_{t/t-1} = T_t a_{t-1} + d_t \tag{4.9}$$

$$P_{t/t-1} = T_t P_{t-1} T_t' + Q_t \tag{4.10}$$

式（4.9）和式（4.10）这两个方程称为预测方程（prediction equations）。

当得到新的观测值 y_t，就可以修正 β_t 的估计值 $\alpha_{t/t-1}$，更新方程得到

$$a_t = a_{t/t-1} + P_{t/t-1} Z_t' F_t^{-1} (y_t - Z_t a_{t/t-1} - c_t) \tag{4.11}$$

$$P_t = P_{t/t-1} - P_{t/t-1} Z_t' F_t^{-1} Z_t P_{t/t-1} \tag{4.12}$$

$$F_t = Z_t P_{t/t-1} Z_t' + H_t \tag{4.13}$$

式（4.9）至式（4.13）构成 Kalman 滤波的公式。β_t 的条件分布的均值 α_t 是在 β_t 最小均方误差意义下的最优估计量。

Kalman 滤波估计未知参数的似然函数为

$$\log L(\theta) = -\frac{T}{2}\log 2\pi - \frac{1}{2}\sum_t \log |F_t(\theta)| - \frac{1}{2}\sum \tilde{\varepsilon}_t'(\theta) F_t(\theta)^{-1} \tilde{\varepsilon}_t(\theta)$$

$$\tag{4.14}$$

其中，$\tilde{\varepsilon}_t = y_t - \tilde{y}_t$，$F_t = \mathrm{var}(\tilde{\varepsilon}_t) = Z_t P_t Z_t' + H_t$。

Eviews 利用数值微分和标准迭代技术求解带有未知参数的似然函数。Kalman 滤波估计需要给出状态向量的初始值，对于固定参数模型，由于其稳定状态的性质我们可以运用系统矩阵去求解初始值，但是对于另外一些包含不确定性的模型，我们只能得到初始值的初步估计值，这种情况下我们一般采取扩散先验的方法。

三、变量选取和样本数据处理

（一）变量选取

1. 国际大宗商品价格的衡量指标。国际大宗商品价格指标有很多，目前影响力最大的是美国商品调查局公布的 CRB 系列价格指数，CRB 系列指数是投资者进行投资分析和经济学界进行实证分析时极为重要的参考指标。CRB 综合指数有现货指数和期货指数两种，虽然两者构成成分有所差异，但是走势和波动基本相似。由于大宗商品的期货交易量远远大于现货交易量，而且期货价格的波动更为显著，所以选用期货类指数来代表变量更为合适。因此，本章选取 CRB 期货价格指数来衡量国际大宗商品价格。

2. 我国物价水平的衡量指标。目前衡量一国物价的指标有很多种，各个国家在不同的发展阶段也会根据各自的国情采用不同的指标来衡量。各国通

常采用消费者价格指数和国内生产总值平减指数来衡量物价水平，这两个指标各有优点。消费者价格指数统计的是社会产品和服务项目的最终价格，国内生产总值平减指数是剔除物价影响的国内生产总值的变化，涉及全部商品的服务。

　　从本章的研究角度来看，国内生产总值平减指数没有包括进口商品价格的变动，只是表明国内生产的价格变动，而消费者价格指数包含了国内商品和进口商品的变动，统计调查的是社会产品和服务项目的最终价格，同人民群众的生活密切相关。而且从 2000 年以后开始使用消费者价格指数来衡量价格水平，消费者价格指数的构成和权重经过多次调整比较贴近实际物价水平。因此，综合上述两点，本章选取消费者价格指数 CPI 作为我国物价水平的衡量指标。

　　3. 控制变量。加入国内生产总值来控制需求条件。由于我国官方没有公布月度国内生产总值数据，本书沿用现有文献的研究做法，选取月度工业产业增加值来替代月度国内生产总值。加入货币供给指标来控制货币金融条件。货币供应量有广义和狭义之分，两者的统计口径不同，狭义的货币供应量包括流通中的现金和活期存款，广义货币供应量是在狭义的基础上再加上居民储蓄存款、单位定期存款、其他存款和证券公司客户保证金。2011 年 10 月起，我国将非存款类金融机构在存款类金融机构的存款和住房公积金存款也纳入统计范围。本章研究的是国际大宗商品价格波动对国内的物价水平的影响，货币供应量指标作为控制货币金融条件的变量应该选取宽口径的货币供应量，因此这里选取广义货币供应量作为衡量货币供给的指标。

　　由于国际大宗商品价格波动向国内传导时会经由 PPI 波动来传导，为了更为清晰地研究国际大宗商品价格波动的影响，在研究时也加入 PPI。

　　2001 年底我国加入世贸组织后，对外经济开放水平进一步提升，鉴于此本章选取的研究样本区间为 2000 年 1 月至 2013 年 12 月，没有从 2001 年 11 月开始是考虑到政策前期的预期效应，所以把政策实施之前一年的数据也纳入研究区间。

表 4 - 3　　　　　　　　　　　　研究变量描述

变量	含义	数据来源及说明
CPI	消费者价格指数	中经网，上年同比数据（2005 = 100）
CRB	国际大宗商品价格指数	Wind 资讯，日度数据取平均值为月度数据
PPI	生产者价格指数	中经网，上年同比数据（2005 = 100）
GDP	国内生产总值	国家统计局，未公布 GDP 月度数据采用工业增加值月度数据代替
M_2	广义货币供应量	中国人民银行，上年同比数据

（二）数据的初步处理

1. 转换为相同频率。CRB 指数是按照天为单位波动的，先要转化为月度数据。常用的方式有两种，一是取平均值，二是直接取期末值，本章选取前者，用平均值来计算出 CRB 指数的月度数据。

2. 转化为同比数据。CRB 数据是当月数据，货币供应量为当月同比增长率数据，工业产业增加值是当月同比数据，需要转化为以上年同月为 100 的同比数据。CPI 和 PPI 数据原本就是以上年同月为 100 的同比数据，不需要转化。

3. 数据调整。经过上述数据的转化处理，获得的数据均为月度同比数据，考虑到月度数据的季节波动特征，使用 X12 方法对数据进行季节调整，同时，为消除数据可能存在的异方差性，对相关时间序列数据进行对数化处理，各变量分别记为 lnCPI、lnCRB、lnPPI、lnM$_2$ 和 lnGDP。

第五节　国际大宗商品价格波动对我国物价水平影响的实证研究

一、样本描述性统计及相关性检验

表 4 - 4 对 CPI、CRB、PPI、M$_2$ 和 GDP 等几个重要变量的平均值、标准差、最小值和最大值进行了描述统计。

表 4 - 4　　　　　　　　　　　样本变量描述性统计

	平均值	标准差	最小值	最大值
CPI	102. 0305	2. 490940	97. 8	108. 7000
CRB	250. 5458	73. 20861	120. 87	445. 14
PPI	101. 1897	4. 129614	91. 8	110. 06
M_2	17. 14111	3. 641309	12. 4	29. 74
GDP	12. 89758	3. 904235	1. 8	23. 2

　　表 4 - 5 是对 CPI、CRB、PPI、M_2 和 GDP 之间的相关性进行检验的结果。它显示，CPI 和 CRB、PPI、M_2、GDP 之间的相关性都比较大，其中 CPI 与 CRB、PPI 和 GDP 的相关系数均高于 0. 5，这说明三个指数之间存在高度的正相关性，哪个因素对国内物价的影响最大要在进一步的研究后才可以下结论。

表 4 - 5　　　　　　　　　　　指数之间的相关系数

	CPI	CRB	PPI	M_2	GDP
CPI	1. 000000	0. 756194	0. 746791	0. 458621	0. 514619
CRB	0. 756194	1. 000000	0. 641866	0. 488060	0. 591117
PPI	0. 746791	0. 641866	1. 000000	0. 180791	0. 232657
M_2	0. 458621	0. 488060	0. 180791	1. 000000	0. 964360
GDP	0. 514619	0. 591117	0. 232657	0. 964360	1. 000000

二、数据的平稳性检验

　　采用 ADF 检验，根据 AIC 和 SC 准则确定变量具体的滞后阶数，对时间序列 lnCPI、lnCRB、lnPPI、lnM_2 和 lnGDP 进行平稳性检验，结果见表 4 - 6。由于物价指数选择的是同比数据不存在时间趋势，进行单位根检验时选择包含截距项不包含时间趋势项。结果表明，所有序列水平值的 ADF 统计量都大于 1% 显著水平上的临界值，99% 的可能都不能拒绝存在单位根的原假设，经过一阶差分后，序列的 ADF 统计量小于 1% 显著水平上的临界值，99% 的可能拒绝存在单位根的原假设，序列实现平稳。所以，所有经过差分后序列 lnCPI、lnCRB、

$lnPPI$、lnM_2 和 $lnGDP$ 均为一阶单整。

表 4 – 6   单位根检验结果

变量	模型形式 （c, t, n）	T 统计量	1% 临界值	P 值	结论
检验 1：水平变量					
$lnCPI$	(c, t, 2)	– 2.657706	– 4.020822	0.2559	不平稳
$lnCRB$	(c, 0, 1)	– 3.093755	– 3.474265	0.0291	不平稳
$lnPPI$	(c, t, 2)	– 1.590154	– 4.020822	0.7925	不平稳
lnM_2	(c, 0, 0)	– 1.841399	– 3.473967	0.3594	不平稳
$lnGDP$	(0, 0, 3)	– 0.366405	– 2.580681	0.5511	不平稳
检验 2：差分变量					
$\Delta lnCPI$	(c, t, 1)	– 6.549365	– 4.020822	0.0000	平稳
$\Delta lnCRB$	(c, 0, 0)	– 8.481935	– 3.474265	0.0000	平稳
$\Delta lnPPI$	(c, t, 1)	– 5.096311	– 4.020822	0.0002	平稳
ΔlnM_2	(c, 0, 0)	– 12.13632	– 3.474265	0.0000	平稳
$\Delta lnGDP$	(0, 0, 2)	– 10.72663	– 2.580681	0.0000	平稳

三、协整检验

序列 $lnCPI$、$lnCRB$、$lnPPI$、lnM_2 和 $lnGDP$ 经过一阶差分后实现平稳，满足了协整检验的条件，接下来可以建立模型进行协整检验确定 $lnCPI$、$lnCRB$、$lnPPI$、lnM_2 和 $lnGDP$ 之间是否存在长期均衡关系。观察 CPI 的偏自相关系数检验，发现物价水平存在显著的一阶自相关，因此在构建长期均衡方程时，把物价水平的一阶滞后值同样设置为解释变量。

采用 Johansen 检验来判断国际大宗商品价格与物价水平是否存在协整关系。协整检验对于检验方程中的差分项的滞后阶数非常敏感，因此首先要做的是确定合适的滞后阶数 P。如果选择的滞后阶数太大会损失模型的自由度，影响模型参数估计的有效性；如果选择的滞后阶数太小则不能很好地反映模型的动态特征。因此，本章首先用水平值估计一个 VAR 模型，根据 AIC、LR、FPE、HQ 和 SC 信息准则来确定最佳滞后阶数，根据表 4 – 7 的检验结果选择 2 阶为最佳滞后阶数。

表 4 - 7　　　　　　　　　最佳滞后阶数检验结果

Lag	LogL	LR	FPE	AIC	SC	HQ
0	577. 3084	NA	2. 43e - 10	- 7. 948727	- 7. 845609	- 7. 906826
1	1 751. 854	2251. 213	2. 83e - 17	- 23. 91465	- 23. 29593	- 23. 66324
2	1 836. 323	156. 0328	1. 24e - 17 *	- 24. 74060 *	- 23. 60630 *	- 24. 27969 *
3	1 854. 561	32. 42161	1. 37e - 17	- 24. 64667	- 22. 99678	- 23. 97625
4	1 870. 266	26. 82948	1. 56e - 17	- 24. 51758	- 22. 35209	- 23. 63764
5	1 893. 338	37. 81287	1. 62e - 17	- 24. 49080	- 21. 80972	- 23. 40136
6	1 906. 459	20. 59273	1. 94e - 17	- 24. 32582	- 21. 12914	- 23. 02687
7	1 922. 769	24. 46449	2. 23e - 17	- 24. 20512	- 20. 49285	- 22. 69666
8	1 953. 813	44. 41096 *	2. 11e - 17	- 24. 28907	- 20. 06121	- 22. 57111

注：*表示在 5% 的显著性水平下显著。

我们选取 2 阶滞后，无时间趋势项有截距项的形式进行 Johansen 检验，迹统计量检验结果和最大特征值检验结果如表 4 - 8 和表 4 - 9 所示。

表 4 - 8　　　　　　　　　迹统计量检验结果

原假设 （协整向量个数）	特征值	迹统计量	5% 显著水平下 的临界值	P 值
None *	0. 195815	87. 47006	47. 85613	0. 0000
At most 1 *	0. 144141	43. 01314	29. 79707	0. 0009
At most 2	0. 038348	11. 26069	15. 49471	0. 1960
At most 3	0. 015967	3. 283653	3. 841466	0. 0700

注：原假设为协整方程个数，* 表示在 5% 的显著性水平下拒绝原假设。

表 4 - 9　　　　　　　　　最大特征值检验结果

原假设 （协整向量个数）	特征值	最大特征值统计量	5% 显著水平下 的临界值	P 值
None *	0. 195815	44. 45693	27. 58434	0. 0002
At most 1 *	0. 144141	31. 75244	21. 13162	0. 0011
At most 2	0. 038348	7. 977042	14. 26460	0. 3810
At most 3	0. 015967	3. 283653	3. 841466	0. 0700

注：原假设为协整方程个数，* 表示在 5% 的显著性水平下拒绝原假设。

Johansen 检验结果显示，在 5% 的显著性水平下，不存在协整关系的原假设 P 值小于 0.05，拒绝原假设。所以变量 lnCPI、lnCRB、lnPPI、lnM$_2$ 和 lnGDP 之间至少存在两个长期均衡关系。

四、格兰杰因果检验

我们利用 Granger 因果检验判断各个影响因素与 CPI 的因果依存关系。结果如表 4 – 10 所示。表 4 – 10 表明，lnCPI、lnCRB、lnPPI、lnM$_2$ 和 lnGDP 的波动是导致国内物价水平 lnCPI 变动的 Granger 原因，但是反向因果关系不是特别明显，这说明在研究我国物价水平的变动时应该考虑商品价格的国际传递效应，同时也验证了国际大宗商品价格上涨是引起我国输入性通货膨胀的重要原因这一说法。

表 4 – 10   Granger 因果检验结果

原假设 \ 滞后期	1	2	3	4	5
ΔlnCRB 不是 ΔlnCPI 的 Granger 原因	0.0024 *	0.0190 *	0.0386 *	0.0101 *	0.0119 *
ΔlnCPI 不是 ΔlnCRB 的 Granger 原因	0.2641	0.7147	0.8471	0.8347	0.6475
ΔlnPPI 不是 ΔlnCPI 的 Granger 原因	0.0025 *	0.0918	0.1270	0.0638	0.0923
ΔlnCPI 不是 ΔlnPPI 的 Granger 原因	0.0155 *	0.0513	0.0656	0.1151	0.1886
ΔlnM$_2$ 不是 ΔlnCPI 的 Granger 原因	0.1574	0.0094 *	0.0179 *	0.0084 *	0.0070 *
ΔlnCPI 不是 ΔlnM$_2$ 的 Granger 原因	0.0099 *	0.0039 *	0.0120 *	0.0074 *	0.0119 *
ΔlnGDP 不是 ΔlnCPI 的 Granger 原因	0.0008 *	0.0005 *	0.0002 *	0.0003 *	0.0010 *
ΔlnCPI 不是 ΔlnGDP 的 Granger 原因	0.8302	0.0182	0.0601	0.1040	0.1060

五、静态协整模型估计结果

协整关系估计结果如表 4 – 11 所示。显然，各变量的系数显著性都比较好，拟合优度也较高，说明模型较好地拟合了实际。CPI 的变化中 93.48% 可以用回归模型来解释，DW 值为 1.6376，观察 DW 值可能存在自相关性。

表 4 – 11　　　　　　　　　　静态协整模型估计结果

变量	系数	T 统计量	P 值
常数项	0.395	3.609937	0.0004
lnCPI（－1）	0.850	21.52823	0.0000
lnPPI	0.038	2.441238	0.0155
lnCRB	0.020	3.064834	0.0026
$\ln M_2$	0.016	2.481386	0.0143
lnGDP	0.017	2.466597	0.0148
$R^2 = 0.934782$　　A_ $R^2 = 0.932452$　　$DW = 1.637579$			

将表 4 – 11 转化为相应回归方程可得

$$\ln CPI = 0.395 + 0.805 \times \ln CPI(-1) + 0.020 \times \ln CRB + 0.038 \times \ln PPI$$
$$+ 0.016 \times \ln M_2 + 0.017 \times \ln GDP \qquad (4.15)$$

从回归方程结果可以看出，物价水平不仅受到自身上一期价格水平的影响，还受到国际价格水平的影响。对回归估计的残差进行单位根 ADF 检验，方程的 ADF 统计量为 －5.3814，小于 1% 显著性水平下对应的临界值，所以拒绝原假设，这表明残差序列在 1% 的显著水平下是平稳的。由此可以判定各变量和 lnCPI 之间的长期协整关系成立。同时，从回归方程的结果可以看出，国际大宗商品的价格波动对国内物价水平的影响具有正向性，价格弹性为 0.02，即国际大宗商品价格上升 1%，CPI 提高 0.02%。这意味着，从长期来看，国际大宗商品的价格波动对国内物价波动的贡献不高。

六、空间状态模型分析

量测方程式表示国际大宗商品价格与国内物价的一般水平关系，其中，可变参数 β_t 是不可观测变量，即为状态参数；γ 是固定参数。状态方程式描述状态变量的生成过程，这里我们假设可变参数 β_t 服从于 AR（1）过程，其中残差序列 μ 和 ε_t 不一定是相互独立的，服从均值为 0、方差为 δ^2、协方差为 Q 且 cov $(u_t, \varepsilon_t) = g$ 的正态分布。

建立综合指数量测方程：

$$\ln CPI_t = \alpha_0 + \alpha_1 \ln CPI_{t-1} + \beta_1 \ln CRB_t + \beta_2 \ln PPI_t + \beta_3 \ln M_{2t} + \beta_4 \ln GDP_t$$

$$(4.16)$$

通过将状态方程设定为 $\beta_t = \varphi\beta_{t-1} + \varepsilon_t$ 后，增加回归参数的个数求解得出的 φ 接近 1。因此为了简化方程，一般我们把状态方程设定为

$$\beta_i = \beta_i(-1) + \varepsilon_{it},(i = 1,2,3,4) \qquad (4.17)$$

利用 Kalman 滤波算法估计可变参数的状态空间模型，估计结果见表 4 – 12。

表 4 – 12　　　　　　　　　状态空间模型估计结果

参数值	最终状态	P 值
α_0	0.40363	0.0033
α_1	0.85108	0.0000
β_1	0.02012	0.0013
β_2	0.02322	0.0388
β_3	0.01645	0.0067
β_4	0.01651	0.0088
似然函数值	481.9475	

表 4 – 12 中似然函数值表示状态空间模型成立。与前面的协整部分结果比较发现，模型中国际大宗商品价格波动对 CPI 影响的动态状态参数最终值为 0.02012，与静态协整模型中的 0.020 相比上升了。由此可见，动态的状态空间模型比静态的协整模型描述国际大宗商品价格波动对国内物价水平的冲击更为贴切。但无论是静态的长期均衡方程还是动态的状态空间模型，大宗商品的价格弹性都不高。最终的可变参数值表示，国际大宗商品价格波动 10%，由此引发的 CPI 的变动也仅为 0.2%。造成大宗商品价格波动贡献率小的原因主要有两点，一是我国物价水平指数的制定中各类产品的权重和比例与国际大宗商品价格指数的设置不一致；二是国内物价指标的反映机制不健全，国内市场对国际市场的波动反应具有时滞性，价格黏性使得大宗商品价格冲击随着时滞的延长，作用在逐渐减弱。

图 4 – 8 和图 4 – 9 反映了不同途径状态变量动态变化趋势。由于受初始值选择的限制，早期可变参数不能真实反映数量关系。考虑到我国在 2001 年底加入世贸组织，对外开放程度进一步扩大，我们重点观察 2002 年以后可变参数的变动情况。2001—2007 年可变系数的变动幅度较小，2007 年以后，由于世界经济快速发展，国际大宗商品价格大起大落，可变系数的变动幅度较大。

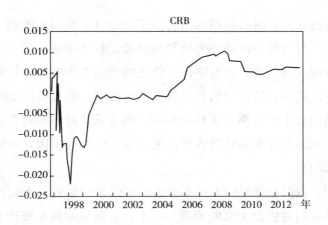

图 4 - 8   CRB 状态变量变化趋势

根据图 4 - 8 国际大宗商品系数估计的参数变化趋势图，2002 年以后我国物价水平与国际大宗商品价格的相关性逐渐升高，受 2008 年国际金融危机影响，两者的相关性有所下降。国际大宗商品价格波动对国内物价的影响属于外部冲击因素，这就决定了其影响和我国经济开放程度有密切联系。2001 年底我国加入世贸组织以来，对外开放程度进一步加深，对大宗商品进口的需求也在不断上升，同时国际市场上大宗商品的价格一路上涨，我国物价水平受国际大宗商品价格的影响越来越深远。观察我国物价水平和国际大宗商品价格走势（见图 4 - 9），2004 年以后两者走势逐渐一致。

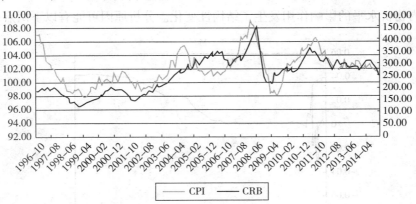

图 4 - 9   CRB 指数与我国 CPI 指数走势对比

总体来看国际大宗商品影响我国物价主要经过下面两个方面。一方面，大宗商品作为投入品会经由生产成本传导到消费品价格中去。鉴于我国对大宗商品的进口依存度较高的现状，大宗商品价格的变化会影响生产性原材料的进口价格，影响生产成本，进而对消费品价格产生影响。而且我国是世界工厂，原材料价格波动会对生产价格产生较大影响。随着世界经济全球化，区域经济一体化的发展，我国对外贸易开放程度越来越高，外部冲击因素对国内物价水平的影响会更加明显。

另一方面，我们在研究时不得不考虑预期因素的影响。大宗商品价格的不断攀升会提高人们对物价上涨的预期。由于大宗商品的商品资产双重性，相对于一般商品来说，大宗商品的价格更富有弹性，对于波动能够迅速进行调整。同时 2000 年以后世界各国普遍采取较为宽松的货币政策，大宗商品价格受到全球资本充裕的影响价格不断上涨，人们也就预期更多的流动性会经由资本投资进入国内，从而提高对物价上涨的预期。

根据图 4 - 10，货币供应量在 2003 年以前，影响系数一直较小，但是在 2003年以后系数出现上涨，对国内物价水平的影响也呈现逐年上升趋势。我们从货币供应量增长率数据来看（见表 4 - 13），2003 年前后两部分样本期间货币供应量增长率的平均值基本相近，但在 2003 年之后的区间里货币供应增长率的标准差略有下降。这说明货币供应量本身没有以 2003 年为节点发生明显改变，但是其对国内物价水平的影响作用发生了结构性变化。分析原因可能有以下两点：

图 4 - 10　M₂ 状态变量变化趋势

表 4 - 13　　　　　　　　　广义货币供应量简况

年份	1996—2013	1996—2003	2003—2013
M_2 增长率的均值	17.58	17.69	17.71
M_2 增长率的标准差	4.14	4.31	3.90

　　(1) 货币流通速度的变化。货币主义在假定货币流通速度不变的前提下将物价水平的变化归结为纯粹的货币现象，此时物价水平主要由货币供应量的增长决定。但在现实中，货币流通速度不变的假设前提是不成立的。假设流通速度用名义 GDP/货币供应量衡量，1996 年到 2003 年货币流通速度在降低，2003 年到 2008 年期间速度较为平稳，2008 年以后受国际金融危机影响，货币流通速度直线下降（见图 4 - 11）。根据货币主义理论，货币供应量增长率一定时，货币供应量对物价水平的影响与货币流通速度呈正相关关系。2003 年以前货币流通速度的不断下降是造成货币供应量和物价水平之间关系不明显的原因。但货币流通速度在 2003 年以后平稳中略有上升，使得货币供应量和物价水平之间的关系明显提升。

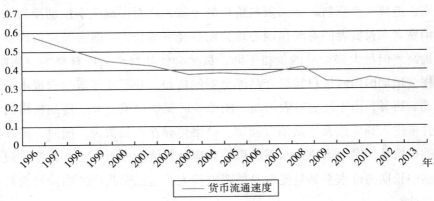

图 4 - 11　货币流通速度

　　(2) 从预期心理的角度来看，预期因素在物价水平变化中的作用越来越无法忽视。随着知识整体素质的提升，公众对于货币当局的操作行为的反应越来越理性。2002 年以后，货币当局为缓解房地产泡沫和资产价格泡沫，降低贸易顺差，不得不增加货币供应。货币当局的一系列动作使得公众增加了对物价上涨的预期，从而影响了货币供应量和物价水平之间的长期关系。

第六节　研究结论及政策建议

一、研究结论

本章运用协整和状态空间模型研究国际大宗商品价格波动对中国物价水平的影响效应，得到以下几点结论：

1. 国际大宗商品价格波动对中国物价水平具有正向影响，可变系数变化体现非对称性特征。在状态空间模型的估计下，观测状态变量的波动趋势，可以发现在国际大宗商品价格大幅波动时，大宗商品价格上升期对国内物价水平的影响较大，大宗商品价格下降期对国内物价水平的影响较小。这与现在的主流观点外部价格冲击的上升期对国内宏观经济的影响大于下降期一致。可变系数的非对称性可以从价格传导机制来理解。从产品的供给和需求来看，我国对大宗商品的进口依存度较高，国际大宗商品价格的上涨会通过进口形成输入型通货膨胀，造成生产资料和生活资料价格的上涨，从而形成成本推动型通胀，同时，消费者和投资者的看涨预期心理会刺激经济增长，可能会导致物价水平的轮番提高。但是大宗商品的价格下降，虽然会使初级产品原材料的价格降低，但同样会增加国内对进口初级产品原材料的依赖，并不能形成生产成本的同比例变动。再者，由于政府对农产品、能源等的保护政策，大宗商品价格的变化可能并未进入到生产及生活消费领域，价格传导在末端失灵。同时，国际大宗商品的价格波动对中国物价水平的影响效应从数值上来看不大，无论是短期还是我国中长期物价水平都是受自身的影响较大，这说明我国的物价波动具有明显的惯性。

2. 国际大宗商品的价格波动对中国物价水平的影响效应从数值上来看不大。无论是静态的长期均衡方程还是动态的状态空间模型，大宗商品波动的价格弹性都不高。最终的可变参数值表示，国际大宗商品价格波动 10%，由此引发的国内物价的变动也仅为 0.2%。造成大宗商品价格波动的贡献率小的原因，一是由于我国物价水平指数的制定中各类产品的权重和比例与国际大宗商品指数的不一致；二是国内的物价指标的反应机制不健全，国内市场对国际市场的波动的反应具有时滞性，价格调整的黏性使得大宗商品的价格冲击随着时滞调整时间的延长，作用在逐渐减弱。

3. 长期来看，货币途径的价格传导机制表现并不出色。这是因为我国汇率制度改革以来，人民币汇率采取有管理的浮动汇率制度。浮动的汇率制度能够调整我国积累的各种外部不均衡，降低外部冲击对我国宏观经济的影响。

二、政策建议

长期以来，制造业是我国经济持续快速发展的主要动力，而能源、基础原材料和农产品市场价格的波动又与制造业的发展息息相关。尤其是2001年底中国加入世贸组织以来，我国农产品、金属、能源等逐渐与国际市场接轨，而且这种趋势有蒸蒸日上的势头。统计数据显示，我国约60%的原油和铁矿石来自进口，超过70%的大豆和50%的棉花依赖于进口。也就是说，国际大宗商品价格波动对我国物价水平的影响越来越明显，由此引发的输入型通胀压力也越来越大，必须采取措施来应对这一问题。

1. 从大宗商品供求角度，通过加快转变经济发展方式，提高资源的利用率，降低单位GDP的能耗等方式相对地减少对国际大宗商品的需求。研究表明，决定国际大宗商品价格变动最基本的因素是国际大宗商品的供求关系。在提高经济开放程度的同时，我国对能源、原材料等国际大宗商品的需求仍然是缺乏弹性的，在定价话语权方面也是缺少的状态。因此，从长期可持续发展的角度来看，最根本的是要积极转变经济发展方式，优化产业结构，从源头上减少对进口国际大宗商品的依赖。与此同时，国际投资者对美元货币和大宗商品金融产品的炒作行为也会放大价格波动，对国际大宗商品价格的上涨起到推波助澜的作用。

2. 密切关注国际大宗商品的价格变动趋势，建立国际大宗商品价格监测和预警机制。目前我国通货膨胀已经具有输入型的特征，为了更好地缓解国外冲击对国内通胀和紧缩的发酵效应，政策当局应该关注进口大宗商品价格指数的走势，分析国际大宗商品价格波动的原因，重点关注石油、钢铁、铜、铝等大宗商品的国际市场价格，充分考虑国内外经济环境的变化以便采取相应的预防措施。我国现行的PPI以及CPI作为宏观经济监测体系的重要指标之一，具有时滞性，不能及时预测通货膨胀和经济发展趋势，可以考虑将国际大宗商品价格指数 CRB 引入经济监测体系当中，发挥对通货膨胀的早期预警作用。同时也要重视期货市场的作用，构建进口大宗商品价格预警指数。

3. 提高我国在国际大宗商品市场的定价话语权。我国大宗商品的需求在国际市场上一直是占有较高份额的，而且随着中国工业化和城镇化的发展，我国对大宗商品的需求还呈现逐年上涨的趋势，但是一直以来我国在国际大宗商品市场的定价话语权是处于缺失的状态。我国是国际大宗商品市场的买家，我国的需求对国际大宗商品的价格具有重要影响，但这种影响目前仅限于需求方面。我国对国际大宗商品价格的影响力还比较微弱，一直以来都是国际市场价格的被动接受者。国际大宗商品价格上涨时，我国进口被迫接受上涨的价格，而出口大宗商品时又由买家确定报价，这样我国物价水平就会受到国际大宗商品价格波动较强的影响。鉴于此，一方面我国要努力完善大宗商品的期货市场和期货种类，积极参与国际大宗商品市场期货交易，加大对国外能源、资源类企业的并购力度等措施，争取我国在大宗商品定价中的主动权，增强对几种重要大宗商品的定价话语权；另一方面对于尚未形成成熟的期货市场或期货品种的大宗商品，应当以政策为导向，引导国内企业整合，摆脱国内恶性竞争的状态，增强与国外寡头厂商的谈判议价能力。

4. 在国内建立健全的多层次大宗商品战略储备体系，增加某些国际大宗商品的有效供给，适时降低突发性国际大宗商品价格冲击对我国物价体系的影响。我国人口基数大，资源相对短缺，人均资源占有率很低，对外依存度高居不下，建立大宗商品战略储备非常有必要。我国相继在 2007 年 12 月成立了中国国家石油储备中心，2009 年 9 月启动国家煤炭战略储备计划，这些都标志着我国越来越重视大宗商品的战略储备。通过提高大宗商品的战略储备，积极开拓国内、国际资源市场，广泛参与到国际大宗商品定价体系中，积极谋求在国际大宗商品交易中的定价权，努力改变价格被动接受者的地位。同时，政策引导鼓励企业和民间资本走出去，积极创建全球范围内的制造业供应链，保障生产所需战略资源的供给，以此来对冲国际大宗商品价格波动对国内商品供需的影响。我国目前正处于工业化和城镇化的重要进程阶段，对能源类、基础原材料、农产品等大宗商品的需求十分旺盛，短期内调整经济结构，优化产业结构有较大的实施难度，因此，为了能更好地应对国际大宗商品市场的价格波动，充足的战略储备可以有效缓解其对我国生产经济的影响。

5. 加快推进人民币汇率形成机制改革，通过增强汇率弹性，进一步推进利率市场化改革，丰富汇率风险管理工具，渐进式推进人民币汇率形成机制改革，以更好地发挥隔离国外通货膨胀的作用，继续为增加发展中国家在国际货币金融组织中的话语权而努力，尽力遏制国际货币体系中心国滥发货币的道德风险，以便从源头上减轻、消除输入型通胀压力。同时，向外推广人民币在国际贸易结算中的使用，逐步推进人民币国际化进程。我国作为世界贸易大国，人民币在全球贸易转账支付中占有的份额仅为 1.43%，在中国对外贸易中，人民币支付比例不足 12%，因此人民币国际化还有很长一段路要走。近年来，我国在推进人民币国际化进程中采取了有力措施，首先在周边贸易合作伙伴中试行人民币贸易结算，把周边国家作为突破口，实施人民币国际化战略途径。同时"一带一路"会成为人民币跨境使用的新通道，有力地促进人民币国际化进程。

第五章

中美货币政策博弈的物价溢出效应

第一节　研究概述

一、研究背景

2008 年以来，美国次贷危机从金融市场迅速蔓延向实体经济，并演变成为史无前例的全球性经济危机，美国、欧元区等经济体遭到重创。美国在次贷危机爆发之后实施了第一轮规模空前的量化宽松货币政策，2008 年至今已经先后实施了四轮。尽管量化宽松货币政策刺激了美国经济的复苏，也减轻了美联储身上的政治压力，但带给其他国家的绝不是福音。作为国际储备货币，美元在当今国际货币体系中处于主导地位，其价值变动将牵一发而动全身。同时，美联储不仅仅是美国的中央银行，它更是各国中央银行行动的标杆，其一言一行将带来一系列的政策互动与博弈。自量化宽松政策实施以来，美国的货币供应量一直是大幅上升的趋势，M_1 和 M_2（经季节调整后的数据）较之 2008 年 1 月分别增长了 84.8% 和 43.1%，特别是 M_2 早在 2012 年已经超过 100 000 亿美元。

随之而来的是美元贬值和通货膨胀，美国的 CPI 年度平均增长率，自 2010 年至 2013 年一直居高不下，分别为 1.65%、2.17%、1.61% 和 1.40%。为应对危机，也为应对美国的宽松政策的溢出，世界主要经济体随之采取相应措施。各国之所以不甘人后纷纷采取宽松政策，是由于先动一方将获得额外的政治与经济利益，使本次经济危机整体成本的跨国分担发生有利于自己的变化，因此在这场类似于"斯塔克伯格模型"的博弈之中，"个体理性"的存在可能将全球政策博弈悄然引向"集体非理性"，不断放大囚徒困境出现的可能。中国在美国发生次贷危机后不久即由之前稳健的货币政策转向宽松货币政策，通过商业银行向市场投放了巨额信贷，此举引起了之后通货膨胀率的较快增长，面对通胀压力中国人民银行在 2010 年底开始加息。直到 2011 年底才开始下调准备金率，之后又继续下调基准利率，这可能与伯南克在 2011 年 9 月 9 日的讲话有关，他淡化了通货膨胀忧虑，"美联储将竭尽所能，在维持物价稳定的同时，帮助恢复经济的高速成长及就业"。中美货币政策的博弈关系明显可见，中国货币政策制定受到美国货币政策的影响，之后这种影响才会传递到经济变量中并体现。

本章旨在回答三个问题：一是开放经济下，中美货币政策是否存在博弈以及如何博弈；二是中美货币政策博弈如何影响我国物价，存在多大的物价溢出效应；三是后金融危机时期，中国应如何立足国情，针对性地根据美国货币政策来科学、适时实施货币政策，以稳定国内物价为目标，提出各种应对国际货币政策物价冲击的措施，并促进经济持续增长。

为了回答上述问题，本章分为五个部分：第一部分是整理和归纳各种相关文献，在前人研究的基础上评述中美货币政策之间存在的互动关系，并指导本章的研究分析；第二部分建立模型，模拟分析中美货币政策博弈，并用实际的证据印证这一观点；第三部分从理论上解释物价的国际传递，中美货币政策博弈所导致的溢出是怎样在物价中体现出来；第四部分则是实证检验，将根据之前建立的模型进行数据分析；第五部分是结论，结合中国国情，提出合理化政策建议。

本章拟运用文献梳理、现代计量模型和比较等多种方法展开研究，在努力吸收前人研究成果的基础上，依据货币经济学、博弈论和国际经济学的相关理论，从中美货币政策博弈角度，对开放经济下我国物价水平决定进行理论与实践的探索，并围绕物价溢出效应，定量分析和评价美国量化宽松货币政策冲击对中国的物价影响，总结经验与教训，为中国货币当局提供参考，以期在日益复杂的宏观经济背景下，更好地制定货币政策、把握政策力度和确定政策时机，来应对国外政策冲击并争取先动优势，推进中国宏观经济政策管理的全球化和科学化，实现科学发展。本章的研究不仅有利于丰富和完善货币政策与物价理论，也有利于货币当局的政策实践，提高其货币政策实施效果和物价调控能力，具有相当的实际应用价值。

二、文献回顾

早期，学术界有关货币政策博弈的研究主要以货币政策的国际协调为视角，从理论上剖析货币政策博弈的作用机理。如 Meade（1951）研究了宏观经济政策冲突问题，Cooper（1968）则在相互依存理论中对国家之间政策存在的溢出效应进行了探讨，分析了政策协调的收益以及收益如何随经济依赖程度与政策协调程度的变化而改变。不过，日本经济学家 Hamada（1976）才是最早使用博弈论对货币政策协调进行研究的学者，他通过假设博弈方的目标是价格稳定和国际收支平衡，采用两国模型直观地解释了货币政策协调过程。

偏向博弈理论研究的学者有很多。Canzoneri 和 Gray（1985）指出，由于外部性和公共产品的存在，一国的政策行为会对另一国产生溢出效应，这种溢出效应可能来自于财政、货币、税收、贸易，以及产业政策的变动等。Obstfeld 和 Rogoff（1995）将政策一致性及可信度的思想引入政策协调理论，指出在动态结构中，即使没有获得新的信息，博弈开始时各国确定的最优策略也会发生变化，并且在合作均衡中政府对通货膨胀及充分就业的权衡最为困难，政策协调参与者背叛对方的可能性也最大。Levine 和 Currie（1987）考虑了国际间溢出效应的存在并构建了一个标准的分析模型，认为国际宏观经济政策协调结果取决于各国政府的信誉观念以及合作协定的可持续性，如果没有国际间的法规约束，一方背弃合作比事先没有政策协调的后果更糟糕。与两位学者观点类似的，Frankel 和 Rockett（1988）模拟了美国和欧洲若干政策协定的影响，在不完全信息状态下，特别是在政策溢出效应的规模和方向存在种种不确定性的情况下，两方信奉不同的经济模型，而两个模型都与国际经济的真实情况有较大出入，这种不确定性导致协调的收益还不如非合作的结果。之后，Cukierman（1992）运用博弈论方法对中央银行的货币政策行为及其产生的对国内外的效应进行了全面的分析。

进入 20 世纪 80 年代后，学术界有关货币政策博弈的研究开始转向实证研究。如 Sheehan（1987）研究发现美国货币扩张对不同国家存在不同影响，其中对澳大利亚和德国货币供应量的影响显著，而对加拿大、意大利、日本和英国则不显著；Grilli 和 Roubini（1995）研究发现其他 G7 国家的货币政策追随美国货币政策，依赖性很强；Kim（2001）则发现，除了加拿大以外，其他 G7 国家（美国除外）货币当局对美国货币政策的反应是不显著的；Miyakoshi 和 Jalolov（2005）则研究了美国利率和货币供给对亚洲一些国家的影响，结果发现这些经济体内货币供给很大程度上由美国货币供给决定。

货币政策溢出效应的研究源于对国际经济相互依存性问题的探讨。早在1951 年，Meade（1951）就提出了两国经济政策一致性模型。Hamada（1976）率先将研究视角转向货币政策领域，认为任何商品或资产的价格都不能单独由一个国家决定，而必须同时考虑其他国家货币政策的溢出效应。Moreno（1994）研究了美国对韩国和我国台湾地区的货币政策冲击，结果表明这两个地区的长期价格水平显著受到美国的影响，货币政策和通货膨胀的国际传递具有相互依赖性。Jian Yanget 等（2004）运用向量自回归模型研究了在布雷顿森林体系瓦解后，西方七国之间的通货膨胀传导，结果表明这七个发达国家之间的通货膨胀存在着明显的相互影响关系。Maćkowiak（2007）运用结构性 VAR 模型实证分析，认为外部货币政策冲击是新兴市场的宏观经济波动的来源，新兴市场的汇率和利率将会受到美国货币政策冲击的影响，其价格水平也会因美国货币政策的调整而受到影响。

2008 年国际金融危机之后的研究似乎更加集中于金融市场层面。Craine 和 Martin（2008）最先研究了国际货币政策的意外冲击的溢出效应，结果表明，美国的货币政策冲击确实给澳大利亚带来了溢出，影响了澳大利亚的证券收益率和回报率。Ehrmann 和 Fratzscher（2009）发现美国的货币政策冲击在相当大的程度上是全球范围的，并且有大量证据表明冲击的传导过程与实体经济和金融一体化的程度相联系：在那些相对开放，尤其是持有大量跨境金融资产的国家，其证券市场对美国货币政策的反应比那些一体化程度较低的国家强烈两到三倍。Lu Yang和Hamori（2014）选择东盟的股票市场研究了美国货币政策的溢出效应。通过建立马可夫转换模型，发现在经济扩张时期美国的利率对东盟的股票市场造成负面影响，而当处于经济危机时期这一影响将会消失。这一结果对于资产价格的传导机制具有重要影响，特别是从美国传导向小型经济体。证券市场通过利率和货币市场息息相关，而利率作为货币政策的中介目标，也是考察货币政策溢出的途径之一。如Sebastian Edwards（2010）分析了联邦基金利率的变化给新兴市场国家的利率带来的影响，发现在联邦基金利率和拉丁美洲国家的利率之间存在一个明显且较快的传导，在长期中这一影响也存在于东亚国家。但是两者的动态过程并不一样，拉美国家对联邦基金利率的反应非常直接，而亚洲国家的调整则是渐进平稳的。

相比之下，我国对货币政策博弈的研究起步较晚。Roldán（2000）对国际经济政策协调产生的背景、政策协调的国际研究以及处于前沿的政策博弈模型问题进行了概括的述评。钟伟和张明（2001）从理论上概括了国际货币政策协调的"逆效合作"。黄梅波（2002）对七国集团的货币政策合作的效果从经济和政治角度进行分析，认为货币政策合作在90年代陷入低潮是由于合作并未达到预期的效果。

国内相关研究主要集中在两个方面：一是研究美国货币政策冲击对我国经济的影响；二是我国货币政策独立性是否受到影响。对于前者，吴宏和刘威（2009）发现，美国货币政策确实可以通过价格机制对世界各国经济产生不同程度的影响，并且这种影响会及时反映到各国的物价指数上，从而对世界各国的宏观经济产生较强的同步效应。石军夏（2011）讨论了美国货币政策对我国物价的外溢效应，发现我国通货膨胀水平和美国通货膨胀水平之间存在一致变动的趋势，且具有一定的时滞。谢蓓（2012）认为美国货币政策对中国的产出及物价水平都有一定的冲击。丁志国等（2012）研究了次贷危机后美国货币政策对我国的溢出效应，结果表明我国消费者价格指数、工业增加值与美国联邦基金利率、广义货币供应量之间存在一个长期的协整关系。对于后者，卫迎春和邹舒（2012）发现，1998年1月至2011年6月，中国基本保持了货币政策的独立性，且放宽汇率管制并不能增强中国货币政策的独立性。王三兴和王永中

（2011）研究了国际利率和外汇储备增加对国内利率的动态冲击效应，结果表明中央银行的货币冲击有效性和国内货币政策的独立性。不过，金山（2009）认为，与采取浮动汇率制度的东亚其他国家相比，我国货币政策具有很高的独立性，但我国未来资本项目管制的大幅度放松将使我国货币政策独立性大幅度降低。刘晓辉和范从来（2009）则从外部冲击判断出货币政策丧失了部分自主性。袁仕陈和陈莉（2010）研究了开放经济下我国央行对基础货币供给的控制能力，发现美国 CPI 增长率增加一单位会引起我国基础货币增长率增长 0.8 个单位，认为中国货币政策的独立性受到了极大的挑战。

两国货币政策博弈的物价溢出效应，本质上综合了上述两种思路。也就是说，外国货币政策对中国的货币政策产生影响，进而对我国物价产生溢出效应。钱行（2006）选取了中国、欧盟（15 国）和美国的 CPI 自 1993 年 1 月至 2005 年 12 月的月度数据进行研究，结果表明，尽管我国的通货膨胀仍主要由国内因素造成，但也在一定程度上受到外来输入性因素的影响，并且 2003 年以后尤为如此。李建伟和杨琳（2011）认为美国量化宽松货币政策的推出，将迫使中国被动跟随美国进行调整，并且无论中国跟随还是不跟随美国的货币政策，都会出现流动性充裕的情形。李成和赵轲轲（2012）实证研究了美国货币供应量对中国货币政策相关指标溢出效应，结果表明美元的跨国输出部分影响了中国央行货币政策独立性，使得中国货币供应量被动投放，造成物价水平上涨压力。

研究类似中美货币政策之间既竞争又合作的关系，博弈论是非常有效的工具，近年来被部分国内学者所运用。如刘海龙和金桩（2003）分别研究了对称冲击和非对称冲击之下的两国货币政策协调博弈，并得出结论认为当存在对称性的世界生产率冲击时，协调的对称效率均衡要比非协调的纳什均衡要好得多，以及当存在需求转换冲击时，协调的对称效率均衡仍然要比非协调的纳什均衡要好得多。索彦峰和徐筱雯（2007）研究了非对称性冲击下货币政策协调的斯塔克尔伯格博弈。周伟（2008）根据中美财政政策、货币政策对两国 GDP 和 CPI 冲击的模拟结果，进行两国宏观经济政策的静态博弈和动态扩展博弈分析，认为两国政策搭配和协调的效果要比一国或单一政策效果好。张谊浩和伦晓波（2011）建立了中、美、欧三方博弈模型，认为面对国际金融危机，三方之间货币政策不协调是无效的，而美欧领导中国跟随的斯塔克伯格模式会使损失提高，中美欧三方货币政策的通力协作才是共赢的。

虽然国内外有关货币政策溢出效应的研究颇多，但除了研究货币政策协调合作外，从两国货币政策博弈角度切入的相关研究并不多。而且，现有研究多集中于具有相似特征的国家，因此其框架不能适用于，或者不能解释处在不同发展阶段或具有不同体制国家的政策协调问题。此外，VAR 和 SVAR 模型在实证分析中虽然得到了广泛的应用，但实验模拟等现代方法则应用较少。这些意味着，有关货币政策博弈及其物价溢出效应的进一步研究将需要更加突出对象的国别特征和研究方法的现代化与科学化，在本章的分析中将突出博弈中的国别特征以及作为实证基础的博弈模型。

第二节　中美货币政策博弈的模型分析

一、博弈概述

博弈是指二人或多人在平等的对局中各自利用对方的策略变换自己的对抗策略，从而取胜。博弈论关注的是对策略互动的一般性分析，近代对博弈论的研究始于 1928 年，冯·诺依曼证明了博弈论的基本原理。在 1944 年，冯·诺依曼又与经济学家摩根斯坦合作共同撰写了《博弈论与经济行为》，以此奠定了博弈论的现代体系基础。

博弈的三要素包括局中人（参与者）、供局中人选择的策略和与局中人的支付（即在博弈中获得的收益）。博弈的类型根据不同的分类标准也不同，划分的标准主要有："局中人"是否形成约束性的协议、行为的时间序列性，以及"局中人"对对手的了解程度等。按照博弈双方或多方之间是否形成具有约束性的协议，可以分为合作博弈与非合作博弈；按照行为的时间序列性，可以分为静态博弈与动态博弈，即"局中人"是否同时选择策略，动态博弈中局中人的行动有先后顺序，并且后发的行动者能够观察到先行者所采取的策略；而按照对手的了解程度来划分，可以分为完全信息博弈与不完全信息博弈，完全信息是指每一位局中人对其他局中人的特征、策略选择以及收益都有准确的信息和判断，不完全信息则相反。

博弈的特点在于参与者之间存在相互依赖性，一个"局中人"的效用不仅与他自己的行为有关，还依赖于其他参与者的行为。而随着经济的发展，在开放经济中各个国家之间的联系也越来越紧密，国家之间的商品和劳动力贸易、资本流动、文化交流等使得各经济体相互影响越来越深。全球都处于同一个世界政治经济一体化的环境下，各个经济体之间既存在合作，也存在竞争，因此确实意味着国家与国家之间存在着博弈关系。Cooper（1968）认为国家之间存在政策的溢出效应，进行政策协调正是因为经济相互影响和相互依赖程度不断加深情况下的策略选择。Kydland 和 Prescott（1977）以经济个体的理性预期和政策制定者的动态博弈为基础，提出了影响至今的"经济政策的动态不一致性"观点，认为政府宏观经济政策中的博弈对政策效应具有较大的影响。在现代开放经济中，博弈论的应用逐渐成为宏观政策问题探讨分析的重要思想和工具。货币政策的选择实际上是身为"局中人"的各个国家的策略，国家之间的合作与竞争表明是合作博弈或者是非合作博弈，各国通过分析合作与否的利益与损失，从而选择最优策略。通过对货币政策的选择和对货币政策变量的调控，使得国内外经济环境趋于对本国有利的一面，通货膨胀与经济增长带来的损失函数最小化。

两国的政策博弈基本模型按照前述可以划分为合作博弈与非合作博弈两大类。合作博弈是帕累托最优，证明只需要假设结果若不是帕累托最优，那么一定存在另一种对双方（或者其中一方）更有收益的策略，而这个策略总能通过双方的谈判达到帕累托最优。货币政策合作（cooperation）和货币政策协调（coordination）正是国际间相互协调在货币政策领域的体现，现有的方式包括G7、G8 和 G20 峰会，欧洲货币联盟等。如果不存在国家之间政策的溢出效应，那么一国的最优货币政策独立于其他国家的货币政策选择，也没有必要进行合作。然而在实际经济过程中溢出效应必然存在，在帕累托最优解之外，一国福利的增加必然导致其他国家福利的牺牲，通过货币政策的合作博弈带来双赢的局面是有必要的。

然而实际情况下非合作博弈才是常态。一是由于政策协调的实践困难重重，比如欧元区就一直存在"搭便车"、国家之间经济周期不同步等利益问题。二是由于单个经济体追求利益最大化，发达国家特别是美国在全球经济中处于主导地位，往往类似市场中的寡头，在博弈中占据先发优势可以"以邻为壑"。如果是博弈双方同时行动，也即两个国家同时制定货币政策，那么可能造成类似"囚徒困境"的纳什均衡；如果博弈双方，一国为领导者另一国跟随，作为跟随者的国家将会根据领导者的行为制定政策，那么博弈将会达到斯塔克伯格均衡，这在发达国家和发展中国家的相互关系中较为常见。

二、中美货币政策博弈：一个斯塔克伯格模型

中国自改革开放以来，经济迅猛发展。至 2011 年全国经济总量较之改革开放初期增长了 120 多倍，2012 年比上年增长 7.8%，这是进入 1999 年以来中国经济增速的最低值，也是最近 20 年来倒数第二的经济增长速度，由此可见中国经济已经成为世界经济舞台的不可忽视的力量。

然而，随着经济的发展提高，中国在全球经济中的地位似乎并没有得到提高，在中美经济关系上，中国也一直处于被动地位。首先，中国作为出口大国，中美贸易顺差逐年增大，因此对美国的经济波动势必较为敏感，继而影响国内货币政策的独立性与有效性；其次，中国持有巨额的美元债券，特别是在量化宽松政策实施之后，美国可以直接攫取通货膨胀带来的利益转嫁危机；并且国际金融危机以来，从盯紧美元到美元依赖，世界经济迎来了所谓的人民币美元时代，美元与人民币的关系更加紧密。

而美国对于中国的态度也非常耐人寻味，在国家政治角度，美国作为霸权国家一直试图遏制中国经济的扩张，国家间纠纷和磋商不断，一直以来"中国制造"就在全球经常遭受反倾销打击，更何况国际金融危机之后美国贸易保护主义抬头，在汇率问题上美国也持强硬态度。因此中美两国的博弈关系更符合斯塔克伯格博弈，美国作为领导者先行，中国只能被动调节货币政策以稳定国内波动，达成宏观审慎目标。

据此，可以建立简单的模型来描述这一博弈关系，假设中美两国的货币市场有相似的形式，那么中国的货币市场中，货币需求函数可以表示为

$$M_d = (y^{c1} P^{c2} \gamma)/r^{c3} \tag{5.1}$$

将函数经过对数变换并引入时间因素 t 之后，可得到表达式：

$$M_t = c_1 y_t + c_2 P_t - c_3 r_t + \gamma_t \tag{5.2}$$

同样的对于美国，货币需求模型可以表示为

$$M_t^* = c_1 y_t^* + c_2 P_t^* - c_3 r_t^* + \gamma_t^* \tag{5.3}$$

式（5.3）中，各变量均表示的是变动率，M_t 表示货币供应量，y_t 表示国内生产总值，P_t 代表物价，r_t 表示利率，γ_t 表示外部冲击，其中带星号表示美国的相关变量，不带星号的则是本国相关经济变量。

在开放经济条件下，两国之间由于贸易和资本流动的存在，汇率作为以一国货币表示另一国货币的价格，可以联系两国的物价水平。因此，分别根据购买力平价与费雪定律可知

$$\rho_t = S_t + P_t^* - P_t \tag{5.4}$$

$$\rho_t = r_t^* - r_t + E_t \rho_{t+1} \tag{5.5}$$

其中，ρ_t 用来表示直接标价法下的实际汇率，S_t 则是名义汇率。要探讨我国货币政策是否受到美国的影响，可以对以上式子进行简单代换得到比较简单且直观的关系式：

$$M_t = c_1 y_t + c_2 (P_t^* + S_t - E_t \rho_{t+1} - r_t^*) + (c_2 - c_3) r_t + \gamma_t \tag{5.6}$$

从式（5.6）可以看到，美国的物价 P_t^* 和利率 r_t^* 与中国的货币数量存在一定的数量关系，而 P_t^* 的决定又受到美国的货币供应量 M_t^* 的影响。因此，我国货币政策的制定确实受美国货币政策影响，在美国货币政策调整的情况下，也会进行调整和变动。

三、中美货币政策博弈的现实证据

（一）中美货币政策调整的关联性

"美国领导、中国跟随"的斯塔克伯格博弈形式，在实际的经济运行中也确实体现着这一点。一般来说，美国的货币政策调整之后，中国为了平衡国内流动性和宏观审慎的目标，会作出相应的调整。在 2007 年次贷危机之后的货币政策调整中，中国与美国的这种关联性非常明显，这是由于为了应对全球性的危机美方与中方的货币政策调整力度较大，时间持续较长，故选取这一段时间来做出较为清晰的分析，从而反映出其斯塔克伯格博弈方式的特征。

2007 年初，美国抵押贷款风险就已经开始浮出水面，由于次级房屋信贷行业违约剧增和信用紧缩问题，在当年夏季就一发不可收拾地从美国席卷全球，引发国际金融市场上的震荡和危机。美联储自 8 月就连续多次直接向银行系统和金融系统注资救市，并降低贴现率和联邦基金利率，除此之外还联合欧洲、加拿大、日本等国家或经济体的央行共同救市，但依然无法阻止次贷危机风暴的扩大和恶化。2008 年美联储降息的幅度堪称 20 世纪 80 年代以来幅度最大，伯南克更是声称"即使通胀加速也要降息"，与此同时注资与新的增加流动性的措施也不曾停下，但美国各项经济指标依然疲软，议会呼吁需要新的经济刺激方案。终于，在雷曼兄弟于 2008 年 9 月倒闭后，美联储推出了量化宽松政策。在随后的三个月中，美联储通过将储备贷给它们的附属机构，然后通过直接购买抵押贷款支持证券等方式，创造了超过一万亿美元的储备。这个在 2008 年底创建这些超额准备金的过程，通常被称为第一轮量化宽松（QE1）。相应地，在中国直到 2008 年上半年为了防止经济增长由偏快转为过热，从而导致明显的通货膨胀，货币政策原本一直持续从紧。但随着危机的扩大，我国的经济也随之受到国际金融形势的冲击，因此中国人民银行将从紧转为适度宽松的货币政策，通过多种货币政策工具及时释放确保经济增长和稳定市场信心的信号。其中最能反映美中先后关联的事件首推 7 000 亿美元与 4 万亿元人民币了，在 2008 年 10 月 4 日（北京时间），美国总统布什签署了 7 000 亿美元的金融救助计划，这是美国政府有史以来规模最大的经济干预；而在不久之后的 2008 年 11 月 5 日，中国政府在温家宝总理主持召开的国务院常务会议正式作出决定，推出 4 万亿元经济刺激计划抗危机、保增长。

2008 年末的第一轮量化宽松似乎使得美国经济形势得到逆转，伯南克和达拉斯联邦储备银行行长费舍尔均公开表示对美国国债以及美元的信心。尽管美联储依然决定将利率维持在 0 ~ 0.25% 不变、数家银行面临关闭或被接管，美国财长盖特纳与联邦储备委员会副主席科恩先后强调，金融经济复苏需要一段持续的过程，前者还认为各方对金融业系统性风险的担忧也已经降低。因此在美国政府仍持续经济刺激计划之外，2009 年 6 月的议息会议后美联储宣布鉴于金融市场形势出现好转，将终止或者逐渐减少部分特有的信贷和流动性工具，12 月宣布推出一项新定期存款工具的提案，旨在回收银行业过剩的流动性，到第二年 2 月决定将原先给予银行的紧急贷款利率由 0.5% 提高至 0.75%。美国的货币政策在 2009 年年中开始在保持量化宽松的基础上，逐渐释放出谨慎、调整和控制流动性的信号。与之相对，中国的货币政策在 2009 年底也开始由宽松转向稳健，一方面连续上调存款准备金率，另一方面灵活安排公开市场操作工具组合，加大流动性回收力度，意图在于逐步引导货币条件从反危机状态向常态水平回归——维持物价稳定是我国宏观调控的首要目标。

然而美国的经济指标并没有预计的那么好，2010 年 GDP 增长却开始减缓，消费和投资未能达到预期水平，就业也未能增加，美国政府因此承受较大的政治压力，而来自欧洲的问题亦带来很大的影响。2010 年 6 月美联邦储备委员会表示如果经济前景明显恶化，将会考虑是否需要进一步的刺激政策，同时美国总统奥巴马也表示已经与伯南克达成共识，认同美国经济遭遇了来自欧洲的阻力，美国政府需要让更多的美国人工作有着落。尽管有一个被认为是退出应对危机的货币政策的举动的小插曲——美联储同意将财政部向美联储的定期资产支持证券贷款工具（TALF）提供的信贷担保规模由之前的 200 亿美元降至 43 亿美元，但在此之后，美联储下调美国经济增长预期，重启国债收购行动，以及美联储的明确政策立场（美国联邦储备委员会多名官员表示，美联储即将采取进一步货币宽松政策；并且之后公布的 9 月会议纪要中也显示美联储已做好推出新一轮量化宽松措施的准备），终于在时隔两年后，美联储启动了第二轮量化宽松货币政策（QE2）。在之后的几年中，美联储一直保持着坚定的立场维持低利率和量化宽松政策，无论是在伯南克召开的新闻发布会还是美联储议息会议披露中都可以找到明确的表达。在 2012 年 1 月，美联储宣布 0~0.25% 的低联邦基金利率至少将延续到 2014 年底，并且 3 月、4 月和 8 月的声明均表达了保持宽松和低利率的相似含义。而到了 9 月，美联储更是开启了第三轮量化宽松政策（QE3），对外宣布 0~0.25% 的超低利率的维持期限将从 2014 年年底延长到 2015 年中，并将推出进一步的量化宽松政策——每月采购 400 亿美元的抵押贷款支持证券（MBS），不设定购买上限，购买行动将一直持续到就业市场复苏，同时现有扭曲操作（OT）等维持不变。第四轮量化宽松则在 2012 年 12 月 12 日被推出，每月采购 450 亿美元国债代替 12 月底到期的扭曲操作（OT），同时，将联邦基金利率与失业率及通胀率挂钩。美国这一次的货币政策由观望中做好量化宽松退出转变为继续宽松，中国在稍后也相应做出变动，尽管依然是保持稳健的态度，但由于受欧洲主权债务危机加剧、市场避险情绪上升等因素影响，导致中国的经济增速有所放缓、通胀水平有所降低，因此中国人民银行连续下调人民币存款准备金率和存贷款基准利率。

2013 年美国一直持续着量化宽松政策，直到下半年才有意向表明在保持货币政策高度宽松的基础上，如果美国经济进一步改善，那么量化宽松的规模将可能会缩减。美联储的态度和行动扑朔迷离，中国人民银行的应对则是保持稳健的货币政策和宏观审慎，既不放松也不收紧银根，通过启用公开市场流动性调节工具对金融市场提供流动性支持。面对 2013 年 12 月美联储最后一次议息会议宣布的从 2014 年 1 月开始减少 100 亿美元的资产购买计划的决议，中国依然要求保持货币政策的稳健。在中国人民银行所公布的货币政策委员会第四季度例会的主要内容中，例会提出将继续实施稳健的货币政策，并将下一阶段流动性管理工作的内容定调为"保持适度流动性"，一方面是防止 2013 年"钱荒"事件再度发生，另一方面是考虑到美联储退出 QE 政策可能对中国产生溢出效应，因此保持审慎态度和灵活的调控手段，适度的流动性更有利于货币政策效率的实现、金融改革的稳步推进以及实体经济的持续复苏。

纵观中美货币政策的博弈，确实存在着斯塔克伯格式的"美国领导、中国跟随"的结果，面对美方的政策实行和美联储的政策意图表露，中方总会随之适时调整政策，正如 7 000 亿对 4 万亿的救市措施，然而总体的货币政策立场——宽松还是收紧，其先后间隔却往往要延滞一年左右的时间。在中美两国的货币政策博弈中，这样的"滞后"的跟随，说明了中国并非简单地跟随重复美国的货币政策立场，而是基于对中国经济发展和稳定的考量以及对国内外实际经济形势的判断，从而主动地选择适合自身的政策。可以说正是这些主动的政策选择过程，造成了最后的"跟随"的结果。若要更为直观地展示这一点，可以以季度作为合适的时间度量单位，次贷危机以来两国的货币政策及所代表的意图和立场也在表 5 - 1 中直接罗列。

116

表 5 − 1 次贷危机后中美货币政策立场的变动

时间（季度）	美国		中国	
	政策立场	主要政策内容	政策立场	主要政策内容
2007Q3	宽松	①向银行注资；②降低窗口贴现率；③连续降息；④美联储第一轮量化宽松开始	从紧	①连续上调存款准备金率；②连续上调金融机构人民币存贷款基准利率
2007Q4				
2008Q1				
2008Q2				
2008Q3			转变：适度宽松	①连续下调存款准备金率；②连续下调金融机构人民币存贷款基准利率；③取消债券发行规模限制
2008Q4				
2009Q1				
2009Q2	转变	①减缓购买国债和 MBS 的速度；②贴现率提高，贴现期限缩短；③维持原计划结束 TALF		
2009Q3				
2009Q4	准备退出			
2010Q1				
2010Q2				
2010Q3	转变	第二、第三、第四轮量化宽松	转变：稳健	连续上调存款准备金率
2010Q4				
2011Q1				
2011Q2				
2011Q3	宽松		转变	①连续下调存款准备金率；②连续下调金融机构人民币存贷款基准利率
2011Q4				
2012Q1			宽松	
2012Q2				
2012Q3				
2012Q4				

注：美国货币政策的数据信息整理自美联储网站的货币政策报告（2月和7月）及美联储议息会议信息披露（http：//www. federalreserve. gov/monetarypolicy/default. htm）；中国货币政策的数据信息整理自中国人民银行网站（http：//www. pbc. gov. cn/publish/main/2954/index. html）的货币政策大事记及货币政策执行季度报告。

　　美国通过宽松政策救市，之后更是实施量化宽松政策转嫁危机治理成本，而为应对量化宽松的中国也随之调整自身的政策立场，多次动用作为主要货币政策工具存款准备金率和存贷款基础利率。从表 5 − 1 可以发现，自 2007 年底至

2012 年第四季度，中国的货币政策立场跟随美国的货币政策立场，主要发生了三次转变：一是面对美国为刺激经济的宽松政策，中国由从紧的货币政策转向宽松；二是在美联储表示第一轮量化宽松政策即将按计划结束之后，中国的货币政策又由宽松转向稳健；三是美联储的量化宽松政策依然持续，中国相应地也转向宽松。总而言之，当美国的货币政策立场转变，那么中国在一段时期之后也将随之改变。如 2009 年 6 月美联储决定将逐渐减少许多特有的信贷和流动性项目，并在夏季期间通过短期资金标售工具削减贷款，美联储这一姿态似乎表明第一轮量化宽松正开始逐渐收尾，货币政策不再那么宽松；之后中国恢复了 1 年期中央银行票据的发行，适当延长了流动性冻结时间，开始从适度宽松的立场转向稳健。在表 5 - 1 中，一些政策及意图可能并不能完全解释中美之间的博弈，因为中国的货币政策调整还受到其他因素的影响，比如，我国的雪灾、汶川地震、欧债危机等。

（二）中美货币政策的互动性

为了考察中美货币政策实际的博弈关系，检验是否符合斯塔克伯格博弈双方的先行后行，有必要对两国的货币政策目标进行因果检验，从而验证中国货币政策的被动协调的处境。对于美国，其货币政策中介目标一般是利率，在此选择联邦基金利率 FFR 作为考察变量。由于中国的利率尚未完全市场化，因为货币政策中介变量一直是货币供应量，在此选择广义货币 M_2 作为另一个考察变量。尽管在美联储实施量化宽松政策之后，联邦基金利率一直维持在 0 ~ 0.25% 的水平，但其波动仍然可以反映一定的经济政策状况；同时，对 M_2 取对数，新序列表示为 $\ln M_2$。这两个变量均为月度数据，并且从危机发生之后的第一年，也就是 2008 年 1 月开始选取，截至 2013 年 6 月。

通过 ADF 检验，可以看到在 1%、5% 和 10% 的显著性水平下 FFR 和 $\ln M_2$ 的临界值均小于 ADF 统计量，因此存在单位根。再用 DFFR 和 $D\ln M_2$ 分别表示一阶差分后的 FFR 与 $\ln M_2$，差分之后的新序列在 1%、5% 和 10% 的显著性水平下 DFFR 和 $D\ln M_2$ 的临界值分别大于 ADF 统计量，ADF 检验表明一阶差分序列是平稳的，因此可以进一步判断变量之间的协整关系。

表5－2　　　　　　　　　　　　　单位根检验结果

变量	ADF 统计量	1% 显著性水平	5% 显著性水平	10% 显著性水平	是否平稳
FFR	－2.411350	－3.55502	－2.91552	－2.59557	否
$\ln M_2$	－1.71619	－4.12734	－3.49066	－3.17394	否
DFFR	－8.03262	－3.55747	－2.91657	－2.59612	是
$D\ln M_2$	－4.24643	－4.12734	－3.49066	－3.17394	是

协整检验首先设定原假设，分别是变量间不存在协整与变量间最多存在一个协整关系，其次进行轨迹检验与最大特征值检验。从表5－3中可以看到，两个检验的统计量和 P 值都表明原假设不成立，因此 FFR 与 $\ln M_2$ 之间存在协整关系，从而可以进行下一步的格兰杰因果检验。

表5－3　　　　　　　　　　　　　协整检验

原假设	轨迹检验		最大特征值检验	
	不存在协整	最多存在一个协整	不存在协整	最多存在一个协整
特征值	0.295289	0.086752	0.295289	0.086752
检验统计量	27.76507	5.717082	22.04799	5.717082
临界值	15.49471	3.841466	14.2646	3.841466
P 值	0.0005	0.0168	0.0024	0.0168

最后我们可以进行格兰杰（Granger）因果检验来分析我们需要验证的结论：美国的货币政策是否影响了中国的货币政策。格兰杰因果检验的基本原理正是分析两个变量 X 和 Y 之间，X 是否能引起 Y，主要检验 Y 能在多大程度上被过去的 X 所解释，而加入 X 的滞后值之后是否显著并能提高对 Y 的解释程度。因此要讨论中美货币政策是否符合斯塔克伯格博弈，可以从格兰杰因果检验出发进行简单的验证，美国的货币政策是否是中国的货币政策的格兰杰原因。FFR 所代表的美国货币政策与 $\ln M_2$ 所代表的中国货币政策，根据从滞后2阶一直到滞后9阶的格兰杰因果检验的统计量和 P 值可以得到表5－4中所整理的结果。可以看到，拒绝 FFR 不是 $\ln M_2$ 的格兰杰原因这一原假设，也即 FFR 是 $\ln M_2$ 的格兰杰原因，美国货币政策单向对中国货币政策具有影响，中国的货币政策处于被动地位，符合斯塔克伯格博弈的方式。

表 5 - 4　　　　　　　　　　　　格兰杰因果检验结果

滞后阶数	FFR 不是 lnM$_2$ 的格兰杰原因		lnM$_2$ 不是 FFR 的格兰杰原因	
	P 值	结论	P 值	结论
滞后 2 阶	0.0174	拒绝原假设	0.6788	接受原假设
滞后 3 阶	0.0046	拒绝原假设	0.8325	接受原假设
滞后 4 阶	0.0009	拒绝原假设	0.8449	接受原假设
滞后 5 阶	0.0066	拒绝原假设	0.8023	接受原假设
滞后 6 阶	0.0073	拒绝原假设	0.9741	接受原假设
滞后 7 阶	0.0173	拒绝原假设	0.6336	接受原假设
滞后 8 阶	0.0171	拒绝原假设	0.5806	接受原假设
滞后 9 阶	0.0268	拒绝原假设	0.4815	接受原假设

第三节　中美货币政策博弈的物价溢出效应：理论分析

一、物价国际传递的理论渠道

(一) 影响物价的国际因素

经上节分析，在开放经济条件下美国的货币政策变动将会给中国带来一定的溢出效应。孙工声（2009）基于内外双重视角实证分析了改革开放以来中国宏观经济波动的决定因素，认为外部冲击是导致中国宏观经济波动的重要因素，而中国的内部政策调整，包括产业结构调整和宏观经济政策调整并不是导致宏观经济波动的主要因素。对于一国物价所受到的外部因素冲击，国内外学者一直以来对影响物价的具体国际因素做了大量研究，这些因素主要可以概括为：

1. 国际大宗商品价格。关于此的主要研究集中在石油和食品上，对于前者，王凤云（2007）认为国际油价变化率与我国通胀率存在显著的单向 Granger 因果关系；Galesi 和 Lombard（2008）运用全球向量自回归（GVAR）模型，考察了石油价格冲击对 33 个样本国家的国内物价水平的影响，并发现国际石油价格冲击对大部分发达国家或地区的影响显著；同时他们也实证分析了食品价格上涨对通货膨胀带来的冲击效应，发现对所有样本国家都很显著；Gelos 和 Ustyugova

（2012）分别选择 CPI 指数中粮食权重最高和最低的各 20 个国家进行检验，发现粮食在消费篮子中所占比重较大的经济体会在粮食价格上涨的冲击下国内物价也相应上涨。

2. 汇率。汇率作为一国货币兑换另一国货币的价值，其波动会直接造成进口商品价格或相对出口商品价格的波动，进而影响整个国家的物价水平。大量文献表明汇率的变动对于通货膨胀影响显著相关：Hüfner 和 Schröder（2002）对欧元区国家进行分析发现名义汇率下降会引起消费者物价调和指数在 1 年后上升 0.4%；Choudhri 和 Hakura（2006）通过对 71 个国家在 1979—2000 年的汇率变动进行检验，结果表明汇率变动与通货膨胀之间存在正向相关关系。

3. 国际利率。国际利率与本国利率之差将影响资本的流动方向，从而给本国物价带来冲击。从 2007 年以前的历史数据来看，我国的通货膨胀与美联储利率之间存在相反的变化走势，原因在于利差的存在将会导致资本流入，在三元悖论之下中国将面临通货膨胀压力。

4. 外部需求变化。外部需求变化是影响国内净出口的主要因素，而一国的商品和劳务进出口是构成总供给和总需求的一部分，进出口贸易的波动会改变总供给总需求的均衡，从而导致物价发生变化。另外，国际贸易收支对应着本国外汇储备，外汇占款的变动会影响本国货币投放总量变化，进而影响国内物价水平。

5. 全球流动性变化。全球流动性过剩问题一直颇受关注，过剩的流动性会通过国际传导渠道流入，给一国的国民经济带来影响，包括产出和价格。陶峰和任钢（2012）对"金砖五国"的通货膨胀数据利用向量自回归模型和脉冲响应函数分析了全球流动性对"金砖五国"通货膨胀的影响，结果显示，全球流动性确实对这五个国家的通货膨胀具有一定影响。

（二）物价国际传递的理论渠道

关于物价波动的国际传递渠道，已经有许多成熟的理论模型，理论观点主要包括国际贸易传导机制、汇率传导机制、国际资本流动传递机制等，模型主要包括多恩布什模型、蒙代尔—弗莱明模型等。这些理论模型中的影响因素均包含在上一节所归纳的因素之中，因此尽管物价的国际传递渠道也有许多理论来解释，但概括起来可将这些归纳为三种类型：成本推动渠道、需求拉动渠道和货币冲击渠道。其中成本推动和需求拉动可归结为实体经济层面的影响，货币冲击渠道实际又可细分为境外流动性输入、汇率传递效应和中外利差变化的影响，上一节所归纳的物价的国际影响因素均可按照其性质划分到这三种渠道之内。

1. 成本推动渠道。大宗商品价格的变动就属于这一渠道，成本推动实际上是供给发生了变化，从而导致均衡价格，也就是物价最终变化。具体的过程是：国际大宗商品价格上涨——进口价格上涨——国内价格上涨。一方面，国际大宗商品价格上涨直接提高了国内同类产品的价格，另一方面国际大宗商品作为初级产品，其价格上升会传递到其他产品和服务的价格上，这样分别从直接和间接作用下导致了生产成本、生活成本的提高，再传导至生产者价格与消费者价格。

2. 需求拉动渠道。需求的变化同样会改变均衡价格，前文所述的影响因素中外需变化就属于这一渠道，具体的传递过程是：外需增多——净出口增多——国内价格上涨。外需变化是外部冲击中最为基础的一个，大宗商品价格与全球流动性都与此相关。一方面，对于发展中国家，以贸易加工为主就导致原材料的进口相当一部分是为了满足外需，因此外需的变动将会影响国际大宗商品；另一方面，外需变动造成贸易差额的变化，这将影响到资本项目、预期汇率和外汇占款。

3. 货币冲击渠道。货币冲击渠道包括全球流动性输入、汇率传递和国际利率传递，其中前者属于货币的数量渠道，后两者则是货币的价格渠道。货币冲击的影响过程是：全球流动性过剩/汇率上升（外币升值）/国际利率下降（利差增加）——资本流入——本币升值——外汇占款增加——货币供应增加——通货膨胀。

二、货币政策博弈的物价溢出效应理论模型

在国际经济学中，蒙代尔—弗莱明模型是传统的研究方法，多恩布什在此基础上引入理性预期和动态分析，建立了蒙代尔—弗莱明—多恩布什模型；奥布茨弗尔德和罗格夫开创性地提出了著名的 Redux 模型，也是两国动态的包含微观基础的一般均衡模型，为新开放经济宏观经济学提供了新的研究视角；在

OR 模型的基础上纳入随机分析，则形成了 NOEM – DSGE 模型，具有动态随机一般均衡分析框架。

　　为研究中美货币政策博弈的物价溢出效应，建立的模型需要囊括上述的三条渠道：供给、需求与货币。因此，本章将借鉴卡尔·沃什在《货币理论与政策》中的两国政策协调模型，他利用 AS – IS 曲线分析了在通货膨胀率外生的条件下两国政策的相互溢出以及在政策协调与不协调的情况下通货膨胀率的确定。在这个模型已有的总供给和总需求函数的基础上，加入货币政策函数，可以建立 AS – IS – LM 的两国政策博弈模型。

　　在开放经济中，首先建立基本假设：（1）世界只存在两个经济体，本国和外国，且两国的经济结构参数具有相似的特征；（2）两国的货币当局没有能力选择通货膨胀率，因此需要货币政策函数。对于前者，尽管实际经济环境中，中美的经济结构并不相似，但由于模型是线性方程，因此假设参数相同以简化计算。对于后者，由于各国货币政策当局并不能直接确定各自的通货膨胀率，因此 LM 曲线不能够像沃什的模型一样省略掉，故一国的经济可以简单用方程表示为

$$y_t = -b_1\rho_t + b_2(P_t - E_{t-1}P_t) + e_t \tag{5.7}$$

$$y_t = a_1\rho_t - a_2r_t + a_3y_t^* + \mu_t \tag{5.8}$$

$$M_t = c_1y_t + c_2P_t - c_3r_t + \gamma_t \tag{5.9}$$

同样的，外国的经济可以简单表示为

$$y_t^* = b_1\rho_t + b_2(P_t^* - E_{t-1}P_t^*) + e_t^* \tag{5.10}$$

$$y_t^* = -a_1\rho_t - a_2r_t^* + a_3y_t + \mu_t^* \tag{5.11}$$

$$M_t^* = c_1y_t^* + c_2P_t^* - c_3r_t^* + \gamma_t^* \tag{5.12}$$

　　其中，为了简便省略了各变量上方表示变动率的符号，各变量均表示的是偏离其稳态的程度，因而反映的是各自所代表的各经济因素的波动。带星号表示外国的相关变量，不带星号的则是本国相关经济变量，各项系数 a_1、a_2、a_3、b_1、b_2、c_1、c_2 和 c_3 均为正值，ρ_t 用来表示直接标价法下（从美元角度的直接标价）的实际汇率。式（5.7）和式（5.10）分别是本国和外国的总供给函数，描述了产出与实际汇率、物价背离预期的程度之间的关系，汇率上升本币贬值，

这意味着进口的原材料等初级产品价格提高，成本增加导致了国内总供给的减少。

式（5.8）和式（5.11）是本国和外国的总需求函数，当一国经济状况良好和产出增加，那么会提高对另一国的需求，因此表现在函数中就是一国的产出会影响另一国的产出。同样的，汇率 ρ_t 上升说明本币贬值，这提高了国内产品的竞争力，一部分的需求将会从国外产品转移到国内产品上。

那么可以根据费雪定律列式：

$$\rho_t = r_t^* - r_t + E_t \rho_{t+1} \tag{5.13}$$

根据式（5.7）、式（5.8）、式（5.9）及式（5.10）这四个函数式，由 $(y_t - y_t^*)$ 相等并代入式（5.13）化简可以求解得到汇率的函数表达式：

$$\rho_t = \frac{1}{B} \{ b_2 (1 + a_3) [(P_t - E_{t-1} P_t) - (P_t^* - E_{t-1} P_t^*)]$$

$$+ (1 + a_2)(e_t - e_t^*) - (\mu_t - \mu_t^*) + a_2 E_t \rho_{t+1} \} \tag{5.14}$$

其中，B 作为参数代表一个系数多项式：

$$B = 2a_1 + a_2 + 2b_1(1 + a_2) > 0$$

ρ_t 的表达式（5.14）描述了实际汇率与物价、总供给冲击和总需求冲击之间的关系。如果本国的物价偏离预期的程度大于外国物价偏离预期的程度，或者本国面临的总供给冲击大于外国的总供给冲击，要想实现均衡，汇率就必然上升以使得本国相对价格下降，从而将需求转移到本国，也就是使得本国的需求冲击大于外国的需求冲击；而如果本国面临的总需求冲击大于外国的总需求冲击，那么实际汇率就必须要下降，只有如此才能提高本国相对价格，将需求转移到国外的产出上。

将式（5.14）带入到总供给函数式（5.7）和式（5.10），由相等就可以得到产出与物价相关的函数：

$$y_t = b_2 A_1 (P_t - E_{t-1} P_t) + b_2 A_2 (P_t^* - E_{t-1} P_t^*) - a_2 A_3 E_t \rho_{t+1}$$

$$+ A_1 e_t + A_2 e_t^* + A_3 (\mu_t - \mu_t^*) \tag{5.15}$$

$$y_t = b_2 A_2 (P_t - E_{t-1} P_t) + b_2 A_1 (P_t^* - E_{t-1} P_t^*) + a_2 A_3 E_t \rho_{t+1}$$

$$+ A_2 e_t + A_1 e_t^* + A_3 (\mu_t - \mu_t^*) \tag{5.16}$$

其中，A_1、A_2 和 A_3 均代表系数多项式：

$$A_1 = \frac{2a_1 + a_2 + b_1(1 + a_3)}{B}, A_2 = \frac{b_1(1 + a_3)}{B} \text{ 和 } A_3 = \frac{b_1}{B}$$

由式（5.15）与式（5.16）可以看到，当 $b_2 A_1 \neq 0$ 时，一国的物价将影响到国外的经济体，而物价作为政策目标反映了一国货币政策的调整，因此这就表明了货币政策对其他国家的溢出效应。由于开放经济中汇率 ρ_t 这一渠道的存在，总供给和总需求的变化均可以通过汇率来实现溢出，当然如果两国的物价偏离预期程度一样，那么实际汇率就不会发生变化。并且从式（5.13）可以看到，汇率联系着货币政策工具之一的利率，确实是一个影响面较广的政策传递渠道。

要得到中美货币政策博弈的物价溢出效应，假设这一两国模型中只存在当期的货币政策博弈，那么将货币政策函数式（5.3）和式（5.6）相减可得

$$M_t - M_t^* = c_1(y_t - y_t^*) + c_2(P_t - P_t^*) - c_3(r_t - r_t^*) + (\gamma_t - \gamma_t^*)$$

（5.17）

进行变换和合并同类项可得

$$\begin{aligned}
\left[c_1 b_2(A_1 - A_2) + c_2\right](P_t - P_t^*) &= (M_t - M_t^*) + c_1 b_2(A_1 - A_2) \\
&(E_{t-1}P_t - E_{t-1}P_t^*) + 2c_1 a_2 A_3 \rho_t + (c_1 a_2 A_3 + c_3)(r_t - r_t^*) \\
&- c_1(A_1 - A_2)(e_t - e_t^*) - 2A_3(\mu_t - \mu_t^*) - (\gamma_t - \gamma_t^*)
\end{aligned}$$

（5.18）

化简得

$$\begin{aligned}
P_t - P_t^* = \frac{1}{D_1}\Big\{ &(M_t - M_t^*) + (D_1 - c_2)(E_{t-1}P_t - E_{t-1}P_t^*) \\
&+ 2D_2 \rho_t + (2D_2 + c_3)(r_t - r_t^*) - c_1(A_1 - A_2)(e_t - e_t^*) \\
&- 2A_3(\mu_t - \mu_t^*) - (\gamma_t - \gamma_t^*)\Big\}
\end{aligned}$$

（5.19）

其中，系数多项式是由以下多项式化简表示：

$$D_1 = c_1 b_2(A_1 - A_2) + c_2 \quad D_2 = c_1 a_2 A_3$$

为了将模型简化，将三个多项式 $(e_t - e_t^*)$、$(\mu_t - \mu_t^*)h$ 和 $(\gamma_t - \gamma_t^*)$ 的外部冲击合并成 σ_t，并且假设在 $(t-1)$ 期对于 t 期物价的预期是 $(t-1)$ 期时的物价的线性函数，从而式（5.19）可以表示为

$$P_t = P_t^* + \frac{1}{D_1}\{(M_t - M_t^*) + (D_1 - c_2)K(P_{t-1} - P_{t-1}^*)$$

$$+ 2D_2\rho_t + (2D_2 + c_3)(r_t - r_t^*)\} + \sigma_t \qquad (5.20)$$

由于外国经济实力强大，本国仍是发展中国家且实力较弱，因而在调整货币政策工具的博弈下，外国是领导者，本国是追随者。在斯塔克伯格博弈中，外国先行选择货币政策，本国观察到其货币政策目标之后，选择自己的货币政策进行相应的调整。在式（5.20）中包括了前文所归纳的物价的国际影响因素与传递渠道，其中 $(M_t - M_t^*)$ 衡量的是全球流动性大小，$(r_t - r_t^*)$ 衡量的是国际利差，ρ_t 与 $(P_{t-1} - P_{t-1}^*)$ 均不仅衡量了两国的相对价格，同时也影响着净出口与外汇储备。另外，这些因素中有一部分也是货币政策的工具和中介目标：利率可以调节货币政策的供求从而调控市场流动性，货币供应量则是通过公开市场业务、再贴现和调整存款准备金率等手段直接调控货币供给；在利率市场化程度较高的国家，一般是选择利率作为中介目标，比如美国，而中国则是选择货币供应量作为中介目标，因为利率受市场调节较小，无法灵活反映货币政策情况。

因此，在中美两国货币政策的斯塔克伯格博弈下，物价的溢出效应就可以用式（5.20）这一函数表达式来说明。其中，无论物价水平是不是最优的，其结果都是货币政策博弈在函数中的反映，由于汇率的存在，构建了双方货币政策博弈的桥梁，使得两国之间的博弈得以进行。

第四节　中美货币政策博弈的物价溢出效应：实证检验

一、变量选取和样本数据说明

按照上一节推导得出的模型，中美两国的物价水平、货币供应量水平、利率以及中美汇率都是实证检验需要的变量。对于物价水平，国内外一般都选取 CPI 作为衡量的指标；货币供应量在中国，一般是选取广义货币 M_2 作为中介目标，而对于美国，M_1 更能体现货币政策的调整，特别是在量化宽松实施之后美利率维持在 $0 \sim 0.25\%$ 失去大部分调控作用；对于利率，美联储一直以来瞄准的就是联邦基金利率，因为其变动能够敏感地反映银行之间资金的余缺，通过影响商业银行的资金成本进而影响投资消费和经济状况，因此中国的利率水平也相应地选择了银行间隔夜拆借利率作为衡量指标；汇率则直接选取中美汇率。

表 5–5　　　　　　　　　　　各变量及其指标

变量名	衡量对象	具体经济含义
FFR	—	美联邦基金利率
M_1	—	美国货币供应量 M_1
M_2	—	中国货币供应量 M_2
P	—	中国的 CPI
P_f	—	美国的 CPI
P_t	P_t	中国 CPI 的变动程度
P_{ft}	P_t^*	美国 CPI 的变动程度
M_t	M_t	中国 M_2 的变动程度
M_{ft}	M_t^*	美国 M_2 的变动程度
R_t	r_t	中国银行业同业隔夜拆借利率变动程度
R_{ft}	r_t^*	美联邦基金利率的变动程度
S_t	ρ_t	中美汇率变动程度
dP_t	$(P_t - P_t^*)$	中美 CPI 变动程度的差距
dM_t	$(M_t - M_t^*)$	中美货币供应量变动程度的差距
dR_t	$(r_t - r_t^*)$	中美利率变动程度的差距

　　考虑到中国 2011 年 12 月正式加入世贸组织，因此样本数据选取 2002 年 1 月至 2013 年 6 月的月度数据。其中，M_2 和我国银行业隔夜拆借利率数据均来自中国人民银行货币政策司网站，FFR 和 M_1 数据来自美联储网站，我国 CPI 数据（上月 = 100）和 S_t 数据整理自中经网统计数据库，美国 CPI 数据（1982—1984 = 100）则来自美国劳工部网站。其中 CPI、货币供应量数据以及汇率数据均先进行季节性调整。P_t、P_{ft}、M_t、M_{ft}、R_t、R_{ft} 和 S_t 作为变动率，表示偏离其稳态的程度，而定基比数据不会因为基期选择的不同而改变本身的特征，因此选择 2011 年 12 月的数据值作为各个变量的基期，求得变动率。由于我国银行间同业拆借利率最早只追溯到 2002 年，因此 R_t 的基期直接选择 2002 年 1 月的数据值。

值得注意的是，CPI 数据的收集和整理时需要注意基期的选定，确定是环比数据还是同比数据或者定基比数据。美国 CPI 直接是以 1982—1984 年作为基期，是定基比数据，因此可以直接计算变动率。然而中国 CPI 数据只有同比和环比，因此可以通过选择环比数据，也就是以上月为基期的数据，进行连乘处理最后得到定基比数据，再求得变动率。本章中所有的数据处理和模型拟合都在 Eviews 6.0 中运行。

二、美国货币政策对中国货币政策的影响

在本章第三节已经讨论过中美货币政策的博弈关系，并且用现实证据的定性分析和数据实证的定量分析表明了中国货币政策确实受到美国货币政策的影响：联邦基金利率 FFR 是中国货币供应量的自然对数 $\ln M_2$ 的格兰杰原因，其中 FFR 与 M_2 均为 2008 年 1 月至 2013 年 6 月的月度数据。在此，将继续深入研究中国货币政策所受到的美国货币政策的影响。

（一）建立 VAR 模型

向量自回归（VAR）模型是基于数据的统计性质建立的模型，VAR 是把系统中每一个内生变量作为系统中所有内生变量的滞后值的函数来构建，从而将单变量自回归模型推广到由多元时间序列变量组成的自回归模型。因此 VAR 可以用来处理多个相关经济指标的分析与预测的模型之一，自从 1980 年西姆斯（C. A. Sims）将 VAR 模型引入到经济学中，推动了经济系统动态分析的广泛运用。

传统的 VAR 理论要求模型中每一个变量都是平稳的，对于非平稳时间序列要经过差分，得到平稳序列之后才能建立 VAR 模型，这样通常会损失原始序列中的信息。随着协整理论的发展，对于非平稳时间序列，只要各变量之间存在协整关系，那么就可以直接建立 VAR 模型。

前文的检验都选取的是国际金融危机之后的数据，在此将样本容量扩大，从 2002 年 1 月开始至 2013 年 6 月，除了联邦基金利率之外，美国货币政策指标再加入货币供应量 M_1，这是由于危机之后美国一直维持联邦基金利率在 0 ~ 0.25% 的水平，货币政策的调控一般是通过调节流动性完成。

首先进行单位根 ADF 检验。$\ln M_1$ 和 $\ln M_2$ 表示的是 M_1 与 M_2 的自然对数，对 FFR、$\ln M_1$ 与 $\ln M_2$ 进行单位根检验发现，ADF 统计量均分别大于 1%、5% 和 10% 显著性水平下的临界值，因此需要进行差分得到新的数列重新检验。DFFR、$D\ln M_1$ 与 $D\ln M_2$ 也就是 FFR、$\ln M_1$ 与 $\ln M_2$ 相对应的一阶差分数列，单位根检验结果表明其 ADF 统计量均低于 1%、5% 和 10% 显著性水平下的临界值，因此是平稳的序列。结果如表 5-6 中所示，FFR、$\ln M_1$ 和 $\ln M_2$ 均是一阶单整数列。因为三个变量均为一阶单整，因此可以直接建立 VAR 模型。

表 5-6　　　　　　　　　　　　单位根检验

变量	ADF 统计量	1% 显著性水平	5% 显著性水平	10% 显著性水平	是否平稳
FFR	− 1.038036	− 3.478911	− 2.882748	− 2.578158	否
$\ln M_1$	− 0.072940	− 4.026429	− 3.442955	− 3.146165	否
$\ln M_2$	− 1.318229	− 4.026429	− 3.442955	− 3.146165	否
DFFR	− 5.090203	− 3.478911	− 2.882748	− 2.578158	是
$D\ln M_1$	− 11.64217	− 4.026942	− 3.443201	− 3.146309	是
$D\ln M_2$	− 11.12791	− 4.026942	− 3.443201	− 3.146309	是

要建立 VAR 模型，应先要对 VAR 模型选择最优滞后期。由表 5-7 中可以看到，通过滞后期的试算，通过检验最多的是在第 4 个滞后期，因此最优滞后期选择 4 期建立模型。在 VAR 模型建立之后，还需检验 VAR 模型的稳定性。

表 5-7　　　　　　　　　　　　最优滞后期

Lag	LogL	LR	FPE	AIC	SC	HQ
0	− 186.4014	NA	0.003699	2.913867	2.980041	2.940756
1	944.4983	2192.206	1.18e − 10	− 14.34613	− 14.08143	− 14.57339
2	980.5044	68.13461	7.80e − 11	− 14.76161	− 14.29839 *	− 14.55857
3	993.7845	24.51709	7.30e − 11	− 14.82745	− 14.16571	− 14.55857
4	1 010.247	29.63218	6.52e − 11 *	− 14.94226 *	− 14.08200	14.59271 *
5	1 014.752	7.902013	7.00e − 11	− 14.87311	− 13.81433	− 14.44289
6	1 022.261	12.82190	7.18e − 11	− 14.85016	− 13.59286	− 14.33928
7	1 031.674	15.63981	7.16e − 11	− 14.85652	− 13.40069	− 14.26497
8	1 044.479	20.68585 *	6.78e − 11	− 14.91506	− 13.26072	− 14.24285

所建成的模型，调整的 R^2 为 0.999877，说明模型拟合优度较好。之后需要检验 VAR 模型是否稳定，可以通过模型的 AR Roots 图来检验，图 5 - 1 中所有的 AR 特征值的倒数都在单位圆内，因此模型稳定，构建的 VAR 模型可以进行脉冲响应及方差分解等分析。

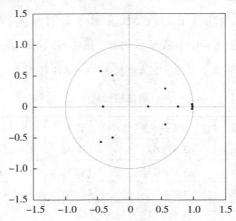

图 5 - 1　模型中单位圆内 AR 特征值的倒数

（二）脉冲响应函数

由于 VAR 模型并非理论性的模型，往往不需要分析一个变量对另一个变量的影响，而是通过一个误差项的变化来分析模型受到冲击时对整个系统的影响，这就是脉冲响应函数的基本思想。为了进一步了解中国货币政策受到的影响，将通过脉冲响应函数观察 lnM_2 的变动情况。

通过 lnM_2 对 lnM_1 和 FFR 的脉冲响应图，可以看到，当 lnM_1 受到一个单位正的货币供应量的自然对数的冲击之后，lnM_2 受到的影响，先是随着时间影响逐渐增加，在第 7 期前后达到峰值 0.3% 左右，之后影响就逐渐减弱。这一正向的反应同时也符合实际的经济意义，当美国实行的货币政策是宽松的流动性时，中国会因为较大的人民币升值压力而同样选择在市场中放宽流动性。

而 lnM_2 面对 FFR 的冲击受到的影响，先是在前 5 期逐渐增强再减弱为 0，之后变成负值，一直平缓地增强直到 10 期以后才缓慢减弱。也就是说，当联邦基金利率提高后，中国的货币供应量将先增加再减少。美国利率的提高将会导致资本往美国流动，市场中人民币将会被抛出换成美元，因此前一小阶段的货币供应量增加是有一定的原因的。然而随着人民币的贬值压力，中国央行必然会随之做出反应，面对联邦基金利率的提高，中国的货币供应量的总体趋势应该是减少，然而由于政策的时滞性，前期的增加阶段的存在也是合理的。

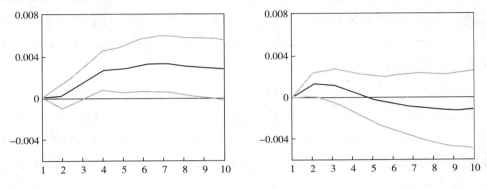

图 5-2　$\ln M_2$ 对 $\ln M_1$ 和 **FFR** 的脉冲响应

（三）结论

通过方差分解可以进一步看到 $\ln M_2$ 的波动受到其他两个变量的影响大小，随着考察期的延长影响的比重一直在改变，但是 $\ln M_2$ 的波动来自自身的因素一直最多，最低的时候也占到了 85% 以上。但是国际因素也对中国的货币政策依然存在影响，$\ln M_1$ 的影响从第 1 期开始逐渐增多，在第 10 期达到最大值接近 13%，而联邦基金利率 FFR 的影响却非常小了，最多的时候也只占到 4% 左右。

三、物价溢出效应

（一）静态博弈方程多元线性回归

根据式（5.20）：

$$P_t = P_t^* + \frac{1}{D_1}\{(M_t - M_t^*) + (D_1 - c_2)K(P_{t-1} - P_{t-1}^*)$$

$$+ 2D_2\rho_t + (2D_2 + c_3)(r_t - r_t^*)\} + \sigma_t$$

因此可以建立简单的多元表达式：

$$P_t - P_t^* = \alpha(M_t - M_t^*) + \beta(r_t - r_t^*) + \delta\rho_t + \varepsilon(P_{t-1} - P_{t-1}^*) + \sigma_t$$

$$(5.21)$$

由于变量太多，为了减少多重共线性，令 $(P_t - P_t^*)$ = $\mathrm{d}P_t$，$(M_t - M_t^*)$ = $\mathrm{d}M_t$，$(r_t - r_t^*)$ = $\mathrm{d}R_t$ 将式（5.21）化简为：

$$\mathrm{d}P_t = \alpha\mathrm{d}M_t + \beta\mathrm{d}R_t + \delta S_t + \varepsilon\mathrm{d}P_{(t-1)} + \sigma_t \qquad (5.22)$$

因此式（5.22）就是物价溢出效应在中美货币政策博弈仅持续一期时的表达式。然而实际经济运行中，中美货币政策博弈必然不会只持续一期，而式（5.22）仅仅表示静态博弈，相应的动态货币政策博弈方程应在此基础上增减相应的货币政策的滞后指示变量，模拟出最佳的估计方程。

根据式（5.22）进行多元线性回归估计，得到估计方程，其主要结果如表5-8所示。首先，R^2 与调整的 R^2 的值都很高，分别为 0.972184 与 0.971341，较高的 R^2 值表明方程的拟合优度较高；其次，输出的 DW 值为 1.829895，在 2 附近，这表明回归方程不存在自相关；最后，从表5-8中可以看到，各个变量的 t 统计值和 P 值表明了各自的显著性，除了汇率之外，各变量均在 5% 的可置信水平显著。而汇率 S_t 较低的显著性，从侧面印证了对当期物价造成影响的并不止当期的货币政策博弈。

表5-8 多元线性回归结果

	$\mathrm{d}M_t$	$\mathrm{d}R_t$	S_t	$\mathrm{d}P_{(t-1)}$	C
估计系数	0.002347	0.001379	0.00503	0.871646	-0.004538
标准误差	0.001123	0.000741	0.015167	0.040259	0.001455
t 统计量	2.089558	1.860505	0.331655	21.65104	-3.119831
P 值	0.0386	0.0650	0.7407	0.0000	0.0022

（二）拟合动态博弈方程

由于实际情况中的中美货币政策博弈并不会一期就结束，而是不断进行的动态博弈过程，因此有必要在原本的一期模型中引入相关变量的滞后变量，重新对模型进行估计，以选择合适的拟合方程模拟物价的溢出效应。首先，撇开显著性水平较差的 S_t 不谈，对于 $\mathrm{d}M_t$ 和 $\mathrm{d}R_t$ 两个货币政策的主要代表变量先进行滞后变量的逐步带入和比较，一般情况下需要考虑的具有经济意义的滞后期有 $(t-1)$ 期、$(t-4)$ 期和 $(t-12)$ 期。将这些变量及其滞后期的不同组合带入原回归方程，通过重新回归的结果判断滞后变量是否有意义。

表 5 – 9　　　　　　　　　　　　逐步估计的主要过程参考

引入的滞后变量	估计结果是否显著
$dR_{(t-1)}$、$dM_{(t-1)}$	dR_t、$dR_{(t-1)}$、dM_t、$dM_{(t-1)}$)、S_t 的 P 值均不显著
$dR_{(t-1)}$	dR_t、$dR_{(t-1)}$、S_t 的 P 值均不显著
$dM_{(t-1)}$	dR_t、dM_t、$dM_{(t-1)}$、St 的 P 值均不显著
$dR_{(t-4)}$、$dM_{(t-4)}$	dR_t、$dR_{(t-1)}$、dM_t、$dM_{(t-1)}$、S_t 的 P 值均不显著
$dR_{(t-4)}$	dR_t、$dR_{(t-4)}$、S_t 的 P 值均不显著
$dM_{(t-4)}$	dR_t、dM_t、$dM_{(t-4)}$、S_t 的 P 值均不显著
$dR_{(t-12)}$、$dM_{(t-12)}$	dM_t、$dM_{(t-12)}$ 的 P 值均不显著
$dR_{(t-12)}$	均显著
$dM_{(t-12)}$	dM_t、$dM_{(t-12)}$、S_t 的 P 值均不显著

经过逐步试算和调整发现，货币政策中，货币供应量的变动（dM_t）对于物价变动的溢出集中在当期，其滞后变量对物价的影响并不显著；而利率的变动（dR_t）对于物价的溢出则存在滞后，并且具有经济意义的最优滞后期为 12 期，也就是 1 年。其次，在估计方程中引入 $dR_{(t-12)}$ 之后再对汇率 S_t进行讨论，是否有必要引入汇率的滞后变量，也即汇率对物价的影响在当期显著还是在后期。

表 5 – 10　　　　　　　　汇率变量当期与滞后期的比较

汇率变量的选择	方程估计的 R^2 值	汇率的 P 值
S_t	0.973842	0.0115
$S_{(t-1)}$	0.973678	0.0244
$S_{(t-4)}$	0.973858	0.0152
$S_{(t-12)}$	0.973611	0.0291

通过改变汇率变量所在的时期，分别估计了将方程中 S 处于当期、（$t-1$）期、（$t-4$）期和（$t-12$）期的拟合结果，从表 5 – 10 可见，R^2 变化是非常小的，因此对时期的选择应着重于变量的显著性。显然，当期的 S_t显著性水平最高，同时其他变量也具有较高的显著性水平。

经过以上步骤，最后估计得出的动态博弈方程为

$$dP_t = -0.006837 + 0.007422 \times dM_t + 0.003601 \times dR_t - 0.002873 \times dR_{(t-12)}$$

$$(-3.471244)(3.355808)(3.232339)(-2.581672)$$

$$+ 0.082668 \times S_t + 0.855095 \times \mathrm{d}P_{(t-1)}$$

$$(2.568006)(19.60370)$$

$$R^2 = 0.973842, \quad DW = 1.925298$$

对于该动态的货币政策博弈的物价溢出方程，较高的 R^2 意味着拟合优度同样较高，DW 值接近 2 说明方程不存在自相关，每个变量的 t 统计量都落在可置信区间外，因此显著性较高。

（三）异方差检验

异方差是相对于同方差而言的。所谓同方差，是为了保证回归参数估计量具有良好的统计性质，经典线性回归模型所做的一个重要假设前提：总体回归函数中的随机误差项满足同方差性，即它们都有相同的方差；反之，如果这一假定不满足，则称线性回归模型存在异方差性。

如果运用的是传统的最小二乘法估计模型，异方差的存在会使得到的参数估计量并不是有效估计量，甚至也不是渐近有效的估计量，所以此时也无法对模型参数进行有关显著性检验。异方差的检验可以通过直观简单的图示法，也可以进行检验，检验方法包括 Breusch – Pagan – Godfrey（BPG）异方差检验、Harvey 异方差检验、Glejser 异方差检验、White 检验等。

怀特（White）检验的方法比较简单方便，因此本章选择怀特检验来检验异方差。假设回归方程模型的形式为

$$y_i = \beta_0 + \beta_1 x_i + \beta_2 z_i + \mu_i \tag{5.23}$$

那么怀特检验的原理是，将原方程残差进行平方，用得到的新序列建立一个包含原方程中所有解释变量及其平方和交叉乘积项的辅助回归方程：

$$\tilde{\mu}_i^2 = \alpha_0 + \alpha_1 x_i + \alpha_2 z_i + \alpha_3 x_i^2 + \alpha_4 z_i^2 + \alpha_5 x_i z_i + \varepsilon_i \tag{5.24}$$

那么原假设为不存在异方差，也就是除了 α_0 以外的系数都等于 0。怀特检验可以通过 F 统计量或者 P 值来判断是否接受或者拒绝原假设。如果原模型中包含的解释变量较多，那么辅助回归中将会包含大量的变量，反而降低了自由度，因此可以进行 White 检验的不包含交叉项的异方差检验。

因此，对前文所估计出的回归方程进行怀特异方差检验。无论是 F 统计量还是服从分布的怀特统计量（$n \times R^2$），在 5% 的置信水平下都不显著，从表 5 – 11 中

可以明确看到三种检验方法的 P 值均大于 0.05，因此接受原假设，即原回归模型不存在异方差。同时，从表 5 – 12 所拟合的回归方程结果中也可以看到不包含交叉项的变量均不显著，而系数也不为零，因此这一方程不可能成立，异方差也不存在。

表 5 –11　　　　　　　怀特异方差检验（不包含交叉项）

F 统计量	0.796022	P 值 F (4, 132)	0.5546
观察值（n）$\times R^2$	4.044952	P 值 Chi – Square (4)	0.5430
Scaled explained SS	6.2565582	P 值 Chi – Square (4)	0.2812

表 5 –12　　　　异方差检验（不包含交叉项）的回归方程结果

	C	$dM_t\hat{\ }2$	$dR_t\hat{\ }2$	$dR_{(t-1)}\hat{\ }2$	$S_t\hat{\ }2$	$dP_{(t-1)}\hat{\ }2$
系数	2.13E – 05	– 9.93E – 07	3.41E – 07	4.99E – 06	0.000439	– 0.003565
标准误差	9.09E – 06	2.58E – 06	4.68E – 06	3.51E – 06	0.000833	0.007957
t 统计量	2.339964	– 0.384154	0.072853	1.418808	0.526302	– 0.448092
P 值	0.0209	0.7015	0.9420	0.1585	0.5996	0.6549

（四）结论

由斯塔克伯格博弈以及两国政策协调模型推导出的函数方程进行多元线性回归，但由于基础方程是基于只存在一期博弈的假设前提下，同时实证结果也表明只有一期的博弈并不理想。通过在基础的静态博弈方程内引入滞后变量，逐步回归和比较得到最优的回归模型。因此动态的博弈方程可以表示为

$$dP_t = -0.006873 + 0.007422 \times dM_t + 0.003601 \times dR_t - 0.002873 \times dR_{(t-12)}$$
$$(-3.471244)(3.355808)(3.232339)(-2.581672)$$
$$+ 0.082668 \times S_t + 0.855095 \times dR_{(t-1)}$$
$$(2.568006)(19.60370)$$

该方程拟合优度较高，且不存在自相关异方差，各变量的显著性水平也较高。据此，中美货币政策博弈的物价溢出效应方程就可以表示为

$$P_t = P_t^* - 0.006837 + 0.007422 \times (M_t - M_t^*) + 0.003601 \times (r_t - r_t^*)$$
$$- 0.002873 \times (r_{t-12} - r_{t-12}^*) + 0.082668 \times \rho_t + 0.855095 \times (P_{t-1} - P_{t-1}^*)$$

$$(5.25)$$

其中，货币供应量和利率调整的中美差额，正表明了中美货币政策之间的博弈关系。在经济意义上，$(M_t - M_t^*)$ 的波动对物价的影响在当期显著，表明货币供应量作为货币政策中介目标，其传递较为迅速，且在长期内影响较小；而 $(r_t - r_t^*)$ 与 $(r_{t-12} - r_{t-12}^*)$ 的共同存在，表明利率在长期中也影响着物价的波动。ρ_t 和 $(P_{t-1} - P_{t-1}^*)$ 代表了并非直接来自货币政策博弈的影响，前者与汇率政策息息相关，因为"三元悖论"而间接包含了货币政策博弈，后者则是前一期对当期物价的预期，亦影响着本期货币政策的调整。

第五节　结论与政策建议

一、研究结论

本章通过理论分析，以及运用建立 VAR 和多元线性回归，对美国货币政策对中国的溢出进行了实证检验和分析，综合起来可以得到以下几条结论：

1. 我国货币政策确实受到美国货币政策的影响。同为一阶单整的联邦基金利率 FFR 与中国广义货币取对数得到的 $\ln M_2$ 经格兰杰因果检验，发现 FFR 是 $\ln M_2$ 的格兰杰原因。也就是说，作为两个货币政策中介变量的 FFR 和 M_2 确实存在因果关系。

2. 中国的货币政策中介目标广义货币 M_2 受到美国货币政策衡量指标货币供应量 M_1 和联邦基金利率 FFR 的影响。在 VAR 模型中可以看到，最优滞后期为 4 个月。当 M_1 取对数 $\ln M_1$ 增加一个单位，带给同为对数形式的 $\ln M_2$ 的影响逐渐增加到 7 个月后的 0.3% 再逐渐消弱。而 FFR 所代表的利率增加一个单位，$\ln M_2$ 受到的影响在之后的 5 个月内先增加再减弱为零，继而变成负面影响。在经济意义上，美国 M_1 增加说明了宽松的货币政策环境，较高的流动性和较低的利率将导致美元流向中国，导致人民币升值压力增加，因此中国将选择增加货币供应量以减轻升值压力，在几期之后这种影响将逐渐减弱。同样的，FFR 增加表明美国物价上升、投资和产出减少，人民币同样遭受升值压力、净出口减少，因此中国的货币政策将趋于宽松，但几期之后美国蒙代尔—弗莱明模型达到新的均衡之后利率水平又会回落，因此中国的货币政策将会重新收紧。

3. 中国的物价水平受到中美货币政策博弈的溢出效应影响。对于经过理论推导的物价溢出效应方程式（5.20），进行化简得到中美货币政策静态博弈的方程模型。静态模型经过回归，拟合优度较高但是变量显著性水平仍有不足，从侧面印证了博弈并非静态。因此实证检验在此在静态方程的基础上取消了博弈仅持续一期的假设，引入滞后变量，将静态的博弈转换成为动态的博弈，这一过程需要逐步的引入调试和比较，最后发现物价的变动受到货币供应量的影响主要存在于当期，而利率的影响则在长期中也较为显著。新的博弈模型可参考式（5.25），作为最终的物价溢出方程，表示了中美货币政策博弈造成了中国的物价溢出效应，来自两国货币供应量的影响在当期就能体现，而利率的影响似乎更加长久，滞后期1年与当期共同作用；此外汇率作为货币政策和物价的传递渠道，在当期对物价也产生影响。

二、政策建议

物价稳定是货币政策的最终目标。中美货币政策博弈对我国物价具有溢出效应，表明我国货币政策的独立性受到了一定的冲击，而"美国领导，中国跟随"的博弈模式使得中国货币政策的制定必然受到美国货币政策的影响。在宏观审慎成为主流观念的后金融危机时期，熨平来自国外的货币政策冲击似乎是应当的措施，然而实际操作并非那么简单。再者站在国家政治角度，美国一直试图遏制中国经济的势头，量化宽松政策也包含"以邻为壑"的目的，因此面对美国货币政策的冲击，一味地"跟随"调整显然并非长久之计。

因此结合本章的理论及实证分析和得出的结论，对于中国货币政策的建议主要在于两个方面，一是在中美货币政策博弈中尽量保持货币政策的独立性；二是提高中国的经济地位，改变中美货币政策的博弈模式。保持货币政策独立性是在现有的中美博弈关系基础上，为了保证货币政策对物价调控的有效性，应做到增加物价对本国货币政策的弹性、降低对国外货币政策冲击的弹性以及增加对汇率的弹性。

首先，加强中央银行的独立性，提高货币政策的有效性，同时加强宏观审慎。尽管由于历史及政治的原因，中国人民银行的独立性较弱，但央行也应该积极进行改革或发展，借鉴西方发达国家央行独立性的经验。在《中国人民银行法》通过以后，多数学者已经接受了将币值稳定固定为单一目标或双重目标、首要目标的观点，但是在政府的实际宏观经济调控中，可能依然表现出兼顾原本的物价稳定、充分就业、经济增长和国际收支平衡四大目标，这四个目标之间存在着一定的矛盾，兼顾的话会使得货币政策的效力分散。在货币政策中介目标的选择上，应该加快利率市场化进程，货币供应量作为我国的货币政策中介目标在稳定物价方面效果较好，但调整的灵活性并不如利率理想，因此我国应当加快利率市场化，从而可以根据具体情况灵活选择中介目标。国际金融危机之后，宏观审慎理念开始提出，在 2011 年初，中国人民银行引入差别准备金动态调整机制，宏观审慎政策框架开始构建。宏观审慎的核心理念是从宏观的、逆周期的视角采取措施，防范由金融体系顺周期波动和跨部门传染导致的系统性风险，维护货币和金融体系的稳定。宏观审慎的货币政策，需要中央银行具有较强的独立性、货币政策传导的有效性以及货币政策效果反馈的灵敏性，因此我国货币政策的中介目标和最终目标确实需要进行更好的调整。

其次，完善汇率制度，增强汇率弹性。根据克鲁格曼的"不可能三角"，一国货币政策独立、汇率稳定和完全的资本流动这三个目标不可能同时实现，因此，随着中国经济开放程度的提高，资本管制逐渐放松，有必要推进汇率制度的改变以使我国货币政策的独立性得到保持和增强。并且在我国逐步的金融自由化改革中，增强汇率的弹性不但可以有效抵御投机冲击，还有利于资本账户自由化等更深层次的改革。但同时也应该认识到，中国目前仍是处于经济结构不断变动和经济不断发展的阶段，自由浮动的汇率并不适合中国国情，有管理的浮动汇率制更具灵活性，可以使中国的货币政策在资本流动更加自由的条件下更具有自主性。再者，宏观政策调控工具中汇率工具的使用，可以对国际收支的不平衡进行更有效的调节。不过在经常项目开放的同时，强化资本项目的开放必须更加审慎，否则货币政策容易受制于金融市场的波动，独立性仍然较难实现。因此，完善汇率制度不仅仅是将固定汇率改变成浮动汇率制，而是要适时干预外汇，保持国内外利率的动态一致，以防范资本盲目流动引发金融和经济动荡。

最后，增强经济实力，提高人民币地位，改变政策协调模式。增强中国的经济实力，掌握足够的货币政策协调话语权，是长期和最终的目标。在 2014 年中国人民银行的工作会议上，央行就提出这一点，要深入参与国际经济金融政策协调和规则制定，增强我国的国际地位和话语权。美元是主要国际货币，然而美国却又不愿承担维持美元基本稳定的责任和义务，将通货膨胀成本和金融危机治理成本转嫁，中国的货币政策独立性受到冲击，被迫承担一定的成本和负担。只有中国的综合国力得到提高，在世界政治与经济的地位得到提升，人民币的重要性得到提升，才能对货币政策霸权说"不"。因此在现阶段，一方面中国应加强与周边国家的双边、多边对话与协商，广泛开展区域货币政策协调；另一方面应积极与新兴经济体之间建立新的合作机制，共同抗衡目前由发达国家主导的世界经济制度，保障自身利益不受侵害。在中长期内，中国应加快人民币国际化，提高人民币地位。虽然中国的国民生产总值已经达到世界第二的水平，对外贸易额世界第一，经济增长速度高于世界平均水平，但人民币的国际化程度却远远不及美国。中国目前拥有大量的外汇储备，面对主要储备货币国家，特别是美国的话语权受到了限制，博弈中的地位也因此较低。所以，逐步推进人民币国际化，不仅可以减少持有大量外汇带来的财富流失，有助于改善对外贸易的环境，更可以提高在世界经济中的地位。具体的进程应该保持审慎态度，从周边国家、发展中国家和新兴经济体开始，逐渐扩张，积累实力和资本，最后获得发达国家的认可。

第六章

开放经济下中国货币财政政策的非对称效应

在后金融危机时期，以货币和财政政策为代表的宏观调控受到理论界和政策制定者的空前关注。本章选取 1996 年 1 月至 2010 年 8 月的月度数据，通过构建多变量的马尔可夫区制转移向量自回归（MSVAR）模型，实证检验了开放经济条件下我国货币财政政策的非对称效应。模型估计结果支持以通货膨胀率、股市收益率和人民币兑美元汇率的升值速度作为描述三区制经济状态的指标变量。分区制的累积脉冲响应分析表明，在不同状态区制下，货币供应量、信贷、利率、财政支出和人民币汇率对经济系统具有非对称的影响。

第一节　研究概述

一、研究背景

为了应对 2008 年国际金融危机引致的全球性经济衰退，世界各国相继推出积极的财政政策和宽松的货币政策组合提振经济。目前，世界经济呈现复苏不均衡的特点，以中国和印度为代表的新兴市场国家经济增长强劲，而美国、日

140

本和欧洲等发达国家和地区仍然面临经济低迷、失业率居高不下的窘境。正值亚洲国家为了应对通胀预期纷纷加息并引导货币条件回归常态之时，发达国家却在酝酿重新开启定量宽松货币政策的大门，加之对于政府投资出于保增长而未能有效优化经济结构的诸多质疑，中国的货币财政政策陷入诸多两难之中。宏观经济政策在操作方向上的选择，依赖于我们对货币财政政策在不同经济周期阶段、资本市场态势以及制度框架下作用机制的分析和判断。面对纷繁复杂的利害权衡、政策取舍，传统的基于线性假设的经济学分析视角已经无法有效地解决中国当前的宏观经济现实。理论和实证研究均表明，中国的货币财政政策操作存在明显的非对称性，具有很强的非线性特征。

二、文献回顾

基于衡量货币政策的变量（货币供应量、利率或者货币政策状况指数）不同，货币政策非对称性的研究成果较为繁杂。绝大多数文献专注于研究货币供应量冲击对产出和价格水平的非对称效应，按其性质可以划分为正负向冲击、不同规模冲击、不同预期冲击以及不同经济周期下冲击的非对性效应。Cover（1992）以及Ravn 和 Sola（1996）实证研究了正负向、不同规模以及是否预期到的货币政策冲击对产出的非对称性效应。Thoma（1994）、Garcia 和 Schaller（1995）以及 Weise（1999）考察了货币供给冲击在不同经济增长阶段的非对称效应。Ball 和 Mankiw（1994）以及 Tsiddon（1993）认为货币冲击对通货膨胀的效应是非对称的，即通货膨胀对正向货币冲击的反应要比对负向货币冲击的反应更强。

在其他货币政策变量选择上，Morgan（1993）分别选取联邦基金利率和基于政策制定者申明编制的描述性指数来度量货币政策的状态，均证实紧缩性货币政策能够显著地减少产出，而宽松性货币政策的产出效应有限；Choi（1999）基于 MIMC 模型构建了美联储的货币政策状况指数，并将其划分为宽松、紧缩和中性的货币政策区制，通过门限自回归证实了在不同的政策区制下货币供给冲击对利率的非对称性影响。此外，货币政策冲击不仅仅对产出和价格水平具有非对称性的影响，Garibaldi（1997）、Florio（2006）、Dell'Ariccia 和 Garibaldi（1998，2000）研究发现以市场利率变动为代表的货币政策冲击对劳动力市场、金融资产定价以及银行信贷行为均会产生非对称的效应。

国内学者对于中国货币政策的非对称效应也展开了深入的研究。在以货币供给量为政策变量的产出效应方面，陆军和舒元（2002）、刘金全和刘兆波（2003）及刘金全和郑挺国（2006）研究发现，正负向货币供给冲击对产出影响存在明显的非对称性；郑挺国和刘金全（2008）研究得出我国货币对产出的影响关系的非对称性依赖于经济周期的高速增长和低速增长阶段、货币供给的高速增长和低速增长阶段以及通货膨胀率的加速和减速阶段。在价格非对称效应方面，谢平（2000）与万解秋和徐涛（2001）研究认为，货币政策表现出明显的非对称性，与治理通货膨胀相比，扩张性货币政策应对通货紧缩的效果不明显。有学者同时研究了货币供给对产出和价格的非对称效应，冯春平（2002）采用滚动 VAR 方法对货币供给冲击对产出和价格的影响进行实证研究，发现货币冲击的影响有明显的变动性，自引导检验（bootstrapping test）强烈拒绝产出与价格脉冲响应不变的零假设；刘金全等（2009）基于 1990—2008 年间月度数据，采用对数平滑迁移向量自回归（LSTVAR）模型检验发现，随着货币供给冲击方向、规模以及经济周期阶段的变化，货币政策对实际产出和通货膨胀序列的作用具有非对称性。

同时，学者也逐渐意识到仅以货币供应量作为衡量货币政策意图的指标有失偏颇，货币供应量变化并不总能反映货币政策的调整。赵进文和闵捷（2005a，2005b）同时选取货币供应量和利率两个货币政策工具变量，分别运用 LSTR 模型和 T－O－O 网格点搜索法得出我国货币政策操作效果呈现出明显的非对称和非线性特征。石柱鲜和邓创（2005）基于对我国自然利率的定量估计研究发现，在经济繁荣阶段，紧缩性货币政策可以有效地抑制经济过热和通货膨胀，而在经济萧条阶段，扩张性货币政策刺激经济增长的作用不仅不大，还会引起物价水平的大幅上涨。吴婷婷（2009）研究得出，正负向利率冲击对我国宏观经济的影响也呈现非对称效应，且利率冲击对物价的非对称效应强于利率冲击对产出的非对称效应。

刘金全和范剑青（2001）认为中国经济周期的非对称，主要是由于财政政策、货币政策以及固定资产投资的非对称性造成的，而价格水平和总需求等因素却表现出较为明显的稳定性。对财政政策非对称性的研究大多集中在财政收支变动对产出、私人消费和储蓄的非对称影响，代表性文献有 Alesina 和 Perotti

（1997）、Giavazzi 和 Pagano （1990）、Tagkalakis （2004） 以 及 Giavazzi 等（2000）。学者还研究发现，财政调整（减少公共财政的不平衡）对经济增长的影响存在门限效应，如 Giavazzi 和 Pagano （1990）、Alesina 和 Perotti （1997）、Rzonca 和 Cizkowicz （2005） 等。还有学者试图研究财政政策变量在经济周期不同阶段的非对称变动，Sorensen （2001） 选取美国 48 个州的数据研究发现，在经济繁荣时期，州政府税收收入立即上升而支出基本保持不变；在经济下行时，税收收入和支出都会下降。刘金全等 （2003） 研究发现，中国财政收入和财政支出在经济扩张和收缩阶段具有非对称的反应，而且预算盈余也表现出明显的非对称迹象。

　　本章对财政政策非对称性的研究定位于财政支出冲击在不同的区制下对产出和价格等宏观经济变量的非对称性影响。Perotti （1999） 选取 19 个 OECD 国家年度数据研究发现，相对于正常时期，政府财政收支冲击在财政紧张阶段对私人消费的影响更大。王立勇和李富强 （2009） 实证表明，无论是产出效应还是通货膨胀效应，我国财政政策均存在明显的非对称性：扩张性财政政策的产出效应明显大于紧缩性财政政策的产出效应，且对产出的影响也更为持久，同样，扩张性财政政策对价格的影响也比紧缩性财政政策的影响要显著持久。王立勇等 （2010） 选取 1952—2008 年年度数据通过区制转移向量自回归模型和区制转移向量误差修正模型验证了我国财政政策具有显著非线性效应，按照财政政策对经济增长的效应可以划分为凯恩斯效应区制和非凯恩斯效应区制。

　　中国股票市场经过十几年的发展逐渐成为宏观经济晴雨表，宏观经济政策调控与股票市场存在强相关性 （周晖，2010）。在传统研究货币供应量、利率和银行信贷等对中国股票价格影响的基础上，学者开始关注于当股票市场处于不同的区制 （低迷期和膨胀期） 货币政策工具对股票价格影响的非对称性 （崔畅，2007；贺晓波和许晓帆，2009；倪玉娟等，2010）。董直庆和王林辉 （2008） 研究发现，我国财政货币政策对股市作用存在阶段性，且表现出非中性和非对称性特征，两者对股市冲击的持续时间有较大差异，财政政策冲击往往只存在短期效应，而货币政策冲击对股市长期波动具有显著影响。相比之下，财政政策对我国股市影响力相对更小。同时，股票市场的存在使得货币政策与通货膨胀的关系变得更加复杂，易纲等 （2002） 研究指出，货币供给数量与通货膨胀的关系不仅取决于商品和服务的价格，而且在一定意义上取决于股市：通过相当一部分在股票市场溢出，货币供给量的增加会部分转化为普通商品价格的上升。历史数据和模型仿真也证实，在股市繁荣时通货膨胀往往处于较低的水平（Christianoet al，2008）。

纵观已有文献，本章对货币财政政策非对称效应的研究做了以下三个方面的拓展。第一，基于信贷渠道在中国货币政策传导机制中的主导地位（周英章和蒋振声，2002；蒋英琨，2005），国内文献鲜有具体研究银行信贷对产出和价格的非对称效应，同时，结合2009年金融机构非常规信贷投放的背景，有必要研究此番信贷极度宽松在拉动经济复苏与催生通货膨胀中的作用。因此，在货币供应量和利率之外，引入信贷变量全面考察中国货币政策非对称效应，具有重要的理论和现实意义。第二，在研究货币财政政策非对称性的框架下，引入股票市场行情的代理变量。股票市场能够影响货币财政政策的作用效力，股票市场处于不同状态区制时，货币财政政策可能会对经济变量产生非对称的影响。在货币财政政策的非对称性效应方面，引入股票市场变量将是全新的研究视角。第三，引入汇率变量研究开放经济条件下货币财政政策的非对称性效应。综合现有文献，仅王立勇等（2010）做过类似的研究尝试。在经济金融全球化的今天，中国货币财政政策的制定和实施效果越来越受到外部经济环境和货币政策的影响，汇率渠道在中国货币政策传导途径中发挥越来越重要的作用。另外，国际宏观政策协调的重要性在金融危机后显得愈加重要，在开放经济条件下考察货币财政政策的非对称效应有助于分析中国当前宏观经济政策面临的诸多两难选择，以期找寻能够有效缓解调控矛盾和避重就轻的政策方向。

为了研究在不同区制下货币财政政策冲击对于产出和价格的非对称效果，运用传统的常系数线性模型（包括 VAR 和非 VAR 方法）可能造成设定误差，更不能准确刻画经济变量之间的关系。采用变参数模型或非线性模型能够在一定程度上解决货币财政效应的不确定性问题，常见的非线性模型主要包括两类：一类是 Hamilton（1994）提出的马尔可夫区制转移（Markov Regime Switching）模型，另一类是包括门限自回归模型在内的平滑迁移自回归（Smooth Transition Auto Regressive，STAR）模型。本章选取马尔可夫向量自回归模型方法，借助分区制脉冲响应函数来全面分析宏观经济政策的非对称效应。

基于此，本章拟对开放经济下中国货币财政政策的非对称效应做进一步研究，结构安排如下：第二部分构建马尔可夫区制转移向量自回归模型；第三部分是数据说明 MSVAR 模型估计和分区制的累计脉冲响应函数分析；最后是结论及政策建议。

第二节 马尔可夫区制转移模型构建

马尔可夫区制转移向量自回归（MS – VAR）模型可以被认为是对基本的有限阶向量自回归（VAR）模型的发展，其主要特征是模型回归参数依赖于不可观测的区制变量而发生变化，而且该区制变量的实现服从于一个离散时间、离散状态马尔可夫随机过程。

MSVAR 模型的一般形式可以表示为

$$y_t - \mu(s_t) = A_1(s_t)(y_{t-1} - \mu(s_{t-1})) + \cdots + A_p(s_t)(y_{t-p} - \mu(s_{t-p})) + u_t$$

$$(6.1)$$

其中，$u_t \big| s_t \sim NID(0, \sum(s_t))$，参数转移函数 $\mu(s_t), (s_t), A_1(s_t), \cdots A_p(s_t)$ 依赖于区制变量 s_t 所处的状态：

$$\mu(s_t) = \begin{cases} \mu_1 & s_t = 1 \\ \vdots & \vdots \\ \mu_p & s_t = M \end{cases} \quad (6.2)$$

其中，区制变量 $s_t \in \{1, \cdots, M\}$ 服从离散时间、离散状态的马尔可夫链过程，各状态间的转变通过转移概率表示，从区制 i 到区制 j 的转移概率为

$$p_{ij} = \Pr(s_{t+1} = j \mid s_t = i), \sum_{j=1}^{M} p_{ij} = 1, \forall i, j \in \{1, \cdots, M\}. \quad (6.3)$$

对于 MSVAR 模型，要对上述 M 状态的马尔可夫链过程附加遍历性和不可约性的假设（Krolzig, 1998）。进而，转移矩阵可表示如下：

$$P = \begin{bmatrix} p_{11} & p_{12} & \cdots & p_{1M} \\ p_{21} & p_{22} & \cdots & p_{2M} \\ \vdots & \vdots & \ddots & \vdots \\ p_{M1} & p_{M2} & \cdots & p_{MM} \end{bmatrix} \quad (6.4)$$

其中，P 满足正则性约束，即 $p_{iM} = 1 - p_{i1} - \cdots - p_{iM-1}, i = 1, \cdots, M$。

根据均值、截距、自回归参数和方差是否依赖转移变量 s_t 所处的状态，MS-VAR 模型可以表现多种具体形式：MSM – VAR、MSI – VAR、MSA – VAR 和 MSH – VAR；不同搭配组合又可以细分为 MSMH – VAR、MSIH – VAR、MSMA – VAR、MSIA – VAR 及 MSMAH – VAR 和 MSIAH – VAR 等具体形式。例如，2 区制、滞后 3 阶的截距和方差调整的 MSIH（2）– VAR（3）模型形式为

$$y_t = \nu(s_t) + A_1 y_{t-1} + A_2 y_{t-2} + A_3 y_{t-3} + u_t \tag{6.5}$$

其中，$u_t \sim NID(0, \sum(s_t))$。当 $s_t = 1$ 时，$\nu(s_t) = \nu_1$，$\sum(s_t) = \sum_1$；当 $s_t = 2$ 时，$\nu(s_t) = \nu_2$，$\sum(s_t) = \sum_2$。

第三节　基于 MSVAR 模型的实证检验

一、数据说明及变量平稳性检验

本章构建的模型主要包括产出增长率、通货膨胀率、财政支出增长率、货币供给增长率、信贷增长率、利率、股市收益率和人民币汇率升（贬）值速度等八个变量，囿于数据可得性，选择 1996 年 1 月—2010 年 8 月的月度数据作为样本。其中，本章利用财政支出的累积同比增长率衡量财政支出增长率（g），由于体制性等因素造成中国财政预算支出呈现 1、2 月低，12 月较高的特点，我们借鉴李晓芳等（2004）消除经济指标中春节因素的方法，对原始数据进行了预处理。基于 CPI 获得通货膨胀率序列（pai），即 $pai_t = \dfrac{CPI - 100}{100}$。由于无法获得 GDP 的月度统计数据，本章利用月度工业企业增加值同比增速表示产出增长率（y）。对于货币和信贷变量，分别利用货币 M_1 和金融机构人民币各项贷款的同比增长率表示货币供给增长率（m）和信贷增长率（l）。由于我国存贷款基准利率长期保持不变，选择银行间七天内同业拆借加权平均利率（r）代替利率变量。对于股市收益率，选取上证指数的对数收益率（r_s）表示。基于人民币兑美元汇率在中国货币政策操作中的重要性，我们选取人民币对美元

的加权平均汇率同比升（贬）值速度（ex）表示汇率变量。以上数据除上证指数取自锐思数据库外，其他均来自中经网统计数据库。

　　在建立 MSVAR 模型之前，有必要对所有数据进行平稳性检验，ADF 单位根检验结果表明，产出增长率、通货膨胀率、财政支出增长率、货币供给增长率、信贷增长率、利率、股市收益率和人民币汇率升值比率在 5% 的显著性水平下都是平稳序列。

二、MSVAR 模型选择及估计

　　本章构建包含产出增长率等八个变量的 MSVAR 模型，又以均值、截距、回归系数和方差是否区制相依进一步划分为具体的形式。在转移区制个数的选择上，郭明星等（2005）和刘金全等（2009）研究认为，三区制划分的做法，更加适合我国经济增长过程和经济周期波动的特点；刘金全等（2009）研究得出我国通货膨胀过程可以划分为"通货膨胀区制""通货紧缩区制"和"通货变化适中区制"三区制。本章借鉴已有的经验成果，结合研究实际初步选择三区制模型，并依据对数似然值、AIC、HQ 和 SC 准则判定滞后阶数，进而确定最优模型形式。表 6 - 1 比较了不同形式模型中相应判定指标的值。

表 6 - 1　　　　　　　　　　　模型选择依据

	Log Likelihood	AIC	HQ	SC
VAR（2）	4 006. 0259	- 44. 0693	- 42. 8025	- 40. 9465
MSM（3）- VAR（2）	3 883. 3320	- 42. 4061	- 40. 9773	- 38. 8839
MSMH（3）- VAR（2）	3 879. 6674	- 41. 5364	- 39. 5773	- 36. 7070
MSMA（3）- VAR（2）	2 384. 5590	- 22. 2363	- 18. 9221	- 14. 0663
MSMAH（3）- VAR（2）	2 384. 5590	- 21. 4087	- 17. 5642	- 11. 9316
MSI（3）- VAR（2）	4 042. 4326	- 44. 2349	- 42. 8061	- 40. 7127
MSIH（3）- VAR（2）*	4 448. 0271 *	- 48. 0693 *	- 46. 1102 *	- 43. 2399 *
MSIA（3）- VAR（2）	4 295. 4551	- 44. 2006	- 40. 8864	- 36. 0307
MSIAH（3）- VAR（2）	4 510. 8187	- 45. 8485	- 42. 0040	- 36. 3713

限于篇幅，表6－1没有列出所有模型中相应指标的值，在考察的所有兼具计量和现实意义模型形式中，MSIH（3）－VAR（2）模型的拟合效果是最优的。在选定的 MSIH（3）－VAR（2）模型中 LR 线性统计量的值为884.0028，卡方统计量的 P 值和 Davies 检验 P 值均为0.0000显著地拒绝线性模型的假设，说明设定非线性模型是合适的。

MSVAR 模型的估计是通过 EM 算法实现的，本章利用 OX－MSVAR 软件包进行了模型的参数估计和检验，详细估计方法可参见 Krolzig（1997）。表6－2给出了基于不同被解释变量的 MSIH（3）－VAR（2）模型的截距项和标准差的估计结果。根据表6－5给出的不同区制下样本划分情况，计算出各区制下相应变量的均值水平，如表6－3所示。

表6－2　　　　MSIH（3）－VAR（2）模型截距项和标准差估计结果

		通货膨胀率	产出增长率	上证指数收益率	人民币升（贬）值比率
截距	区制1	－ 0.007066	0.015024	0.028095	0.000010
		[－ 2.3879]**	[0.9355]	[0.6191]	[0.1056]
	区制2	－ 0.008837	0.017507	0.062287	0.000576
		[－ 2.6201]*	[0.9725]	[1.1879]	[0.8195]
	区制3	－ 0.002356	0.013890	0.140300	0.002640
		[－ 0.6650]	[0.7479]	[2.4977]**	[2.9973]*
标准差	区制1	0.004297	0.035384	0.059976	0.000121
	区制2	0.004492	0.023395	0.080638	0.004622
	区制3	0.005567	0.012395	0.116524	0.004596

注：方括号内为 t 统计量的值，＊和＊＊分别表示1%和5%的显著性水平下显著。Hamilton（1994）认为，在马尔可夫区制转移模型中，传统线性假设下的各种检验效果会非常差，在 t 检验下，绝大多数参数都通不过显著性检验。

表6－3　　　　　　　　分区制的变量均值水平

	pai*	y	g	m	l	rs*	r	ex*
区制1	0.007327	0.120378	0.158081	0.150957	0.135549	－ 0.00223	0.03694	0.001193
区制2	0.016065	0.146672	0.177313	0.167916	0.171145	0.00037	0.019972	0.027733
区制3	0.063167	0.150067	0.194981	0.180433	0.219571	0.046677	0.068437	0.031093

注：＊表示该变量在不同区制存在显著的差异。

表 6 - 2 和表 6 - 3 显示，通货膨胀率、上证指数收益率和人民币汇率升（贬）值速度在三个区制中存在显著差异。通货膨胀率在区制 3 的均值最大，达到 0.063167，在区制 1 的均值最小，仅为 0.007327。上证指数收益率在区制 3 的均值达到 0.046677，是区制 2 的 126 倍，区制 1 的平均收益率为负值，股市低迷。对人民币兑美元汇率来说，在区制 1 的平均升值速度仅为 0.001，人民币兑美元汇率基本保持固定，在区制 3 人民币汇率则大幅升值。基于三者作为被解释变量的相应回归方程中截距项的估计结果同样支持这些特征。由此可知，区制 1 描述的状态是"低通胀（紧缩）、股市低迷、人民币汇率基本固定"；区制 2 代表"通胀适中、股市温和、人民币汇率稳步升值"的状态；区制 3 描述的状态是"高通胀、股市膨胀、人民币大幅升值"。

图 6 - 1 给出了各区制的概率估计结果。如图 6 - 1 所示，1996 年我国经济顺利实现"软着陆"以后，1997 年中期出现轻微的通货紧缩，直到 2005 年 7 月推行人民币汇改以前，通货膨胀率一直处于较低水平，除了 2004 年通货膨胀率达到峰值外，期间人民币汇率基本上实行盯住美元的固定汇率制度，股票市场低位运行。对于区制 3 时期，多项价格改革负面影响和连续几年的高投资、高货币投放造成

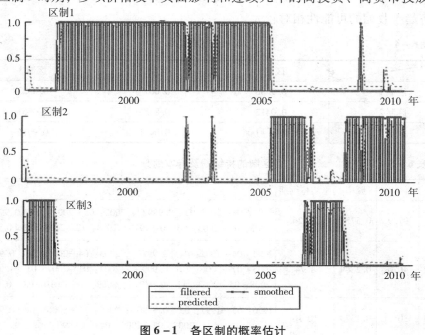

图 6 - 1 各区制的概率估计

1994—1995 年的严重通货膨胀，直到 1997 年 3 月，通货膨胀率才回归较低水平。2007—2008 年上半年，流动性过剩、石油和粮食等大宗商品涨价带来新一轮通货膨胀，同时，区制 3 期间中国股票市场经历了牛熊交替，股票市场异常活跃，人民币汇率大幅升值。总之，三区制划分能够较好地吻合经济现实。

  表 6 - 4 和表 6 - 5 分别给出了区制转移概率矩阵和各区制状态持续期的估计结果。经济运行处于同一区制的平均持续期为 $D_i = \dfrac{1}{1 - p_{ii}}$。表 6 - 4 和表 6 - 5 表明，当经济进入区制 1 后，维持在该状态下的概率为 0.9588，且经济处于该区制的频率最高，达到 57.58%，平均持续时间有 24.26 个月，说明区制 1 具有相当高的稳定性。从区制 1 转移到区制 2 的概率为 0.0412，向区制 3 转移的概率趋近于 0，同时，从区制 3 转向区制 1 的概率远小于转向区制 2 的概率，说明经济运行具有一定的平滑性，通胀水平、股市行情及汇率走势出现急剧转向的可能性极小。当经济处于区制 2 的适中状态时，向"高通胀、股市膨胀、人民币大幅升值"状态转移的概率（0.0471）小于转入"低通胀（紧缩）、股市低迷、人民币汇率固定"的状态（0.0673），转移概率上的非对称性也说明在区制 2 经济趋于收缩的可能性相对较大。

表 6 - 4   区制转移概率矩阵

j i	区制 1	区制 2	区制 3
区制 1	0.9588	0.0673	0.0323
区制 2	0.0412	0.8856	0.0661
区制 3	5.471e - 006	0.0471	0.9016

表 6 - 5   各区制的持续期及样本划分

	样本数	频率	平均持续期	样本划分
区制 1	97.9	0.5758	24.26	1997.04—2002.03 [0.9992]；2002：05—2003：03 [0.9946]；2003：05—2005：06 [0.9991]；2008：12—2008：12 [0.9948]
区制 2	46.0	0.2869	8.74	2002：04—2002：04 [0.9979]；2003：04—2003：04 [0.9996]；2005：07—2006：10 [0.9993]；2007：01—2007：01 [1.0000]；2008：05—2008：11 [0.9871]；2009：01—2010：08 [0.9963]
区制 3	30.1	0.1373	10.16	1996：03—1997：03 [0.9990]；2006：11—2006：12 [0.9646]；2007：02—2008：04 [0.9990]

三、分区制脉冲响应分析

（一）一单位通货膨胀冲击的脉冲响应

图 6-2 给出了不同区制下系统对通货膨胀率一单位正向冲击的累计脉冲响应。通货膨胀对来自自身的冲击均有较强的反应，在低通胀和高通胀区制下，经过 10 个月的持续期后缓慢减弱；而在适度通胀阶段，受到随机扰动冲击后，通货膨胀率则较大幅度地长期偏离稳定状态，表现出显著的通货膨胀惯性。在低通胀（紧缩）区制和高通胀区制下，通胀对产出均表现负向的影响，而在适度通胀状态下，通胀对产出增长率具有正向影响，具有显著的"托宾效应"。对于通胀冲击，货币供应量和信贷的响应不尽一致，前者在各区制下均显著下降，而信贷增长率水平则在区制 2 中表现出正向的反应。对于财政支出而言，在低通胀（紧缩）阶段，财政支出先立即上升，随后缓慢下降并转为负值，在区制 2 中，财政支出持续表现出正向的反应，在高通胀状态下，财政政策也倾向于紧缩以应对通胀恶化。股票收益率对通胀的负向响应（仅区制 2 的第一期有轻微正向反应）轨迹也支持了通货膨胀率与股票收益率之间的"代理效应"假说。在区制 2、3 中，通胀对人民币兑美元汇率升值速度均为正向影响，人民币表现出显著的"对内贬值对外升值"的现象。

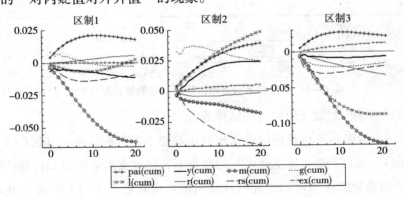

图 6-2　各区制下对通货膨胀冲击的累计脉冲响应

（二）一单位货币供给冲击的脉冲响应

如图 6-3 所示，在正向货币供给冲击下，通货膨胀率均立即上升，但在区制3 "股市繁荣、人民币大幅升值"状态下，通货膨胀上升缓慢且累计上升幅度均小于区制1、2，这也在一定程度上支持了资本市场分流资金进入实体经济以及人民币升值对通货膨胀具有抑制作用的论断。同时，在低通胀（紧缩）阶段，货币对产出没有显著拉动作用，即货币政策应对紧缩的产出效应有限，而在经济运行适中状态下能够促进产出增长，说明货币政策在不同的经济周期阶段对产出的效应具有非对称性。在区制2、3下，货币供应增长率上升带来股指收益率提高，并降低人民币同比升值速度，说明货币供给能够催生股市繁荣，并通过供求机制等冲抵人民币汇率升值的压力。信贷增速的响应轨迹表明，只有在区制2的状态下，货币供给增速上升反映到银行信贷的快速上升，在其他区制下，信贷增速反而下降。

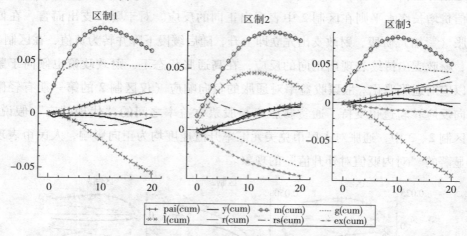

图6-3 各区制下对货币供给量冲击的累计脉冲响应

（三）一单位财政支出冲击的脉冲响应

图6-4给出一单位正向财政支出冲击对整个系统的影响。在区制1 "低通胀（紧缩）"和区制2 "适度通胀"的状态下，财政支出对产出和价格的拉动作用明显，但通货膨胀率对扩张性财政政策的响应存在5个月的时滞，并不立即表现出明显的反应，在区制3，给定一单位财政支出的正向冲击，通胀水平几乎没有响应，产出增长率则先缓慢上升后转而下降并在第10期后表现出负向的反应，说明高通胀的经济环境会抑制财政政策的产出效果，财政政策在紧缩阶段对经济的拉动作用更强。通过与图6-3比较可以发现，就产出效应来说，扩张

性财政政策的效果优于扩张性货币政策的效果；就价格效应来说，扩张性货币政策则更容易带来总体价格水平的上升。总体上来说，财政政策对股票指数收益率没有显著正向作用，虽然在区制 1 和区制 2 中股指收益率有短暂轻微上升。人民币汇率升（贬）值的速度对财政政策的冲击则表现出迥异的反应轨迹。

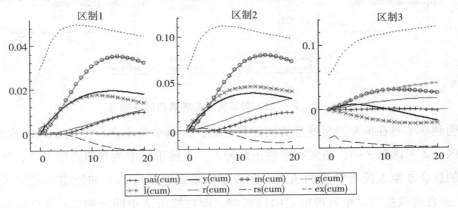

图 6-4　各区制下对财政支出冲击的累积脉冲响应

（四）一单位信贷增速冲击的脉冲响应

图 6-5 显示了不同区制下信贷扩张对经济系统的影响。对于给定的一单位正向信贷增速的冲击，产出增长率和通货膨胀率均缓慢地上升，第 20 期的累积响应程度表现为区制 3 最大（0.06），区制 2 次之（0.0125），区制 1 最小（0.01），也说明在紧缩阶段以信贷为标志的扩张性货币政策对产出的效应较小，货币政策的产出效应具有非对称性，且信贷扩张的通胀效应比产出效应更微弱，通货膨胀率表现出较长时间（8~10 个月不等）的时滞。在各区制下，货币供给增长速度均表现出不同程度的上升，证实了信贷扩张带来货币供给的快速增长。在区制 2 和区制 3 的状态下，银行间利率水平负向波动，说明在宽松的信贷环境下，银行间资金供需不太紧张，拆借利率趋于下降。在各区制状态下，面对信贷增速上升，股票市场收益率立即小幅上升后转为负向响应，不支持银行信贷资金介入股市对资产泡沫的推动作用。

（五）一单位利率冲击的累积脉冲响应

如图 6-6 所示，一单位正向利率冲击对产出增长率和通货膨胀率均表现为负向的影响，而且在区制 3 的"高通胀"状态下通货膨胀率下降的幅度更大，

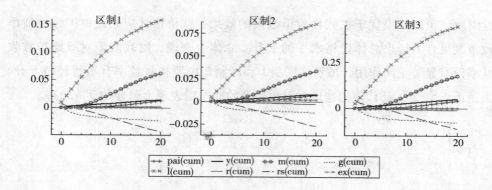

图6-5　各区制下对信贷冲击的累积脉冲响应

说明利率工具在抑制通货膨胀方面效果显著，但也会带来产出增速下降的成本。在区制2和区制3中，给定利率的正向冲击，人民币汇率的升值速度上升，证实了加息会加剧人民币升值的压力。在股票市场低迷的区制1和股市膨胀的区制3，加息对股指收益率表现出正向的影响，而在股市适中的区制2，加息则会明显地打压股市，说明以利率调控为代表的货币政策对股票市场的影响存在非对称性。在不同区制下，利率上升后均伴有货币供给增速的下降，说明实施紧缩性利率政策也得到了货币供给收缩的政策配合。

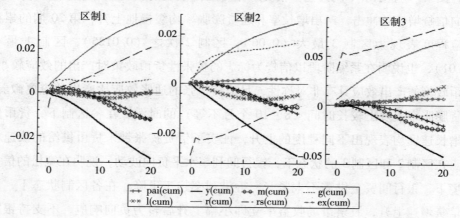

图6-6　各区制下利率冲击的累计脉冲响应

（六）一单位人民币汇率冲击的累积脉冲响应

如图6-7所示，在人民币加速升值的冲击下，通货膨胀率经过一段时间的时滞后趋于下降，说明在一定条件下，人民币升值和通货膨胀之间存在替代关系，但试图通过人民币升值来应对通货膨胀在短期内不具有可行性。加速升值对产出增长率的影响是负向的，同时对货币供给增长率也是负的影响，表明一定程度内放开人民币升值，打破单边升值预期，有助于通过贸易收支调整和减缓热钱投机性流入，减少外汇占款，进而降低货币供给增长速度。比较各区制下的脉冲响应图，发现在人民币汇率基本固定的区制 1 状态下，加速升值对产出的负向作用最小（不到 0.001），仅为 2、3 区制的 1/20，说明汇率政策操作对产出影响也存在非对称性。在人民币加速升值的冲击下，利率水平下降，这避免了利率上升加剧人民币升值的不利局面，可视为经济运行中良性的自我修正机制。

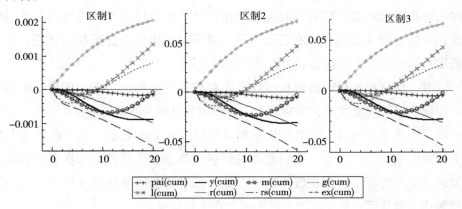

图 6 - 7　各区制下汇率冲击的累积脉冲响应

第四节　结论及政策建议

本章选取我国月度数据，构建了包含产出增长率、通货膨胀率、财政支出增长率、货币供给增长率、信贷增长率、利率、股市收益率和人民币汇率升（贬）值速度共八个变量的马尔可夫区制转移向量自回归（MSVAR）模型，非线性检验结果表明，MSIH（3）- VAR（2）的模型形式能够较好地拟合数据和经济运行特征。区制 1 表示低通胀（紧缩）、股市低迷和人民币兑美元汇率基本固定的状态；区制 2 代表通货膨胀处于温和水平、股市适中和人民币汇率稳步升值的状态；区制 3 代表高通胀、股市膨胀和人民币兑美元汇率大幅升值的状态。本章利用分区制的累积脉冲响应函数研究发现，在不同区制状态下，我国货币财政政策冲击具有非对称效应。主要结论如下：

第一，在不同区制状态下，通货膨胀冲击对系统存在非对称影响。在低通胀（紧缩）区制和高通胀区制下，通胀对产出均表现负向的影响，而在适度通胀状态下，通胀对产出增长率具有正向影响，表现出显著的"托宾效应"。同时，给定一单位的通货膨胀冲击，财政政策也表现出非对称的响应轨迹。

第二，在不同状态区制下，货币政策冲击对系统存在非对称效应。就货币供给冲击而言，在股市繁荣、人民币大幅升值的状态下，通货膨胀上升缓慢且累计上升幅度最小，说明了资本市场能够一定程度上分流资金进入实体经济，同时人民币升值对通货膨胀具有抑制作用；货币供给冲击对产出也具有非对称效应，在低通胀（紧缩）和高通胀阶段，货币对产出没有显著拉动作用，而在经济运行适中状态下则能够显著促进产出增长。

同时，信贷扩张对产出增长也具有非对称效应，相比之下，信贷扩张的通胀效应比产出效应更微弱，通货膨胀率的响应具有较长时间的时滞。

对于利率冲击而言，产出增长率和通货膨胀均负向变动，在"高通胀"状态下，负向效应最为显著。在股票市场低迷和股市膨胀阶段，加息对股指收益率表现出正向的影响，而在股市适中时期，加息则会明显地打压股市，以利率调控为代表的货币政策对股票市场影响存在非对称性。

第三，对财政政策而言，在低通胀（紧缩）和适度通胀时期，财政支出对产出和价格的拉动作用明显，但通货膨胀率对扩张性财政政策的响应存在一定时滞，在高通胀阶段，财政支出的正向冲击对通胀几乎没有影响，产出增长率则呈现由正转负的反应，高通胀的经济环境抑制了财政政策的产出效应，财政政策效应具有非对称性。

第四，在人民币加速升值的冲击下，通货膨胀率经过一段时间的时滞后趋于下降，即人民币升值和通货膨胀之间存在长期替代关系。在低通胀（紧缩）、人民币汇率固定阶段，加速升值对产出的负向作用最小，汇率政策操作对产出的影响也存在非对称性。

鉴于货币、财政及汇率政策的实施效果依赖于特定的经济区制，在面对纷繁复杂的国内国际经济形势和利害取舍时，准确判断宏观经济状态，并以此制定科学合理的政策组合，对于破解政策困境、实现经济稳定增长具有重要的理论和现实意义。主要政策建议如下：

第一，立足政策交互效应，科学高效地搭配政策组合。货币政策的非对称性以及各种货币政策工具操作效果的差异性，要求我们在货币政策操作工具、时机、方向和力度的选择上更加谨慎，但不足以成为货币政策无效性的理由。在低通胀（紧缩）阶段，扩张性货币供给不能有效刺激产出，但不能掩盖其在这轮经济危机中的广泛应用。实践证明，只要科学高效地将货币政策与其他政策工具搭配使用，就能实现预期的政策目标。例如，依据不同经济状态下货币政策和财政政策分别在产出和价格效应方面的比较优势，加强调控的针对性、科学性和前瞻性，以获得最佳的交互效应；同时，着眼"十二五"规划和产业结构调整，通过服务国计民生和协调产业政策，加强信贷投放在区域结构、城乡结构和产业结构间的优化配置。

第二，关注资产替代和政策时滞，防范隐含的通胀风险。从 2008 年 9 月开始，贷款基准利率和存款准备金率连续多次下调，2008 年末，中央启动 4 万亿元经济刺激计划并取消了对商业银行的信贷规模限制，2009 年全年信贷投放创天量达到 9.6 万亿元，在一系列超常规政策组合作用下，直到 2009 年 11 月 CPI 才同比转为正数，似乎不必担忧通货膨胀。然而，进入 2010 年，伴随农产品价格疯涨，9 月、10 月 CPI 同比上涨了 3.6% 和 4.4%，连续创下新高，通胀形势已愈加严峻。前期货币供给的大幅增加并没有立即进入实体经济转化为商品价格的上升，有相当一部分在股票市场和房地产市场溢出，期间货币的"迷失"现象鲜为人关注。另外，我们在强调信贷政策和财政政策在经济低迷时期具有显著的正向产出效应时，更不能掩耳盗铃，忽视其政策时滞所酝酿的通胀隐忧。

第三，增强人民币汇率弹性，加强汇率政策与货币政策配合。国际金融危机以来，人民币兑美元汇率保持稳定，这符合我国经济的自身利益也为全球经济复苏做出了贡献。面对通胀难题，由于加息在当前阶段对产出具有显著的负向效应，并出于利差扩大吸引投机热钱的担忧，利率政策的操作空间受到制约。货币发行过量是此番通货膨胀的首要原因，在连续调整存款准备金率冻结流动性的同时，还应该加强汇率政策与之协调配合。央行在货币政策执行报告中也曾指出"经济学的理论分析和各国的实践均表明，本币升值有利于抑制国内通货膨胀"。因此，在主动性和可控性前提下，可以适度加快人民币升值步伐，增强人民币汇率弹性，以此来缓解外汇占款长期带来的货币政策被动宽松，同时，要兼顾出口企业结构调整，加快经济发展方式转变，力求使可能发生的负面影响最小化。

第七章

开放经济下中国货币政策目标制选择

第一节　研究概述

一、研究背景

　　20 世纪 90 年代以来，伴随着以经济全球化与技术创新为核心的新经济时代的到来，许多国家的宏观经济政策有了重大调整，表现在货币政策方面，一个新的货币政策框架——通货膨胀目标制得以推行。自 20 世纪 90 年代初新西兰率先采用通货膨胀目标制作为货币政策框架以来，已有越来越多的工业化国家和中等收入国家开始采用这种新的货币政策制度。这些国家包括智利、加拿大、英国、澳大利亚、巴西、捷克、芬兰、以色列、波兰、南非、西班牙和瑞典等，其中捷克是第一个实行通货膨胀目标制的转型经济国家，而巴西则是第一个完全采用通货膨胀目标制的发展中国家。2001 年，韩国和泰国也开始实行这一制度，匈牙利和瑞士也紧随其后。通货膨胀目标制已成为当今世界最流行的目标规则。尽管如此，开放经济体中的另一种目标制度——汇率目标制仍值得研究。

目前西方发达国家的汇率浮动程度都较高，而一些新兴市场经济国家却依然采取固定汇率制或管制程度较高的汇率制度，汇率波动程度较小。固定汇率制度或管理程度较高的浮动汇率制度是否会造成经济福利的损失？在这些国家经济向前发展或转型过程中是否需要改变当前的汇率制度，建立通货膨胀目标制的框架？本章将对此进行实证判断。

二、文献回顾

二战之后，为促进世界经济复兴，国际社会建立了布雷顿森林体系，即美元与黄金挂钩、其他货币与美元挂钩的固定但可调整的国际汇率制度，减少汇率波动，维持经济稳定。但由于布雷顿森林体系内在矛盾及无法解决的"特里芬难题"，其于20世纪70年代崩溃，西方主要国家纷纷开始实行浮动汇率制。

20世纪80年代，新兴国家开始使用通货膨胀目标制的同时又对外汇市场进行频繁干预，维系钉住汇率制度。固定汇率制度又重新登上历史舞台，人们不禁质疑，固定汇率制或称为汇率目标制有何优点，能够博得新兴国家的青睐。

根据克鲁格曼"三元悖论"，开放经济下一国在资本完全流动时，无法同时保证汇率固定和货币政策独立。既然需要牺牲货币政策自由，为什么很多国家仍试图钉住某一外国货币，维持固定汇率制度？主要有以下三个原因：第一，汇率波动的不确定性会降低本国国际贸易规模，减少国际投资。此外，基于汇率波动带来的收益不确定性，工人和企业常要求政府限制进口，实施贸易保护政策。而锁定一国汇率可以降低贸易波动，从稳定的市场中获得最大收益，这也是布雷顿森林体系建立固定汇率体系的原因；第二，钉住汇率制理论上可以将本国通货膨胀程度锁定在目标国的水平，不论本国通货膨胀是由于政府预算赤字还是私人部门工资价格上涨引起的，这对一些欠发达国家特别是政局动荡的国家尤为重要；第三，钉住汇率制能够稳定国际贸易商品价格，稳定私人部门通货膨胀预期（Bruno，1991）。

正是基于以上三个原因，固定汇率制度才时常得到各国青睐。但以汇率为目标的国家越来越少，20世纪90年代，很多新兴市场国家也开始摒弃汇率目标制，本书认为主要原因有两个：首先，全球资本市场的发展使固定汇率制度在技术上就难以维系。每天外汇市场上数以十万亿美元成交额，已远超过任一国中央银行的外汇储备额。其次，国际金融市场上的对冲基金拥有资金数量也相当庞大，相对于一些小国，对冲基金拥有资金量已远远超出它们的储备额，一旦这些投机者冲击这些国家的汇率制度，这些国家很可能无法坚持固定汇率的承诺，带来恐慌性抛售，短期内使本国货币急剧贬值，形成货币危机。1997年东南亚金融危机就是典型的例子。

同时，汇率目标制与本国货币政策其他目标可能相冲突。Obstfeld 和 Rogoff（1995）认为，即使本国在每次投机冲击发生时，都有足够资源来抵御对本国固定汇率的影响，一国也是很难坚持固定汇率目标制，因为本国中央银行仍需考虑除汇率以外的其他经济目标。当本国面临投机性冲击时，中央银行为了抵御冲击，需要提高本国短期利率。这对以借短贷长的银行体系会产生巨大冲击，而且这些未预期到的利率上升对投资、就业、政府财政及收入分配都有很大负向影响。本国政府不可能为了维持汇率稳定而无视这些可能带来的副作用。所以很多时候有关固定汇率的承诺是不可信的，这种不可信的承诺在面对投机性冲击时将会尤其脆弱。这也是世界上大多数国家固定汇率制走向崩溃的主要原因。

鉴于此，很多国家在20世纪90年代开始，采取了另一种货币政策框架——通货膨胀目标制。其中多数新兴市场国家最初采用通货膨胀目标制的同时仍然试图维系钉住汇率制度。这些国家制定货币政策的理论基础在于，通货膨胀目标与汇率目标是可以并存的。一般来说，通货膨胀目标被摆在首位，当其与汇率目标相互冲突时，放弃汇率目标。

但 Debelle（1997）认为两种政策目标共存并不现实，从实践经验可以看到，中央银行很难向公众明确传达其稳定物价而非其他货币政策目标的意图。当汇率目标遭受压力时，货币当局面临两种选择，一是维持名义汇率目标，二是使汇率波动超出先前目标范围。但这两种方式都无法向公众传递中央银行稳定通货膨胀的意图和可信度。中央银行对外汇市场频繁干预和过分关注会向公众传递错误信息，即汇率稳定优先于物价稳定目标，进而削弱了通货膨胀目标制的实际效果。而且汇率目标的另一个问题在于，当汇率变动原因不同时，货币政策需要作出的反应也必须不同。如果一国货币贬值是由于纯粹的资产组合变动引起的，国内通货膨胀率将上升，货币当局的合理反应是紧缩银根、提高利率以控制通货膨胀；如果货币贬值发生在新兴市场国家，且该国有巨额外债的话，为避免本币的大幅度贬值引发金融不稳定，紧缩性货币政策在这类国家可能更为必需。另外，如果汇率贬值由实际的冲击引发，通货膨胀率没有明显上升，则此时需要中央银行不同于前者的政策反应。如果一国贸易条件恶化，对本国出口商品的需求降低，进而减少了总需求，对一国经济的冲击就可能是紧缩性的。在这种情况下，就需要货币当局降低利率刺激总需求。如果贸易条件恶化是因为进口价格上升，收入效应为负，则降低利率可以中和这种效应（曹华，2006）。

以上分析结论主要有两个，第一，开放经济下固定汇率制是不稳定的货币政策选择，不仅在于其技术上的不可行，更重要的是，汇率目标很可能与本国货币政策其他目标相冲突；第二，开放经济下汇率目标制与通货膨胀目标制无法长期共存，当本国中央银行为减少汇率波动而频繁干预本国外汇市场时，这一行为将降低通货膨胀目标制的可信度，进而使通货膨胀制对预期稳定的效力丧失。所以，对开放经济下各国来说，汇率目标制度并不是最优的货币政策体系。

本章为实证不同政策目标体系对开放经济体的影响，在第二部分建立开放经济下的新凯恩斯模型，第三部分分析实证结果，第四部分将阐述本章结论。

第二节 新凯恩斯模型的建立

本章首先建立开放经济体的新凯恩斯模型，与标准的新凯恩斯模型相同，包括垄断竞争和名义价格黏性等假设。

（一）居民

模型中组成包括：代表性居民 j、垄断竞争型的企业和货币当局。模型中不含资本，居民可以在世界债券市场上进行借贷，因此居民可持有两种类型的资产：货币和外国债券。所有居民在 [0, 1] 上连续分布。模型采用货币效用函数（money in utility）的方式将货币引入，闲暇和劳动供给呈负相关关系，所以劳动供给以负效用进入个体偏好，同时假设所有居民消费偏好相同，所以代表

性居民 j 的效用函数与个人消费、持有的货币余额和劳动供给相关，具体形式如下：

$$U_j = E_t \sum_{i=0}^{\infty} \beta^i \left[\frac{C_{j,t}^{1-\sigma}}{1-\sigma} + \delta \frac{(M_{j,t+i}/P_{t+i})^{1-\kappa}}{1-\kappa} - \chi \frac{N_{j,t+i}^{1+\eta}}{1+\eta} \right] \tag{7.1}$$

其中，$C_{j,t}$ 为居民 j 在 t 期合成消费品，包括 $C_{Hj,t}$ 和 $C_{Fj,t}$，$C_{Hj,t}$ 代表本国居民 j 在 t 期消费的国内商品，$C_{Fj,t}$ 是本国居民 j 在 t 期消费的国外商品，按 Dixit 和 Stiglitz（1977）定义得 $C_{H,t} = \left[\int_0^1 C_{Hj,t}^{\phi-1/\phi} dj \right]^{\phi/\phi-1}$，$C_{F,t} = \left[\int_0^1 C_{Fj,t}^{\phi-1/\phi} dj \right]^{\phi/\phi-1}$，其中 ϕ 为本国垄断厂商面临的需求价格弹性。国内总消费指数 C_t 由 $C_{H,t}$ 和 $C_{F,t}$ 构成，所以 $C_t = \left[(1-w)^{1/\xi} (C_{H,t})^{\xi-1/\xi} + w^{1/\xi} (C_{F,t})^{\xi-1/\xi} \right]^{\xi/\xi-1}$，其中 w 为本国消费品中进口商品的比重，ξ 为本国商品对外国商品的替代弹性。$\dfrac{C_{j,t}^{1-\sigma}}{1-\sigma}$ 代表国内居民 j 消费 $C_{j,t}$ 获得的效用。本国消费价格指数为

$$P_t = \left[(1-w)(P_{H,t})^{1-\xi} + w(P_{F,t})^{1-\xi} \right]^{1/1-\xi} \tag{7.2}$$

其中，$P_{H,t}$ 和 $P_{F,t}$ 分别代表国内外产品价格指数，$P_{H,t} = \left[\int_0^1 P_{Hj,t}^{1-\phi} dj \right]^{1/1-\phi}$，$P_{F,t} = \left[\int_0^1 P_{Fj,t}^{1-\phi} dj \right]^{1/1-\phi}$。

将式（7.2）对数线性化可得

$$p_t = (1-w)p_{H,t} + wp_{F,t} \tag{7.3}$$

其中，p_t、$p_{H,t}$ 和 $p_{F,t}$ 分别为 P_t、$P_{H,t}$ 和 $P_{F,t}$ 的对数形式。由式（7.3）可得

$$\pi_t = (1-w)\pi_{H,t} + w\pi_{F,t} \tag{7.4}$$

其中，$\pi_t = p_t - p_{t-1}$，表示本国通货膨胀水平。

本国居民可以在世界债券市场进行借贷，所以居民 j 可以在消费、本国货币、国际债券持有以及商品 j 产量（或者价格）之间选择，即本国居民预算约束条件为

$$P_t C_{j,t} + M_{j,t} + TR_t + P_t B_{j,t} \leqslant (1-\tau)W_t N_t + R_{t-1} P_t B_{j,t-1} + M_{j,t-1} \tag{7.5}$$

其中，R_t 为总实际收益率，$T-1$ 期购买的债券 $B_{j,t-1}$ 产生的实际收益为 $B_{j,t-1} R_{t-1}$，TR_t 为 t 期与 $T-1$ 期转移支付的差额，τ 为本国居民名义收入的税收比例。

将式 (7.5) 两边同除以 p_t 可得

$$C_{j,t} + \frac{M_{j,t}}{P_t} + tr_t + B_{j,t} \leq (1 - \tau)\frac{W_t}{P_t}N_t + R_{t-1}B_{j,t-1} + \frac{M_{j,t-1}}{P_t} \tag{7.6}$$

本国居民在式 (7.6) 的约束下，通过选择每一期的消费、货币余额和劳动供给量实现效用最大化。我们可由此推导出模型的欧拉方程：

$$E\left[\left(\frac{C_{t+1}}{C_t}\right)^\sigma \frac{P_{t+1}}{P_t}\right] = \beta R_t \tag{7.7}$$

$$\delta^\kappa C_t^{\frac{\sigma}{\kappa}}\left(1 + \frac{1}{R_t}\right)^{\frac{1}{\kappa}} = \frac{M_t}{P_t} \tag{7.8}$$

$$N_t^s = \frac{1-\tau}{\chi}\frac{W_t}{P_t}C_t^{-\sigma} \tag{7.9}$$

式 (7.7) 是本国代表性居民最优消费选择的欧拉条件，式 (7.8) 是本国实际货币需求的欧拉条件，式 (7.9) 是本国居民最优劳动供给的欧拉条件。

此外，居民在效用最大化时还需满足式 (7.10) 的横截条件，保证居民预期支出的现值大于等于零：

$$\lim_{T\to\infty}E_t\left[\frac{R_{T-1}(B_T + M_T)}{P_T}\frac{P_t}{P_T}\right] = 0 \tag{7.10}$$

同样，国外居民最优消费选择方程为

$$E\left[\left(\frac{C_{t+1}^*}{C_t^*}\right)^\sigma \frac{P_{t+1}^*}{P_t^*}\frac{S_{t+1}}{S_t}\right] = \beta R_t \tag{7.11}$$

联立方程式 (7.7) 和式 (7.11) 可得

$$\left(\frac{C_t}{E_t C_{t+1}}\right)^\sigma \frac{E_t Q_{t+1}}{Q_t} = \left(\frac{C_t^*}{E_t C_{t+1}^*}\right)^\sigma \tag{7.12}$$

其中，Q 为直接标价法下的本国实际汇率。

(二) 企业

本章假定模型中本国代表性垄断竞争企业通过 CES 生产函数生产：

$$Y_{H,t}(j) = A_t\left(\int_0^1 N_t(l)^{\frac{\theta-1}{\theta}}dl\right)^{\frac{\theta}{\theta-1}} \tag{7.13}$$

其中，A_t 是外生变量，代表制度、技术等长期因素对潜在产出的影响，l 代表劳动时间。

企业面临的需求函数为

$$Y_{H,t}^d(j) = \left[\frac{p_{H,t}(j)}{P_t}\right]^{-\phi} C_{H,t}^A \qquad (7.14)$$

其中，$C_{H,t}^A = C_{H,t} + C_{H,t}^*$，企业遵循 Calvo（1983）的交错定价过程，即每个企业都能够在前期价格的基础上依据某一概率独立于其他企业和时间变化改变当期价格水平，即

$$p_{H,t}(j) = \left[\lambda p_{H,t-1}(j) + (1 - \lambda) p_{H,t}(j)\right]^{1/(1-\phi)} \qquad (7.15)$$

则每个代表性企业的预期利润函数为

$$E_t\left\{\sum_{k=0}^{\infty} \lambda^k \beta^k \frac{1}{P_{t+k}}\left[p_{H,t}(j) Y_{H,t+k}^d(j) - W_{t+k} N_{t+k}\left(\frac{Y_{H,t+k}^d(j)}{A_t}\right)\right]\right\} \qquad (7.16)$$

其中，λ 是代表性企业维持当期价格与前一期价格不变的概率。企业通过选择最优价格 $p_{H,t}(j)$ 实现利润最大化的目标。我们可推导出代表性企业利润最大化的必要条件：

$$E_t\left\{\sum_{k=0}^{\infty} \lambda^k \beta^k Y_{H,t+k}^d(j)\left[\frac{p_{H,t}(j)}{P_{t+k}} - \frac{\phi}{\phi-1}\frac{W_{t+k}}{P_{t+k}}N'\left(\frac{Y_{H,t+k}^d(j)}{A_t}\right)\right]\right\} = 0 \qquad (7.17)$$

将式（7.17）对数线性化可得

$$E_t\left[\sum_{k=o}^{\infty} \lambda^k \beta^k\left[(1 + \vartheta\phi)(\hat{p}_{H,t}(j) - \hat{P}_{H,t} - \sum_{s=1}^{\infty} \pi_{t+s}) - \vartheta y_{H,t+k}^d - \delta(q_{t+k} - s_{t+k})\right]\right] = 0$$

$$(7.18)$$

其中，ϑ 为 N' 对 Y_t^d 的弹性，$\hat{p}_{H,t}(j)$ 和 $\hat{P}_{H,t}$ 为相应变量的对数线性化形式，$q_t = s_t + p_t^* - p_t$。

将式（7.15）两边除以 $p_{H,t-1}$，可得

$$\frac{P_{H,t}}{P_{H,t-1}} = \lambda^{\frac{1}{1-\phi}}\left[1 - (1 - \lambda)\left(\frac{p_{H,t}(j)}{P_{H,t}}\right)^{1-\phi}\right]^{\frac{1}{\phi-1}} \qquad (7.19)$$

对式（7.19）对数线性化可得

$$\pi_{H,t} = \frac{1}{\phi-1}\frac{-(1-\lambda)}{[1-(1-\lambda)]}(1-\phi)\left[1 + \hat{p}_{H,t}(j) - \hat{P}_{H,t}\right] = \frac{1-\lambda}{\lambda}\left[\hat{p}_{H,t}(j) - \hat{P}_{H,t}\right]$$

$$(7.20)$$

将式（7.20）代入式（7.18）得

$$\frac{\lambda}{1-\lambda}\pi_t = \frac{\lambda}{1-\lambda}\beta E_t\pi_{t+1} + \frac{1-\lambda\beta}{1+\vartheta\phi}(\vartheta x_t + wE_t q_{t+1}) \qquad (7.21)$$

其中，x_t 是本国产出缺口的对数形式。

（三）货币当局

本章假定本国政府部门仅包含货币当局，而且其将短期名义利率作为货币政策调节工具。利率政策中最具代表性的当属泰勒规则，标准泰勒规则假定，货币当局运用利率围绕两大关键目标函数，即实际通货膨胀率与目标通货膨胀率之间的偏离程度以及实际产出与潜在产出之间的偏离程度作出调整。本章在标准泰勒规则的基础上，假定货币当局政策方程如下：

$$i_t = \rho_i i_{t-1} + (1-\rho_i)\Phi_\pi E_t[\pi_{t+1}] + (1-\rho_i)\Phi_x E_t[x_{t+1}]$$
$$+ (1-\rho_i)\Phi_s(E_t[s_{t+1}] - s_t) + \mu_t \qquad (7.22)$$

与标准泰勒规则不同，式（7.22）中引入利率平滑项和汇率项。利率平滑项解释了货币当局在调整利率水平时的平滑行为，这一行为往往是由于货币当局顾及到利率调整对资本市场的扰动、对货币当局信誉的影响以及货币当局的利率政策需要社会各方面的支持等。汇率项反映了本国货币政策对名义汇率变动的敏感度，若系数 $\Phi_s = 0$，央行不关心名义汇率变动，即本国实行完全浮动的汇率制度；若 $\Phi_s > 0$，央行面对名义汇率偏离目标值或稳态值时会采取相应措施，即本国实行有管理的汇率制度，管理程度取决于 Φ_s 系数的大小，$\Phi_s \to \infty$ 表示固定汇率制度。

（四）利率平价条件与资本管制

如果资本市场完全开放，资本自由流动，本国利率完全受制于世界利率水平；相反，如果本国是完全封闭的经济体，不存在资本跨境流动，利率将完全由国内资本市场供求决定。我国尚未放开对资本和金融账户的管制，对 FDI 等资本流动采取了宽进严出的措施，而对短期或投机性资本的管制更为严格。按照 IMF 划分的资本账户 7 大类 43 项来看，中国实际上是一个资本不完全自由流动的半开放国家（李婧，2006）。为体现中国经济特征，本章采用融入资本管制的无抛补利率平价描述资本流动的情况：

$$i = \omega[i^* + E_t(S_{t+1}) - S_t] + (1-\omega)i' \qquad (7.23)$$

其中，i_t^* 代表国外名义利率，i' 表示本国经济在完全封闭条件下的利率水平，它由国内的货币供求关系决定[①]，ω 代表本国资本市场开放程度，$0 < \omega < 1$，（$1 - \omega$）则体现了本国资本管制有效程度，（$1 - \omega$）越大，表明本国资本管制程度越强，本国利率受国外利率的影响就越小。

我国资本管制在抵御国外金融冲击和维持金融市场稳定方面成效显著，短期内我国仍会维持资本账户管制，但是，资本管制只能作为我国转型期的过渡手段。逐步放松资本账户管制是我国经济发展的长远目标，也是我国积极响应世界贸易组织框架要求的客观选择。当资本自由流动时，本国利率应满足：

$$i_t = i_t^* + E_t[s_{t+1}] - s_t \tag{7.24}$$

式（7.24）为资本自由流动时的无抛补利率平价条件[②]。考虑到我国资本市场完全开放的必然趋势，引入式（7.24）是为了比较不同资本管制程度下的货币政策目标体系。式（7.24）可看作式（7.23）在 $\omega = 1$ 时的特殊情况。

（五）国内外冲击

为比较不同货币政策、汇率制度和资本管制条件下，国内外各种冲击对本国宏观经济变量的影响，本章分别模拟了国内利率政策、技术、国外产出、国外通货膨胀和国外实际利率冲击发生时本国经济波动情况。

国内利率政策冲击由利率政策规则方程的残差 μ_t 构成，μ_t 代表规则方程中未预测到的部分。国内利率政策冲击的引入能够有效反映未预期到的央行政策对模型内各种经济变量的影响。本章假设 μ_t 是独立同分布的时间序列，均值为0，方差为 0.25。

技术冲击体现技术变迁对经济内各种变量的影响。技术变迁取决于当前经济发展状况和技术水平，其常表现出自相关特征。本章假设技术冲击 a_t 满足式（7.25）的一阶自回归过程：

$$a_t = \rho_a a_{t-1} + \varepsilon_t^a \tag{7.25}$$

其中，ε_t^a 为独立同分布，均值为0，方差为 0.5。

本章假定国外产出、通货膨胀和实际利率均为外生变量，且满足一阶自回

---

① 完全封闭下的利率计算参考孙立坚（2005）的方法。

② 考虑到中国仍处于转型期，本文假设模型中的开放经济体缺乏成熟的外汇衍生品交易市场，本国利率只满足无抛补利率平价条件。

归过程：

$$y_t^* = \rho_{y^s} y_{t-1}^* + \varepsilon_t^{y^*} \qquad (7.26)$$

$$\pi_t^* = \rho_{\pi^*} \pi_{t-1}^* + \varepsilon_t^{\pi^*} \qquad (7.27)$$

$$r_t^* = \rho_{r^*} r_{t-1}^* + \varepsilon_t^{r^*} \qquad (7.28)$$

其中，$\varepsilon_t^{y^*}$、$\varepsilon_t^{\pi^*}$ 和 $\varepsilon_t^{r^*}$ 均为均值为 0 的独立同分布，假设方差分别为 0.25、0.5 和 0.25。

（六）参数校准

本章采用 Giannoni 和 Woodford（2003）的研究结论，采用 0.99 作为贴现因子 β 的值。ω 为外国商品在本国消费品中的比率，我们使用 1996 年至 2008 年我国进口额占 GDP 的平均比重来计算，得出 ω = 0.22，企业不改变其价格的概率为 λ = 0.75，表明价格调整频率是 4 个季度。需求价格弹性或垄断竞争程度 φ = 0.15。根据秦宛顺等（2003）的估计，本章选取国内商品对外国商品的替代弹性 δ = 1.5。

由于偏好的信息往往难以直接从数据中得到，效用函数中参数 σ 的值，只能依据经济理论和其他研究的经验结果确定。众多研究发现，消费的跨期替代弹性很小，家庭的风险规避系数 σ 比较大（参见 Kocherlakota，1996）。相关的早期分析多采用对数效用函数形式（σ = 1），后来的拓展研究 σ 一般在 0 ~ 3 之间取值（King Robert and Rebelo，1999）。吴利学（2009）考虑到居民收入水平越低通常风险规避倾向越强，认为中国家庭的风险规避系数应比发达国家略大，取 σ = 2。本章选择 σ 为 0 ~ 3 之间的均值 1.5。

在政策规则方程式（7.22）中，$\rho_i = 0.9$，通货膨胀系数 $\Phi_\pi = 1.5$，通过模拟比较 $\Phi_\pi = 0.5$ 与 $\Phi_\pi = 0$，比较 $\Phi_s = 0$ 和 $\Phi_s = 3$。

假设利率对通货膨胀的反应系数为 1.5，这与我国当前的实际有一定差距。谢平和罗雄（2002）、陆军和钟丹（2003）、卞志村（2006）的研究结果都表明，我国利率对通货膨胀的反应系数是小于 1 的。但由于小于 1 的利率规则会使模型出现多重解，所以本章使用了泰勒（1993）提出的假设，即利率对通货膨胀的系数为 1.5。

根据孙立坚（2005）的估计，我国资本管制大约在 0.52。李婧（2006）从我国资本项目可兑换方面，估计较多限制和严格限制的项目占全部项目的比例为0.558。刘晓辉和范从来（2009）取0.539作为我国资本管制程度的度量。在资本不完全流动时，本章选取$\omega = 0.46$，技术、国外产出、国外通货膨胀和国外实际利率自回归系数分别为ρ_α、ρ_y、ρ_π和ρ_r^*，值均为0.8。

（七）经济均衡条件

将式（7.7）、式（7.11）和式（7.12）对数线性化，并结合式（7.4）、式（7.21）至式（7.24）以及模型中各经济变量的关系，经济均衡的条件可表示为

$$\sigma(E_t c_{t+1} - c_t) + E_t p_{t+1} - p_t = r_t \tag{7.29}$$

$$\sigma(E_t c_{t+1}^* - c_t^*) + E_t p_{t+1}^* - p_t^* + E_t s_{t+1} - s_t = r_t \tag{7.30}$$

$$\sigma(E_t c_{t+1}^* - c_t^* - E_t c_{t+1} + c_t) = q_t - q_{t+1} \tag{7.31}$$

$$\pi_t = (1 - w)\pi_{H,t} + w\pi_{F,t} \tag{7.4}$$

$$\frac{\lambda}{1-\lambda}\pi_t = \frac{\lambda}{1-\lambda}\beta E_t \pi_{t+1} + \frac{1-\lambda\beta}{1+\vartheta\Phi}(\vartheta x_t + wE_t q_{t+1}) \tag{7.21}$$

$$i_t = \rho_i i_{t-1} + (1 - \rho_i)\Phi_\pi E_t[\pi_{t+1}] + (1 - \rho_i)\Phi_x E_t[x_{t+1}]$$
$$+ (1 - \rho_i)\Phi_s(E_t[s_{t+1}] - s_t) + \mu_t \tag{7.22}$$

$$i = \omega[i^* + E_t[S_{t+1}] - S_t] + (1 - \omega)i' \quad (\omega = 0.46 \text{ 或 } 1)$$

$$\tag{7.23}/(7.24)$$

$$y_t = (1 - w)c_{H,t} + wc_{H,t}^* \tag{7.32}$$

$$c_t = (1 - w)c_{H,t} + wc_{F,t} \tag{7.33}$$

$$y_t^* = wc_{F,t}^* + (1 - w)c_{F,t} \tag{7.34}$$

第三节　实证检验

本章通过前文的动态一般均衡模型，模拟开放经济体在面临国内利率政策冲击、技术冲击、外国产出、通货膨胀和实际利率冲击下各种经济变量的波动情况。本国在面对各种冲击时，可选择的政策包括：限制资本流动或允许资本自由流动、制定严格通货膨胀目标或灵活通货膨胀目标、有管理的汇率制或完全浮动汇率制。本章选取ω反映资本流动程度，当$\omega = 1$时，本国资本完全流

动；当 $0 < \omega < 1$ 时，本国资本流动受到管制[①]。通货膨胀目标的管理程度和汇率目标制度由政策方程系数反映：浮动汇率制，$\rho_i = 0.9$，$\Phi_\pi = 1.5$，$\Phi_x = 0.5$，$\Phi_s = 0.0$；有管理的汇率制，$\rho_i = 0.9$，$\Phi_\pi = 1.5$，$\Phi_x = 0.5$，$\Phi_s = 3.0$；严格通货膨胀目标制，$\rho_i = 0.9$，$\Phi_\pi = 1.5$，$\Phi_x = 0.0$，$\Phi_s = 0.0$；灵活通货膨胀目标制，$\rho_i = 0.9$，$\Phi_\pi = 1.5$，$\Phi_x = 0.5$，$\Phi_s = 0.0$。

严格通货膨胀目标下，本国货币当局不关心产出和汇率的波动情况。所以当本国遵守严格通货膨胀目标时，本章只讨论限制资本流动和允许资本自由流动两种情况。但当本国遵循灵活通货膨胀目标时，本国仍可就是否管制资本流动和汇率浮动做出选择。但需要注意的是，开放经济体无法在资本完全流动时，选择有管理的汇率目标制[②]。同时，管理资本流动时汇率自由浮动也不合逻辑。所以本章在灵活通货膨胀目标制的框架下，只比较资本自由流动时的完全浮动汇率制和限制资本流动时的有管理的浮动汇率制。图 7-1 至图 7-5 显示了不同政策搭配下，各种冲击对本国经济变量产生的影响。SR 代表严格通胀目标下，限制资本流动的情况；SU 代表严格通胀目标下，资本自由流动的情况；RM 代表灵活通胀目标下，限制资本流动和管制汇率浮动的情况；UF 代表灵活通胀目标下，资本自由流动和汇率完全浮动的情况。

图 7-1 表明，面对未预期到的本国利率政策冲击时，UF 曲线波动幅度最小，说明资本自由流动和汇率完全浮动的灵活通货膨胀目标制，能够有效化解本国政策冲击对产出、通货膨胀和汇率的影响。RM 曲线的波动幅度最大，说明在资本不完全流动和有管理的浮动汇率制下，本国利率政策变化对经济变量的冲击最强烈。SR 和 SU 曲线的走势显示，在严格通货膨胀目标之下，无论本国是否限制资本流动，产出缺口与国内通货膨胀的波动都几乎毫无差别。

图 7-2 和图 7-3 显示，面对国外价格和实际利率冲击时，对于本国产出缺口和通货膨胀，RM 曲线波动强烈，说明资本不完全流动和有管理的浮动汇率制度不能有效削弱国外价格和利率对于本国产出和价格的冲击。考虑对汇率的影响，RM 曲线相对平稳，说明资本不完全流动和有管理的浮动汇率制度在一定程

---

① 结合我国实际，本文选取 w = 0.46。
② 1997 年的东南亚金融危机已充分证明，资本完全流动与有管理的汇率制将会带来灾难性的后果。

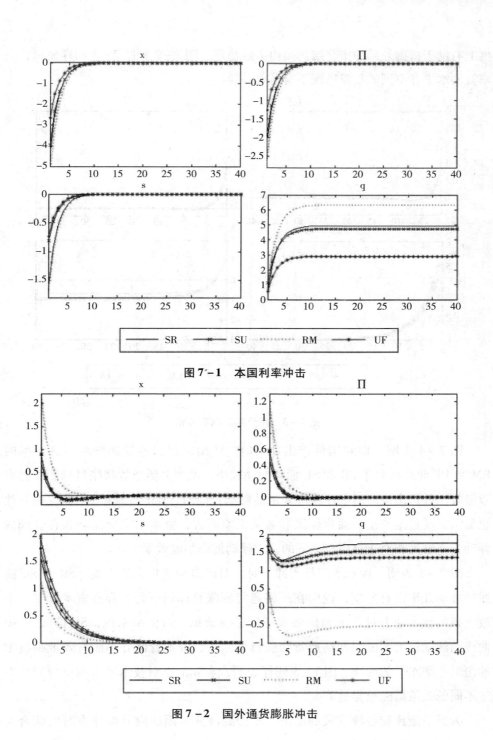

图 7-1　本国利率冲击

图 7-2　国外通货膨胀冲击

度上有助于抵御外部冲击，维护国内金融稳定。图 7 – 2 和图 7 – 3 同样显示，汇率波动水平在不同的政策搭配下有显著差异。

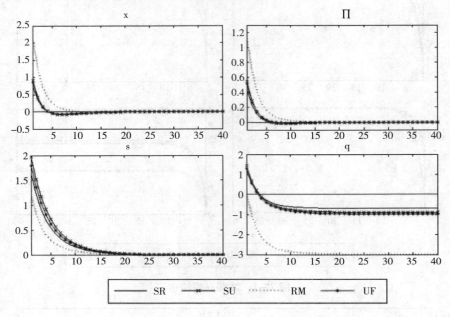

图 7 – 3   国外实际利率冲击

图 7 – 4 表明，面对国外产出冲击时，产出缺口、通货膨胀和名义汇率的 RM 和 UF 曲线相对于 SR 和 SU 曲线波动较小，说明灵活通货膨胀目标制能够有效吸收国外产出波动对上述经济变量的影响；同时，RM 曲线和 UF 曲线的对比也显示，就稳定产出、通货膨胀和名义汇率而言，资本不完全流动和有管理的浮动汇率制度相对于自由流动下的完全浮动汇率制度效果更好。

图 7 – 5 表明，面对本国技术冲击时，对产出和通货膨胀来说，SR 和 SU 曲线的波动几乎没有差别，说明在严格通货膨胀目标制下是否存在资本管制，不改变国内技术冲击对产出和价格水平的影响效果。对汇率来说，SR 曲线较 SU 曲线的波动较大，说明严格通货膨胀目标制下，资本管制并不能有效抵御技术冲击对汇率水平的影响。图 7 – 5 同样表明，实际汇率对技术冲击的反应程度对于不同的政策搭配差异显著。

为更清楚比较各种政策制度下，本国经济变量面临内外部冲击时的综合表

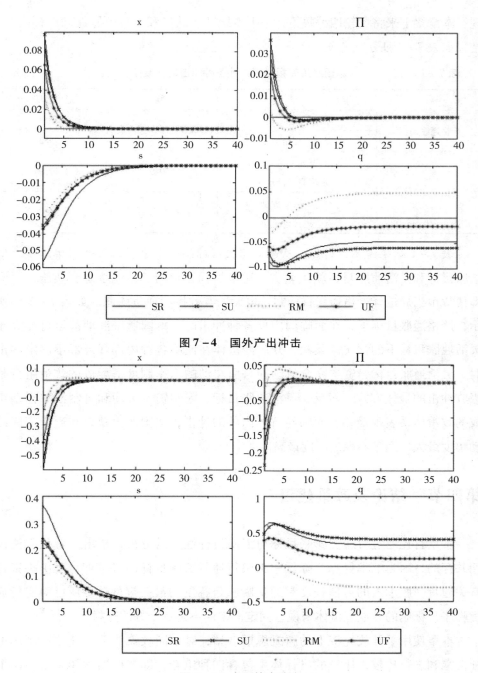

图 7 - 4　国外产出冲击

图 7 - 5　本国技术冲击

现，本章接下来将比较四种政策体系下本国产出缺口和通货膨胀波动的标准差。结果如表 7 - 1 所示。

表 7 - 1　　　　　　本国经济变量对国内外各种冲击的标准差

政策目标		产出缺口	通货膨胀
严格通胀目标	资本完全流动	5.1697	2.5553
	资本不完全流动	5.6373	2.7583
灵活通胀目标	资本完全流动 汇率自由浮动	3.5049	1.7239
	资本不完全流动 有管理浮动汇率	8.7744	4.3693

表 7 - 1 结果说明，首先，从通货膨胀目标制度上来看，不能简单地说严格通胀目标和灵活通胀目标孰优孰劣。通胀目标必须与其他制度配套实施，否则即使货币当局选择严格通胀目标制，也无法有效控制通货膨胀。如表 7 - 1 中所示，严格通胀目标下，在面临国内外各种冲击时，本国通胀波动甚至可能大于灵活通胀目标下的情况。其次，开放经济体在面临各种内部和外部不确定冲击时，灵活通胀目标、资本完全流动和自由浮动的汇率制度搭配成的政策组合是吸收冲击的最佳方式。相反，灵活通胀目标、限制资本流动和管制汇率浮动组成的政策体系表现最差，面临经济体内外的冲击，本国产出缺口和通货膨胀波动幅度最大，经济不稳定程度最高。

第四节　结论及政策建议

本章首先通过对通货膨胀目标与汇率目标性质的分析，指出二者是无法长期共存的，因为汇率目标会降低中央银行通货膨胀目标的可信度，而中央银行有关通货膨胀承诺的可信程度是通货膨胀目标制的最关键部分。所以对实行通货膨胀目标制的开放经济体来说，固定汇率制不是一个好的选择。

本章使用了开放经济下的新凯恩斯模型，对不同政策体系下开放经济体的社会福利进行比较，比较的目标体系包含四种组合，即严格通货膨胀目标制下资本自由流动，严格通货膨胀下限制资本流动，灵活通胀目标、资本自由流动和完全浮动汇率制，灵活通胀目标、限制资本流动和管制汇率浮动。通过模型参数的校准，我们实证分析了当开放经济体面临冲击时，不同目标体系下本国各经济变量的反应程度。实证结果表明，灵活通胀目标、资本自由流动和完全浮动汇率制构成的政策目标体系能够更好地吸收冲击。此外，严格通货膨胀目标制无法组成吸收国内外冲击的最优政策体系。这说明，我国中央银行遵循最优货币政策规则选择货币政策目标时，并不一定要选择严格通货膨胀目标制。目前情况下，产出因素和通货膨胀因素都应是我国中央银行执行货币政策的重要权衡因素。故我们可以选择一些灵活通货膨胀目标的政策框架，如混合名义收入目标框架（卞志村，2005）作为向通货膨胀目标制转型的过渡安排。此外，灵活通胀目标、资本自由流动和完全浮动汇率制政策体系的优点也为我国货币政策和汇率制度改革提供了方向。

第八章

结束语

从项目申请到现在，4 年多的时光匆匆流逝。4 年多来，我们项目组主要对 6 大问题进行了深入研究：人民币汇率传递效应存在吗？通货膨胀环境与人民币汇率传递效应存在什么样的复杂关系？国际大宗商品价格波动对中国物价水平有何影响？中美货币政策博弈是否存在物价溢出效应？开放经济下中国货币财政政策是否对物价和产出具有非对称效应？开放经济下中国应该选择什么样的通货膨胀目标政策框架？我们的研究表明：

1. 中国存在人民币汇率传递效应，但汇率冲击对进口商品价格总指数和消费者价格指数的传递都是不完全的并且有一定的时滞。因此，从汇率传递的视角看，物价调控不能仅仅依赖汇率政策。物价调控的关键是，在维持人民币币值稳定和加强资本管制的同时，着力解决国内流动性过剩问题和结构失衡问题。同时，在汇率传递效应较低的情况下，中央银行可以将货币政策的目标放在稳定国内物价水平上，而不必太过于担心汇率波动对我国国内物价水平的影响，从而为实施更富弹性的汇率制度提供条件。

2. 汇率传递效应的大小与国内通货膨胀环境密切相关，汇率波动对物价的传导具有明显的顺周期效应。具体来说，较低的通货膨胀环境对应较低的汇率

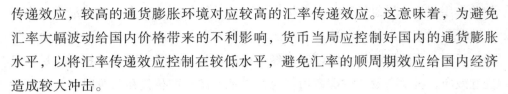

传递效应，较高的通货膨胀环境对应较高的汇率传递效应。这意味着，为避免汇率大幅波动给国内价格带来的不利影响，货币当局应控制好国内的通货膨胀水平，以将汇率传递效应控制在较低水平，避免汇率的顺周期效应给国内经济造成较大冲击。

3. 国际大宗商品价格波动对中国物价水平虽然具有正向影响和非对称性特征，但影响效果并不大，无论是短期还是中长期中国物价水平具有明显的惯性，受自身的影响更大。为防止国际大宗商品价格波动对中国物价水平的影响，需要做好以下几项工作：一是加快转变经济发展方式，提高资源的利用率，降低对国际大宗商品的需求；二是密切关注国际大宗商品的价格变动趋势，建立国际大宗商品价格监测和预警机制；三是努力完善大宗商品的期货市场和期货种类，积极参与国际大宗商品市场期货交易，加大对国外能源、资源类企业的并购力度，增强对大宗商品的定价话语权；四是建立健全的多层次大宗商品战略储备体系，增加大宗商品的有效供给，降低突发性国际大宗商品价格冲击对我国物价体系的影响；五是增强人民币汇率弹性，丰富汇率风险管理工具，遏制国际货币体系中心国滥发货币的道德风险，以便从源头上减轻、消除输入型通胀压力。

4. 目前中美货币政策存在"美国领导，中国跟随"的博弈模式，中美货币政策博弈具有物价溢出效应。其中，来自两国货币供应量的影响在当期就能体现，利率的影响时间较长，而汇率作为货币政策和物价的传递渠道，在当期对物价也产生影响。为缓解美国货币政策的冲击，短期来看，应加强中国人民银行的独立性，提高货币政策的有效性，同时加强宏观审慎。长期来看，要努力增强自身经济实力，深入参与国际经济金融政策协调和规则制定，加快人民币国际化，提高人民币的国际地位和影响力。

5. 在不同区制状态下，中国货币财政政策冲击均具有非对称效应。在货币政策方面，就货币供给冲击而言，在股市繁荣、人民币大幅升值的状态下，通货膨胀上升缓慢且累计上升幅度最小；就信贷冲击而言，信贷扩张的通胀效应比产出效应更微弱，通货膨胀率的响应具有较长时间的时滞；就利率冲击而言，产出增长率和通货膨胀均负向变动，在高通胀状态下，负向效应最为显著。在财政政策方面，在低通胀（紧缩）和适度通胀时期，财政支出对产出和价格的拉动作用明显，但通货膨胀率对扩张性财政政策的响应存在一定时滞；在高通胀阶段，财政支出的正向冲击对通胀几乎没有影响，产出增长率则呈现由正转负的反应。为破解政策困境以实现经济稳定增长，政策制定者一是要立足政策交互效应，科学高效地搭配政策组合；二是关注资产替代和政策时滞，防范隐含的通胀风险；三是要增强人民币汇率弹性，加强汇率政策与货币政策配合。

6. 通货膨胀目标与汇率目标无法长期共存，灵活通胀目标、资本自由流动和完全浮动汇率制构成的政策体系能够更好地吸收冲击。这意味着，中国人民银行在遵循最优货币政策规则选择货币政策目标时，并不一定要选择严格通货膨胀目标制。目前情况下，产出因素和通货膨胀因素都应是中国人民银行执行货币政策的重要权衡因素。因此，中国人民银行可以选择一些灵活通货膨胀目标的政策框架，如将混合名义收入目标框架作为向通货膨胀目标制转型的过渡安排，而灵活通胀目标、资本自由流动和完全浮动汇率制政策体系可作为中国人民银行货币政策和汇率制度改革的方向。

参 考 文 献

[1] 毕玉江，朱钟棣. 人民币汇率变动的价格传递效应——基于协整与误差修正模型的实证研究 [J]. 财经研究，2006，32（7）：53-62.

[2] 卞志村，高洁超. 基于 NKPC 框架的我国通货膨胀动态机制分析 [J]. 国际金融研究，2013（11）：27-35.

[3] 卞志村，管征. 最优货币政策规则的前瞻性视角分析 [J]. 金融研究，2005（9）：31-38.

[4] 卞志村. 泰勒规则的实证问题及在中国的检验 [J]. 金融研究，2006（8）：56-69.

[5] 卞志村. 通货膨胀目标制：理论、实践及在中国的检验 [J]. 金融研究，2007（9）：42-54.

[6] 卜永祥. 人民币汇率变动对国内物价水平的影响 [J]. 金融研究，2001（3）：78-88.

[7] 曹华. 信息不完全、通货膨胀目标制与货币政策声誉：跨国经验 [J]. 南开经济研究，2006（5）：64-71.

[8] 曾阿梅. 我国物价波动的影响因素及其实证研究 [D]. 湖南大学，2010.

[9] 常清，赵冬梅，胡捷帆. CRB 对我国 CPI 价格指数的关系引导性研究 [J]. 金融理论与实践，2010（10）：3-8.

[10] 常悦. 大型经济体货币政策跨国溢出效应研究 [D]. 辽宁大学，2011.

[11] 陈浪南，何秀红，陈云. 人民币汇率波动的价格传导效应研究 [J]. 国际金融研究，2008（6）：55-62.

[12] 陈磊，侯鹏. 量化宽松、流动性溢出与新兴市场通货膨胀 [J]. 财经

科学，2011（10）：48－56.

[13] 成艳. 开放经济下中国物价波动影响因素研究 [D]. 厦门大学，2009.

[14] 崔畅. 货币政策工具对资产价格动态冲击的识别检验 [J]. 财经研究，2007，33（7）：31－39.

[15] 戴磊. 中国通货膨胀：外部冲击与传导机制 [D]. 首都经济贸易大学，2012.

[16] 邓创，席旭文. 中美货币政策外溢效应的时变特征研究 [J]. 国际金融研究，2013（9）：10－20.

[17] 丁永健，鄢雯. 中国的通货膨胀是输入性的吗？——物价波动国际传导路径的实证研究 [J]. 华东经济管理，2011，25（12）：61－65.

[18] 丁志国，徐德财，赵晶. 美国货币政策对中国价格体系的影响机理 [J]. 数量经济技术经济研究，2012（8）：3－18.

[19] 董直庆，王林辉. 财政货币政策和我国股市关联性：基于脉冲响应函数和方差分解的对比检验 [J]. 税务与经济，2008（5）：17－22.

[20] 段丽丽. 输入型通货膨胀的传导途径分析 [D]. 天津财经大学，2009.

[21] 封北麟. 汇率传递效应与宏观经济冲击对通货膨胀的影响分析 [J]. 世界经济研究，2006（12）：45－51.

[22] 冯春平. 货币供给对产出与价格影响的变动性 [J]. 金融研究，2002（7）：18－25.

[23] 傅强，吴卯会. 人民币汇率的价格传递效应研究 [J]. 世界经济研究，2011（7）：24－41.

[24] 高铁梅. 计量经济分析方法与建模 [M]. 北京：清华大学出版社，2005.

[25] 顾晓敏，谢启超，封思贤. 我国输入性通胀影响因素的实证研究——基于2005—2011年月度数据的分析 [J]. 安徽商贸职业技术学院学报，2012，11（3）：33－38.

[26] 郭明星，刘金全，刘志刚. 我国货币供给增长率与国内产出增长率之

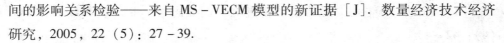

间的影响关系检验——来自 MS‒VECM 模型的新证据［J］. 数量经济技术经济研究，2005，22（5）：27‒39.

［27］韩剑. 全球产出缺口与中国的通胀变动：基于扩展的菲利普斯曲线研究［J］. 国际金融研究，2009（8）：70‒76.

［28］贺晓波，许晓帆. 货币政策对资产价格冲击效果透视［J］. 财经科学，2009（10）：27‒34.

［29］贺铟璇. 国际协调框架下的中国货币政策选择［D］. 东北财经大学，2011.

［30］胡日东，李文星. 汇改后人民币汇率的价格传递效应研究——以 2005 年 7 月汇率制度改革为界［J］. 宏观经济研究. 2011（9）：54‒63.

［31］黄晖. 论中美经济联动与政策协调［J］. 企业经济，2007（4）：123‒125.

［32］黄梅波. 七国集团货币合作效果反思［J］. 世界经济，2002（6）：27‒33.

［33］黄寿峰，陈浪南，黄榆舒. 人民币汇率变动的物价传递效应：多结构变化协整回归分析［J］. 国际金融研究，2011（4）：47‒55.

［34］黄益平. 债务风险、量化宽松与中国通胀前景［J］. 国际经济评论，2011（1）：32‒39.

［35］纪敏，陈玉财. 大宗商品价格波动对我国通货膨胀的影响［J］. 中国金融，2011（18）：50‒51.

［36］姜波克. 国际金融新编［M］. 上海：复旦大学出版社，2001.

［37］蒋瑛琨，刘艳武，赵振全. 货币渠道与信贷渠道传导机制有效性的实证分析——兼论货币政策中介目标的选择［J］. 金融研究，2005（5）：70‒79.

［38］金山，汪前元. 外部冲击的传递效应与中国的通货膨胀——基于 VAR 模型的实证分析［J］. 财贸经济. 2011（11）：90‒98.

［39］金山. 中国货币政策的独立性：基于协整分析方法和 VAR 模型的实证研究［J］. 上海经济研究，2009（5）：3‒11.

［40］康萌萌. 国际原油价格与我国通货膨胀之间的联动效应研究［J］. 价格月刊，2009（10）：7‒10.

[41] 雷达，于春海．经济全球化影响的制度思考 [J]．世界经济，2000 (4)：42 – 48.

[42] 李成，王彬，黎克俊．次贷危机前后中美利率联动机制的实证研究 [J]．国际金融研究，2010 (9)：4 – 11.

[43] 李成，赵轲轲．美联储货币政策对中国货币政策的溢出效应研究 [J]．华东经济管理，2012，26 (3)：88 – 92.

[44] 李建伟，杨琳．美国量化宽松政策的实施背景、影响与中国对策 [J]．改革，2011，(1)：83 – 106.

[45] 李婧．中国资本账户自由化与汇率制度选择 [M]．北京：中国经济出版社，2006.

[46] 李瑞，赵岩．中国粮价与通货膨胀关系 (2003—2007) [J]．中国市场，2009 (14)：90 – 91.

[47] 李薇薇．国际价格对我国物价水平的影响——从贸易渠道价格机制角度的分析 [D]．复旦大学，2011.

[48] 李小金，肖志源．CRB 指数与通胀预期联动性实证分析 [J]．商业研究，2012 (1)：54 – 55.

[49] 李小娟．开放经济下货币政策国际传导机制分析 [J]．经济问题，2009 (8)：15 – 18.

[50] 李晓芳，吴桂珍，高铁梅．我国经济指标季节调整中消除春节因素的方法研究 [J]．数量经济技术经济研究，2003 (4)：64 – 67.

[51] 李新颜．国内原油价格与国际原油价格的相互关系 [J]．统计与决策，2005 (20)：73 – 75.

[52] 李雪松．博弈论与国际货币政策协调 [M]．北京：中国金融出版社，2000.

[53] 李卓，赵会．并非所有的需求性油价冲击都是类似的—关于国际油价需求性冲击的进一步分解 [J]．经济评论，2010 (5)：121 – 131.

[54] 李自磊，张云．美国量化宽松政策是否影响了中国的通货膨胀——基于 SVAR 模型的实证研究 [J]．国际金融研究，2013，(8)：13 – 21.

[55] 林伯强，王锋．能源价格上涨对中国一般价格水平的影响 [J]．经济

研究，2009（12）：66 – 78.

[56] 刘柏，赵振全. 基于 STAR 模型的中国实际汇率非线性态势预测[J]. 数量经济技术经济研究，2008，25（6）：3 – 11.

[57] 刘海龙，金桩. 对称冲击下的国际货币政策协调博弈分析 [J]. 石家庄经济学院学报，2003，26（6）：758 – 760.

[58] 刘金全，崔畅，谢卫东. 财政政策作用的阶段性和非对称性检验[J]. 财经科学，2003（1）：57 – 60.

[59] 刘金全，范剑青. 中国经济周期的非对称性和相关性研究 [J]. 经济研究，2001（5）：28 – 37.

[60] 刘金全，刘兆波. 我国货币政策作用非对称性和波动性的实证检验[J]. 管理科学学报，2003，6（3）：35 – 40.

[61] 刘金全，隋建利，李楠. 基于非线性 VAR 模型对我国货币政策非对称作用效应的实证检验 [J]. 中国管理科学，2009，17（3）：47 – 55.

[62] 刘金全，隋建利，闫超. 我国通货膨胀率过程区制状态划分与转移分析 [J]. 系统工程学报，2009，24（6）：647 – 652.

[63] 刘金全，郑挺国. 我国货币政策冲击对实际产出周期波动的非对称影响分析 [J]. 数量经济技术经济研究，2006，23（10）：3 – 14.

[64] 刘胜会. 中美两国宽松货币政策的比较研究——兼论退出之路 [J]. 国际金融研究，2010（2）：38 – 47.

[65] 刘晓辉，范从来. 人民币最优汇率制度弹性的理论模型与经验估计：基于价格稳定视角的研究 [J]. 世界经济，2009（2）：12 – 22.

[66] 刘亚，李伟平，杨宇俊. 人民币汇率变动对我国通货膨胀的影响：汇率传递视角的研究 [J]. 金融研究，2008（3）：28 – 41.

[67] 刘玉彬，李智芳. 美国量化宽松政策对我国物价水平的影响 [J]. 河北师范大学学报（哲学社会科学版），2012，（2）：25 – 29.

[68] 卢峰. 大国经济与输入型通胀论 [J]. 国际经济评论，2008（13）：19 – 23.

[69] 陆军，舒元. 货币政策无效性命题在中国的实证研究 [J]. 经济研究，2002（3）：21 – 26.

［70］陆军，钟丹．泰勒规则在中国的协整检验［J］．经济研究，2003（8）：76－85.

［71］骆振心，杜亚斌．汇率传递、宏观经济冲击对我国物价水平影响的实证分析［J］．经济问题，2008（5）：3－8.

［72］苗文龙．开放经济下目标差异、政策博弈与货币稳定［J］．金融与经济，2012（5）：19－25.

［73］倪克勤，曹伟．人民币汇率变动的不完全传递研究：理论及实证［J］．金融研究，2009（6）：44－59.

［74］倪玉娟，刘林．我国货币政策对股票价格的影响——基于 Markov 区制转换 VAR 模型的实证分析［J］．经济管理，2010（11）：7－15.

［75］钱行．通货膨胀国际间传导对我国影响的实证检验［J］．数量经济技术经济研究，2006，23（11）：113－123.

［76］秦宛顺，靳云汇，卜永祥．资本流动、定价行为与汇率制度的福利分析［J］．金融研究，2003（1）：1－17.

［77］任泽平，潘文卿，刘起运．原油价格波动对中国物价的影响——基于投入产出价格模型［J］．统计研究，2007（11）：22－28.

［78］施建淮，傅雄广，许伟．人民币汇率变动对我国价格水平的传递［J］．经济研究，2008（7）：52－64.

［79］石军夏．美国货币政策对我国通货膨胀的溢出效应［D］．吉林大学，2011.

［80］石柱鲜，邓创．基于自然利率的货币政策效应非对称性研究［J］．中国软科学，2005（9）：58－65.

［81］孙刚．汇率二重性与当代汇率决定模型［J］．财经问题研究，2011（8）：36－42.

［82］孙工声．中国宏观经济波动：内部调整还是外部冲击［J］．金融研究，2009（11）：60－73.

［83］孙立坚．开放经济中的外部冲击效应和汇率安排［M］．上海：上海人民出版社，2005.

［84］索彦峰，徐筱雯．非对称冲击下的货币政策协调：一个斯塔克尔伯格

模型［J］. 南京财经大学学报，2007（1）：61 - 64.

［85］谭江林，罗光强. 粮食价格波动与通货膨胀关系的实证研究［J］. 价格月刊，2009（3）：18 - 21.

［86］唐安宝，赵丹华. 输入性及其传导路径—基于中国数据的实证分析［J］. 南方金融，2011（7）：22 - 28.

［87］陶峰，任钢. 全球流动性对通货膨胀影响的实证研究——以“金砖五国”为例［J］. 中国物价，2012（11）：7 - 10.

［88］万解秋，徐涛. 货币供给的内生性与货币政策的效率——兼评我国当前货币政策的有效性［J］. 经济研究，2001（3）：40 - 45.

［89］王风云. 国际石油价格波动对我国通货膨胀影响的实证分析［J］. 价格月刊，2007（7）：6 - 8.

［90］王立清，杨宝臣，苏云鹏. 国际大宗商品价格波动对我国影响的研究——以石油、小麦和大豆为例［J］. 价格理论与实践，2010（7）：46 - 47.

［91］王立勇，李富强. 我国相机抉择财政政策效应非对称性的实证研究［J］. 数量经济技术经济研究，2009（1）：58 - 66.

［92］王立勇，张代强，刘文革. 开放经济下我国非线性货币政策的非对称效应研究［J］. 经济研究，2010（9）：4 - 16.

［93］王丽，毛泽盛. 国际大宗商品价格波动对中国物价水平的影响研究——基于状态空间模型的估计［J］. 武汉金融，2014（07）：18 - 21.

［94］王丽丽. 美国量化宽松背景下的中国货币政策效应研究［D］. 山东财经大学，2012.

［95］王三兴，王永中. 资本渐进开放、外汇储备累积与货币政策独立性——中国数据的实证研究［J］. 国际金融研究，2011（3）：37 - 45.

［96］王胜，李睿均. 国际价格竞争与人民币汇率传递的实证研究［J］. 金融研究，2009（5）：9 - 13.

［97］王胜，田涛. 中国当前是输入型通胀吗？——基于汇率传递的视角［J］. 东北大学学报：（社会科学版），2013，15（2）：134 - 139.

［98］王宇雯. 输入型通货膨胀的传导及对策研究［D］. 复旦大学，2011.

［99］卫迎春，邹舒. 中国货币政策对美国货币政策独立性的实证分析

[J]．国际贸易问题，2012（7）：115－124．

[100] 魏雪君，宋金奇，葛仁良．汇率传递与中美贸易失衡的实证分析 [J]．财经纵横，2013（4）：45－49．

[101] 吴宏，刘威．美国货币政策的国际传递效应及其影响的实证研究 [J]．数量经济技术经济研究，2009（6）：42－52．

[102] 吴利学．中国能源效率波动：理论解释、数值模拟及政策含义 [J]．经济研究，2009（5）：130－142．

[103] 吴婷婷．利率冲击非对称效应的实证检验：来自中国的经验证据 [J]．统计与决策，2009（19）：116－118

[104] 夏海燕，董春，徐彩霞．几种度量通货膨胀率的常用价格指数比较 [J]．统计与信息论坛，2000（5）：31－34．

[105] 项后军，许磊．汇率传递与通货膨胀之间的关系存在中国的"本土特征"吗？[J]．金融研究，2011（11）：74－87．

[106] 肖娱．美国货币政策冲击的国际传导研究——针对亚洲经济体的实证分析 [J]．国际金融研究，2011（9）：004．

[107] 肖争艳．国际大宗商品价格会影响中国 CPI 吗——基于 BVAR 模型的分析 [J]．经济理论与经济管理，2009（8）：17－23．

[108] 谢蓓．美国货币政策对中国经济的溢出效应研究 [J]．四川大学学报（哲学社会科学版），2012（4）：132－138．

[109] 谢怀筑，于李娜．货币政策溢出效应与国际协调：一个文献综述 [J]．金融与经济，2011（1）：40－44．

[110] 谢平，罗雄．泰勒规则及其在中国货币政策中的检验 [J]．经济研究，2002（3）：3－12．

[111] 谢平．新世纪中国货币政策的挑战 [J]．经济展望，2000（10）：44－45．

[112] 邢天才，唐国华．美国货币政策对中国货币政策的溢出效应研究 [J]．财经问题研究，2011（11）：50－55．

[113] 许伟，傅雄广．人民币汇率变动对我国价格水平的传递 [J]．经济研究，2008（7）：35－48．

［114］杨浩，林丽红．中国与国际大宗商品价格关联性研究［J］．经济问题探索，2011（9）：157－162．

［115］杨咸月．国内外期铜市场互动及其价格波动关系研究［J］．财经研究，2006（7）：98－108．

［116］姚斌．美国量化宽松货币政策的影响及我国的对策［J］．上海金融，2009（7）：33－36．

［117］姚佳．输入型通胀压力对我国物价水平影响的分析［J］．当代经济管理，2013（1）：10－13．

［118］易纲，王召．货币政策与金融资产价格［J］．经济研究，2002（3）：13－20．

［119］于李娜，谢怀筑．货币政策溢出效应：成因、影响与对策［J］．中国社会科学院研究生院学报，2011（1）：51－57．

［120］余珊萍．论开放经济下通货膨胀的国际传导［J］．东南大学学报（哲学社会科学版），2002，4（3）：45－52．

［121］余文建，顾铭德，刘斌，等．全球经济复苏变化背景下货币政策的外溢效应［J］．上海金融，2012（4）：8－15．

［122］喻旭兰，李洋．基于状态空间模型的通货膨胀压力影响因素的研究［J］．统计与决策，2014（13）：160－162．

［123］袁仕陈，陈莉．开放经济下中国货币政策的独立性检验［J］．广东财经大学学报，2010，25（4）：24－30．

［124］张克菲．美国货币政策的国际传导机制及其对中国货币政策的影响［D］．吉林大学，2013．

［125］张连城，韩蓓．中国经济潜在增长率分析——HP滤波平滑参数的选择及应用［J］．经济与管理研究，2009（3）：22－28．

［126］张树忠，李天忠，丁涛．农产品期货价格指数与CPI关系的实证研究［J］．金融研究，2006（11）：103－113．

［127］张素芹．大宗商品价格对我国消费价格水平影响的实证研究［J］．消费经济，2012（8）：22－25．

［128］张素芹．中国通货膨胀长期影响因素的研究——基于状态空间模型

的时变参数分析［J］. 上海经济研究, 2012（6）: 42 – 50.

［129］张谊浩, 伦晓波. 金融危机下中美欧货币政策博弈研究［J］. 国际经贸探索, 2011（1）: 63 – 69.

［130］张翼. 国际大宗商品期货价格与中国物价变动的关系研究——基于CRB 指数的实证分析［J］. 南京审计学院学报, 2009（1）: 12 – 18.

［131］张永军. 国际大宗商品价格走势分化对中国的影响［J］. 经济研究参考, 2012（50）: 66 – 68.

［132］赵进文, 闵捷. 央行货币政策操作效果非对称性实证研究［J］. 经济研究, 2005（2）: 26 – 34.

［133］赵进文, 闵捷. 央行货币政策操作政策拐点与开关函数的测定［J］. 经济研究, 2005（12）: 90 – 101.

［134］郑丽琳. 国际油价波动对中国物价水平影响的研究——基于协整和状态空间模型的估计［J］. 经济经纬, 2013（2）: 116 – 120.

［135］郑挺国, 刘金全. 我国货币—产出非对称影响关系的实证研究［J］. 经济研究, 2008（1）: 33 – 45.

［136］中国经济增长与宏观稳定课题组. 外部冲击与中国的通货膨胀［J］. 经济研究, 2008（5）: 4 – 19.

［137］中国人民银行营业管理部课题组. 外部冲击与我国物价水平的决定——基于结构 VAR 模型的分析［J］. 财经研究, 2009, 35（8）: 91 – 104.

［138］钟伟, 张明. 国际货币的逆效合作理论述评［J］. 经济学动态, 2001（4）: 56 – 63.

［139］周晖. 货币政策、股票资产价格与经济增长［J］. 金融研究, 2010（2）: 91 – 101.

［140］周伟. 中美货币政策协调模式的实证研究［D］. 复旦大学, 2008.

［141］周英章, 蒋振声. 货币渠道、信用渠道与货币政策有效性——中国1993—2001 年的实证分析和政策含义［J］. 金融研究, 2002（9）: 34 – 43.

［142］周应恒, 邹林刚. 中国大豆期货市场与国际大豆期货市场价格关系研究——基于 VAR 模型的实证分析［J］. 农业技术经济, 2007（1）: 55 – 62.

［143］庄佳. 美国货币政策对中国产出溢出效应的实证研究［D］. 复旦大

学, 2009.

[144] Acharya R N. Examingthe CRB indec as an indicator for U. S. inflation [C]. Southern Agricultural Economics Association, 2008.

[145] Adams F G, Ichino Y. Commodity prices and inflation: A forward-looking price model [J]. Journal of Policy Modeling, 1995, 17 (4): 397 – 426.

[146] Akram Q F. Commodity prices, interest rates and the dollar [J]. Energy Economics, 2009, 31 (6): 838 – 851.

[147] AlesinaA, Perotti, R. Fiscal Adjustments in OECD Countries: Composition and Macroeconomic Effects [J]. IMF Staff Papers, 1997, 44 (2): 210 – 248.

[148] Aukrust, O. Inflation in the Open Economy: A Norwegian Model [J]. 1977.

[149] Baldwin, R. E, Froot, Klemerer: Hysteresis In Import Prices: The Beachhead Effect [J]. American Economic Review. 1989, 773 – 785.

[150] Ball L. Policy Rules for Open Economies [J]. Rba Research Discussion Papers, 1998, 70 (209): 204 – 219.

[151] Betts C, Devereux M B. Exchange rate dynamics in a model of pricing-to-market [J]. Journal of International Economics, 2000, 50 (1): 215 – 244.

[152] Betts C, Devereux M B. The exchange rate in a model of pricing-to-market [J]. European Economic Review, 1996, 40 (3 – 5): 1007 – 1021.

[153] Blanchard O J, Kahn C M. The Solution of Linear Difference Models under Rational Expectations [J]. Econometrica, 1980, 48 (5): 1305 – 11.

[154] Bloch H, Sapsford D. Commodity prices, wages, and U. S. inflation in the twentieth century [J]. Journal of Post Keynesian Economics, 2004, 26 (3): 523 – 545.

[155] Blomberg, S. Brock, Harris, Ethan S. The commodity-consumer price connection: fact or fable? [J]. Economic Policy Review, 1995 (10): 21 – 38.

[156] Bouakez H. Nominal rigidity, desired markup variations, and real exchange rate persistence [J]. Journal of International Economics, 2005, 66 (1): 49 – 74.

［157］Bruno Michael, 1991, "High Inflation and the Nominal Anchors of an Open Economy," Essays in International Finance, No. 183, International Finance Section, Dept. of Economics, Princeton University Press, Princeton, New Jersey.

［158］Cagan P. Imported Inflation 1973 – 1974 and the Accommodation Issue ［J］. Journal of Money Credit & Banking, 1980, 12 (1): 1 – 16.

［159］Calvo G A, Reinhart C M. Fear of floating ［J］. The Quarterly Journal of Economics, 2002, 117 (2): 379 – 408.

［160］Calvo G A. Staggered prices in a Utility-maximizing framework ［J］. Journal of Monetary Economics, 1983, 12 (3): 383 – 398.

［161］Campa J M, Goldberg L S. Exchange rate pass-through into import prices: A macro or micro phenomenon ［J］. National Bureau of Economic Research, 2002.

［162］Canzoneri M B, Gray J A. Monetary policy games and the consequences of non-cooperative Behavior ［J］. International Economic Review, 1985, 26 (3): 547 – 564.

［163］Carr J, Darby M R. The role of money supply shocks in the short-run demand for money ［J］. Journal of Monetary Economics, 1981, 8 (2): 183 – 199.

［164］Choi W G. Asymmetric Monetary Effects on Interest Rates across Monetary Policy Stances ［J］. Journal of Money Credit & Banking, 1999, 31 (3): 386 – 416.

［165］Choudhri E U, Hakura D S. Exchange rate pass-through to domestic prices: Does the inflationary environment matter? ［J］. Ehsan U Choudhri, 2001, 01 (1/194): 614 – 639.

［166］Christiano L J, Ilut C L, Motto R, et al. Monetary Policy and Stock Market Booms ［J］. Working Paper, 2008, 66 (1): 33 – 51.

［167］CL Gilbert. How to Understand High Food Prices ［J］. Journal of Agricultural Economics, 2010, 61 (2): 398 – 425.

［168］Clarida R. , Jordi Gali, Mark Gertler. Monetary Policy Rules in Practice: Some International Evidence ［J］. European Economic Review, 1998, 42 (6): 1033 – 1067.

［169］Clark, Ferry, Masaaki Kotabe, Dan Rajaratnam. Exchange Rate Pass

Through and International Pricing Strategy: A conceptual Framework and Research Propositions [J]. Journal of International Business Studies. 1999.

[170] Cole Harold L, Maurice Obstfeld. Commodity Trade and International Risk Sharing: How Much Do Financial Markets Matter [J]. Journal of Monetary Economics, 1991, 28 (1): 3 – 24.

[171] Cooper R N. The economics of interdependence [J]. The International Executive, 1968, 10 (4): 3 – 5.

[172] Cover J P. Asymmetric Effects of Positive and Negative Money-Supply Shocks [J]. The Quarterly Journal of Economics, 1992, 107 (4): 1261 – 1282.

[173] Craine R, Martin V L. International monetary policy surprise spillovers [J]. Journal of International Economics, 2008, 75 (1): 180 – 196.

[174] Cubitt R P. Corporatism, monetary policy and macroeconomic performance: a simple game theoretic analysis [J]. Scandinavian Journal of Economics, 1995, 97 (2): 245 – 259.

[175] Cukierman, Alex, Steven B, et al. Measuring the Independence of Central Banks and Its Effect on Policy Outcomes [J]. WorldBank Economic Review, 1994, 6 (3): 353 – 398.

[176] Darby M R, Lothian J R. Exchange Rate Systems and Trends in Inflation [J]. Ucla Economics Working Papers, 1981.

[177] Debelle G. Inflation Targeting in Practice [J]. Occasional Papers, 1997, 97 (97/35): 189 – 211.

[178] Dell' Ariccia G, Garibaldi P. Bank Lending and Interest Rate Changes in a Dynamic Matching Model [J]. IMF Working Papers, 1998, 98 (93) .

[179] Dell'Ariccia G, Garibaldi P. Gross Credit Flows [J]. Review of Economic Studies, 2000, 72 (3): 665 – 685.

[180] Devereux M B, Yetman J. Leverage constraints and the international transmission of shocks [J]. Journal of Money, Credit and Banking, 2010, 42 (s1): 71 – 105.

[181] Díaz-Roldan C. International monetary policy coordination under asymmetric

shocks [J]. International Advances in Economic Research, 2004, 10 (1): 72 – 82.

[182] Dixit A K, Stiglitz J E. Monopolistic Competition and Optimum Product Diversity. [J]. American Economic Review, 1977, 67 (3): 297 – 308.

[183] Dixit A., Hysteresis. Import Penetration, and Exchange Rate Pass-Through. [J]. The Quarterly Journal of Economics, 1989, 104 (2): 205 – 228.

[184] Dornbusch R. Collapsing exchange rate regimes [J]. Journal of Development Economics, 1987, 27 (1 – 2): 71 – 83.

[185] Dornbusch R. Exchange Rates and Prices [J]. American Economic Review, 1987 (77): 93 – 106.

[186] Edwards S. The international transmission of interest rate shocks: The Federal Reserve and emerging markets in Latin America and Asia [J]. Journal of International Money and Finance, 2010, 29 (4): 685 – 703.

[187] Ehrmann M, Fratzscher M. Global Financial Transmission of Monetary Policy Shocks [J]. Oxford Bulletin of Economics and Statistics, 2009, 71 (6): 739 – 759.

[188] Fan. The impact of rising international crude oil price on China's economy: an empirical analysis with CGE model [J]. International Journal of Global Energy Issue, 2007 (27): 404 – 424.

[189] Felices G, Tuesta V. Monetary policy in a dual currency environment [J]. Applied Economics, 2013, 45 (34): 4739 – 4753.

[190] Fischer S. Stability and Exchange Rate Systems in a Monetarist Model of the Balance of Payments [M]. The Political Economy of Monetary Reform. Palgrave Macmillan UK, 1977.

[191] Flood R P. Capital Mobility and the Choice of Exchange Rate System [J]. International Economic Review, 1979, 20 (20): 405 – 416.

[192] Florio, A. The Asymmetric Effects of Monetary Policy in a Matching Model with a Balance Sheet Channel [J]. Journal of Macroeconomic, 2006 (28): 375 – 391.

[193] Franke N, Gruber M, Harhoff D, et al. Venture Capitalists' Evaluations of Start-Up Teams: Trade-Offs, Knock-Out Criteria, and the Impact of VC Experience

[J]. Entrepreneurship Theory & Practice, 2008, 32 (3): 459 –483.

[194] Frankel J A, Rockett K. International macroeconomic policy coordination when policy-makers disagree on the model [J]. Nber Working Papers, 1987.

[195] Froot K A, Klemperer P D. Exchange Rate Pass-Through When Market Share Matters [J]. American Economic Review, 1989, 79 (4): 637 –654.

[196] Furlong F, Ingenito R. Commodity Prices and Inflation [J]. Economic Review, 1996 (2): 27 –47.

[197] Garcia R, Schaller H. Are the Effects of Monetary Policy Asymmetric? [J]. Economic Inquiry, 1995, 40 (1): 102 –119.

[198] Garibaldi P. The Asymmetric Effects of Monetary Policy on Job Creation and Destruction [J]. IMF Economic Review, 1997, 44 (4): 557 –584.

[199] Gelos G, Ustyugova Y. Inflation Responses to Commodity Price Shocks: How and why Do Countries Differ [M]. International Monetary Fund, 2012.

[200] Ghosh, Amit & Rajan, Ramkishen S. Exchange rate pass-through in Korea and Thailand: Trends and determinants [J]. Japan and the World Economy, Elsevier, 2009, vol. 21 (1): 55 –70.

[201] Ghosh, Amit and Ramkishen Rajan. Exchange Rate Pass-Through In Asia: What Does The Litetature Tell Us? [Z]. Asia-Pacific Economies Association (APEA) Second International Conference Paper. 2007.

[202] Giannoni Marc P., Michael Woodford. Optimal Interest-Rate Rules: I. General Theory. NBER Working Papers 9419, National Bureau of Economic Research, Inc, 2003.

[203] Giavazzi F, Pagano M. Can Severe Fiscal Contractions be Expansionary? Tales of Two Small European Countries [J]. NBER Macroeconomics Annual, 1990 (5): 75 –111.

[204] Giavazzi F, Pagano M. Non-Keynesian Effects of Fiscal Policy Changes: International Evidence and the Swedish Experience [J]. Swedish Economic Policy Review, 1995, 3 (1): 75 –111.

[205] Giavazzi F., Jappelli T, Pagano M. Searching for Non-linear Effects of

Fiscal Policy: Evidence from Industrial and Developing Countries [J]. European Economic Review, 2000, 44 (7): 1259 – 1289.

[206] Grilli V, Roubini N. Liquidity models in open economies: Theory and empirical evidence [J]. Social Science Electronic Publishing, 1995, 40 (3 – 5): 847 – 859.

[207] Hamada K. A strategic analysis of monetary interdependence [J]. Journal of Political Economy, 1976, 84 (4): 677 – 700.

[208] Hamilton J. D. Time Series Analysis [M]. Princeton University Press, USA, 1994.

[209] Hooper P, Mann C L. The U. S. External Deficit: Its Causes and Persistence [M]. U. S. Trade Deficit: Causes, Consequences, and Cures. Springer Netherlands, 1987: 3 – 105.

[210] Hüfner F P, Schröder M. Exchange Rate Pass-through to Consumer Prices: A European Perspective [J]. Ssrn Electronic Journal, 2002, 58.

[211] Iyabo Masha and Chanho Park. Exchange Rate Pass-Through to Import and Export Prices: The Role of Nominal Rigidities and Currency choice [R]. IMF working paper, 2012.

[212] K S. Imai, Gaiha R, Thapa G B. Transmission of World Commodity Prices to Domestic Commodity Prices in India and China [J]. Social Science Electronic Publishing, 2008.

[213] Kilian L, Park C. THE IMPACT OF OIL PRICE SHOCKS ON THE U. S. STOCK MARKET * [J]. International Economic Review, 2009, 50 (4): 1267 – 1287.

[214] King R G, Rebelo S T. Resuscitating Real Business Cycles [C]. University of Rochester-Center for Economic Research (RCER), 1999: 927 – 1007.

[215] Kocherlakota N R. The equity premium: it's still a puzzle [J]. Journal of Economic Literature, 1995, 34 (34): 42 – 71.

[216] Krolzig H M. Econometric Modeling of Markov-Switching Vector Auto-regressions using MSVAR for Ox' [J]. 1998.

〔217〕 Krolzig, H. M. Markov-Switching Vector Auto regressions: Modelling, Statistical Inference and Application to Business Cycle Analysis 〔M〕. Springer, Berlin, 1997.

〔218〕 Krugman P. Pricing to market when the exchange rate changes 〔J〕. Social Science Electronic Publishing, 1986.

〔219〕 Kydland F E, Prescott E C. Dynamic optimal taxation, rational expectations and optimal control 〔J〕. Journal of Economic Dynamics & Control, 1980, 2 (1): 79 –91.

〔220〕 Lane P R. The new open economy macroeconomics: a survey 〔J〕. Journal of International Economics, 1999, 54 (2): 235 –266.

〔221〕 Levine P, Currie D. Does international macroeconomic policy coordination pay and is it sustainable: a two country analysis 〔J〕. Oxford Economic Papers, 1987, 39 (1): 38 –74.

〔222〕 Liubo C, Liu Houjun. The Effect of RMB Exchange Rate Pass-through: An Empirical Analysis Based on VAR 〔J〕. Journal of Financial Research, 2007, 24 (4): 1 –13.

〔223〕 Maćkowiak B. External shocks, US monetary policy and macroeconomic fluctuations in emerging markets 〔J〕. Journal of Monetary Economics, 2007, 54 (8): 2512 –2520.

〔224〕 Mandana Toossi. The Price Linkages Between Domestic and World Cotton Market 〔J〕. American-Eurasian J. Agric & Environ, 2013 (3): 352 –356.

〔225〕 Marazzi M, Sheets N. Declining exchange rate pass-through to U.S. import prices: The potential role of global factors 〔J〕. Journal of International Money and Finance, 2007, 26 (6): 924 –947.

〔226〕 Marcelo. Exchange Rate Pass Through In Emerging Markets 〔Z〕. Working Paper, 2007, No. 739.

〔227〕 McCallum, B. T, Nelson. E. Monetary Policy For An Open Economy: An Alternative Framework With Optimizing Agents and Sticky Prices 〔J〕. Oxford Review of Economic Policy. 2000, 16 (4): 74 –91.

[228] Mccarthy J. Pass-through of exchange rates and import prices to domestic inflation in some industrialized economies [C]. Federal Reserve Bank of New York, 2000: 511 – 537.

[229] Mccarthy J. Pass-Through of Exchange Rates and Import Prices to Domestic Inflation in Some Industrialized Economies [J]. Ssrn Electronic Journal, 1999, 33 (4): 511 – 537.

[230] Meade J E. The Theory of International Economic Policy [M]. Oxford University Press, 1951.

[231] Mishkin F S. Exchange Rate Pass-Through and Monetary Policy [J]. Journal of Comparative Economics, 2008, 32 (3): 426 – 444.

[232] Miyakoshi T, Jalolov M. Money-income causality revisited in EGARCH: Spillovers of monetary policy to Asia from the U. S. [J]. Journal of Asian Economics, 2005, 16 (2): 299 – 313.

[233] Morgan, D. P. Asymmetric Effects of Monetary Policy [J]. Economic Review-Federal Reserve Bank of Kansas City, 1993 (78): 21 – 33.

[234] Nidhaleddine Ben Cheikh. Asymmetric Exchange Rate Pass-through in the Euro Area: New Evidence from Smooth Transition Models [R]. NBER Working Paper, 2012.

[235] Obstfeld M, Rogoff K. 1995. "Exchange Rate Dynamics Redux [J]. Nber Working Papers, 1994, 103 (3): 624 – 660.

[236] Obstfeld M, Rogoff K. The Mirage of Fixed Exchange Rates. [J]. Journal of Economic Perspectives, 1995, 9 (4): 73 – 96.

[237] Otani A, Shiratsuka S, Shirota T. The decline in the exchange rate pass-through: evidence from Japanese import prices [M]. Institute for Monetary and Economic Studies, Bank of Japan, 2003, 21 (3): 53 – 81.

[238] Perotti, R. Fiscal Policy in Good Times and Bad [J]. The quarterly Journal of Economics, 1999, 114 (4): 1399 – 1436.

[239] Poole W. Optimal choice of monetary policy instruments in a simple stochastic macro model [C]. Board of Governors of the Federal Reserve System

(U. S.) , 1969.

[240] Quandt R E. The estimation of the parameters of a linear regression system obeying two separate regimes [J]. Journal of the american statistical association, 1958, 53 (284): 873 - 880.

[241] R Trostle. Global agricultural supply and demand: factors contributing to the recent increase in food commodity prices [J]. Electronic Outlook Report from the Economic Research Service, 2008.

[242] Rapsomanikis G, Sarris A, Guhakhasnobis B, et al. The impact of domestic and international commodity price volatility on agricultural income instability in Ghana, Vietnam, and Peru [J]. Working Paper, 2006, 72 (4): 123 - 136.

[243] Ravn MO, SolaM. A Reconsideration of the Empirical Evidence on the Asymmetric Effects of Money-supply shocks: Positive vs. Negative or Big vs. Small [J]. Ssrn Electronic Journal, 1996, 13 (9) .

[244] Rzonca A, Cizkowicz P. Non-Keynesian Effects of Fiscal Contraction in New Member States [J]. Social Science Electronic Publishing , 2005, 519.

[245] Sarno L. Toward a new paradigm in open economy modeling: Where do we stand [J]. Federal Reserve Bank of St. Louis Review, 2001, 83 (3): 21 - 36.

[246] Sheehan R G. Does U. S. money growth determine money growth in other nations [J]. Review 1 (1987): 5 - 14.

[247] Shintani M, Terada-Hagiwara A, Yabu T. Exchange rate pass-through and inflation: A nonlinear time series analysis [J]. Journal of International Money & Finance, 2009, 32 (920): 512 - 527.

[248] Sorensen BE. Is state fiscal policy asymmetric over the business cycle? [J]. Economic Review, 2001 (6): 43 - 64.

[249] Tagkalakis A. The Asymmetric Effects of Fiscal Policy on Private Consumption over the Business Cycle [J]. Economics Working Papers, 2004.

[250] Tang K. Time-varying long-run mean of commodity prices and the modeling of futures term structures [J]. Quantitative Finance, 2012, 12 (5): 781 - 790 (10) .

［251］Taylor J B. Discretion versus policy rules in practice ［C］. Carnegie-Rochester Conference Series on Public Policy. Elsevier, 1993: 195 – 214.

［252］Taylor J B. Low inflation, pass-through, and the pricing power of firms ［J］. European Economic Review, 2000, 44 (7): 1389 – 1408.

［253］Thoma A. M. Subsample Instability and Asymmetries in Money-Income Causality ［J］. Journal of Econometrics, 1994, 64 (1 – 2): 279 – 306.

［254］Tsiddon, D. The (Mis) Behaviour of the Aggregate Price Level ［J］. Review of Economic Studies, 1993, 60 (4): 889 – 902.

［255］Weise, C L. The Asymmetric Effects of Monetary Policy: A Nonlinear Vector Autoregression Approach ［J］. Journal of Money Credit and Banking, 1999, 31 (1): 85 – 108.

［256］Yang J, Guo H, Wang Z. International transmission of inflation among G – 7 countries: A data-determined VAR analysis ［J］. Working Papers, 2004, 30 (10): 2681 – 2700.

［257］Yang L, Hamori S. Spillover effect of US monetary policy to ASEAN stock markets: Evidence from Indonesia, Singapore, and Thailand ［J］. Pacific-Basin Finance Journal, 2014, 26 (2): 145 – 155.

［258］Yushi Yoshida. A new Evidence for Exchange Rate Pass-through: Disaggregated Trade Data From Local Ports ［Z］. Discussion Paper. 2008, No. 31.